北京档案史料

BEIJING ARCHIVES SERIES

演艺之都

2025.1

北京市档案馆 编

图书在版编目（CIP）数据

北京档案史料. 2025年. 第1辑,演艺之都 / 北京市档案馆编.
--北京：新华出版社, 2025. 6.
ISBN 978-7-5166-8016-2

Ⅰ. K291；G127.1

中国国家版本馆CIP数据核字第2025WH4988号

演艺之都・北京档案史料（2025年第1辑）

编者：北京市档案馆　　**出版人：**匡乐成

出版发行：新华出版社

（北京市石景山区京原路8号　邮 编：100040）

印刷：北京金康利印刷有限公司

成品尺寸：170mm×240mm 1/16　　**印张：**23.5　**字数：**280千字

版次：2025年8月第一版　　**印次：**2025年8月第一次印刷

书号：ISBN 978-7-5166-8016-2　　**定价：**50.00元

编辑说明

北京作为历史悠久的文化古都，有着深厚的文化底蕴和源远流长的演艺传统，自古以来从戏曲到曲艺等众多艺术门类各有发展，异彩纷呈。尤其是1949年以后，北京的演艺事业蓬勃发展，众多国家级艺术院团汇聚于此，创作出无数经典作品；各类现代化的场馆拔地而起，提供了一流的演出场所，而一些传统的戏院剧场也在新的时代焕发出新的生机；丰富多样的艺术形式和各类大型文艺演出活动，充实了首都人民的文化生活，吸引着全国乃至全世界的目光。

党的十八大以来，北京把全国文化中心建设摆在新时代首都发展的突出位置，坚持以人民为中心，满足人民群众对美好生活的向往，大力营造精品迭出、市场活跃、氛围浓厚的演艺环境。2023年，“着力打造‘演艺之都’”首次写入北京市政府工作报告；《北京市建设“演艺之都”三年行动实施方案（2023—2025年）》的发布，有力支撑了北京的全国文化中心建设和演艺市场的繁荣。2024年，北京有超5000台国内外精品剧目上演，百余台剧目陆续首演，一批知名品牌活动相继举办，“演艺之都”建设成果丰硕；全市举办营业性演出5.7万场，观众超1280万人次，票房收入超39亿元，演出市场规模再创新高。国家大剧院、天桥艺术中心为全国屈指可数的年度票房超2亿元剧院，领跑市场。

为助力北京全国文化中心建设，北京市档案馆立足馆藏特色档案，以“演艺之都”为主题，编辑出版了本辑《北京档案史料》丛书。本书主要分为三个部分：第一部分“首都舞台　异彩纷呈”收录史料7篇，主要涉及20世纪50—90年代在北京举办的各类文艺汇演、节日演出、评奖演出等；第二部分“艺术创作　传承创新”收录史料2篇和文章3篇，主要涉及1949—1959年北京的曲艺创作工作、国家大剧院和北京人民艺术剧院的剧目创作等；第三部分“剧场建设　院团发展”收录史料4篇和文章1篇，主要涉及长安大戏院、天桥剧场、国家大剧院的建设，以及1956年北京市曲艺杂技工作者联合会和20世纪90年代北京的艺术表演团体改革等。岁序更替，华章日新，在大力培育社会文明新风尚，加快推进北京市“演艺之都”建设的今天，这些档案和文章中所记录的历史都是可资借鉴的宝贵财富。

本书收录的史料，除《国家大剧院原创民族歌剧〈山海情〉与原创话剧〈林则徐〉艺术档案选编》为国家大剧院艺术资料中心所藏的艺术档案外，其余均为北京市档案馆馆藏档案的首次公布。

为保持历史原貌和方便阅读，所选史料均原文照录，并作必要的编辑加工。所拟标题中单位名称一般采用简称；凡未标明年月日的文件，依文件内容排列顺序。原文中因残损或增补缺漏，用【】补充；校勘讹脱衍倒，用〔〕标明；字迹模糊无法辨认，用□代之；删节内容重复或与主题无关部分，均在〈〉内说明；批语注释，用[]括出。

由于编者水平有限，因此在编辑过程中可能存在疏漏之处，考订难免有误，欢迎读者指正。

编者

2025年1月

目录

首都舞台 异彩纷呈

艺术创作 传承创新

目录

CONTENTS

CONTENTS

首都舞台　异彩纷呈

1954年北京市第一届戏曲观摩演出大会史料

为了组织全市戏曲艺人互相观摩学习，藉以提高艺人的艺术水平，从而选拔优秀节目参加华北三省二市的会演，1954年11月25日—12月25日，市政府文化事业管理处主持召开了北京市第一届戏曲观摩演出大会。

为保证观摩演出大会的顺利进行，由市政府文化事业管理处、市文学艺术工作者联合会，并聘请有关人士组成北京市第一届戏曲观摩演出大会筹备委员会，由市政府文化事业管理处负责主持。筹委会在大会开幕时增聘各级文化行政主管部门负责人组成大会委员会，负责主持大会一切工作。

北京市绝大多数剧团都积极地排练节目，抱着极高的热情与互相观摩学习的决心，参加了这次戏曲观摩演出。参加观摩节目的有7个京剧团，9个评剧团，2个秦剧团，3个曲艺团，合计21个班社。参加观摩演出的节目共26个，其中京剧11个，评剧9个，秦剧3个，曲剧3个。另有梅兰芳先生和他的梅剧团、歌剧院以及老艺人孟小如、孙毓堃等，参加招待展览演出节目26个。

为了丰富戏曲节目，提高表演艺术，鼓励优秀剧目的产生，观摩演出大会设评奖委员会主持评奖工作。评委由市政府文化事业管理处聘请各级文化行政主管部门负责人、戏剧界专家及具有代表性的演员若干人共同组成。观摩演出大会共评出剧本奖10名，导演奖12名，演出奖13名，舞台美术奖11名，音乐奖25名，演员奖96名（其中一等奖11名，二等奖34名，三等奖51名），展览演出表演奖17名，展览演出集体奖3名。

这次观摩演出，是对中华人民共和国成立以来北京市戏曲艺术事业发展成就的第一次检阅，集中展示了五年来北京市戏曲艺术界在毛主席文艺方针指导下，在剧本整理、改编、创作上，在表演艺术的改进上，在音乐、舞台美术的改革上，以及在执行“百花齐放、推陈出新”戏改政策上的成绩，同时也发现了很多缺点和存在着的问题，明确了今后改进和提高的方向，是北京市“演艺之都”建设的雏形和先声。

本组史料收录1954年市政府文化事业管理处关于选拔优秀节目举办全市戏曲观摩演出的请示、戏曲观摩会演计划，北京市第一届戏曲观摩演出评奖条例、工作简报、获奖者名单、总结报告、闭幕词等，全面反映了北京市第一届戏曲观摩演出大会的具体情况。

北京市档案馆藏，档号：11-1-134，11-2-362，153-1-1228。

——选编者　赵力华

北京市人民政府文化事业管理处关于选拔优秀节目举办全市戏曲观摩演出的请示

（1954 年 2 月 25 日）

（54）文管平字第四号

一、会演目的：为了组织全市戏曲艺人互相观摩学习，藉以提高艺人的艺术水平，从而选拔优秀节目以准备参加华北三省二市的会演。

二、参加对象：以经常在本市演出的各剧团、班、社为主。根据目前情况，参加的班社约计可在十八个到二十个。

三、剧种和剧目：以本市所有的剧种为京、评、曲（曲剧）、河北梆子。剧目的选定，内容以要求思想性和艺术性较高的为原则，并兼顾反映现实的和优秀传统剧目。

四、会演日期：拟于今年六或七月份举行。预计演出共十五日左右。

会演之前拟先成立筹备委员会，事先与各剧团、班、社商订若干思想性艺术性较高的剧目，进行审查，认为合格时，再分配人力帮助其加工排练。另外成立评奖委员会，对于会演节目进行评定，分别予以奖状、奖章等以资鼓励。会演中一切费用均由省（市）业务费一亿元中开支。

以上拟办各项是否可行请批示。

处长　王亚平

北京市人民政府文化事业管理处（印）

一九五四年二月二十五日

主送机关：北京市人民政府文化教育委员会

抄送机关：市委宣传部文艺处

北京市人民政府文化事业管理处关于报送北京市戏曲观摩会演计划的报告

（1954 年 4 月 3 日）

（54）文管英字第十四号

准备于今年八月间举行北京市戏曲观摩会演，前曾有报告请示，现将会演工作计划、组织条例和会演筹备委员会工作计划等草案，一并送上，请予指示。

北京市人民政府文化事业管理处（印）

一九五四年四月三日

主送机关：北京市人民政府文化教育委员会

抄送机关：华北文化局　中央文化部艺管局戏剧处

附件 1：北京市第一届戏曲观摩演出大会工作计划

一、目的：

为了检阅戏曲的创作、改编与演出，互相观摩，提高表演艺术，并奖励优秀作品与演出，交流经验，藉以推动戏曲艺术进一步发展，并为参加华北区会演选拔节目，特举行北京市第一届戏曲观摩演出大会。

二、时间：

定于一九五四年八月间举行，会期预计十五天至二十天。

三、关于剧种、剧目的选择与要求：

（一）本届参加会演的剧种范围为京剧、评剧、秦剧、曲剧等四种，均应选择具有一定的思想性和艺术性的剧目，包括旧有的和改编创作的，并充分表现各该剧种的特长、为群众所欢迎的剧目，旧有剧目应尽量经过整理和加工。

（二）参加会演每一单位每一剧种的剧目，原则上规定为一个或两个，事前应负责精选，每一剧目的演出时间，希望以不超过三个半小时为限。

（三）大会演出剧目分为会演剧目和展览剧目两种，会演剧目作为大会竞赛表演评奖的剧目。全国会演得奖的剧目也可选拔参加本市会演，但不列在本市本届会演评奖之内。展览剧目不苛求其内容，但必须有一定的艺术上的成就，提供参加大会者观摩学习，亦不参加评奖。

四、凡北京市所属的私营公助及私营剧团均有权申请参加大会演出，及参加大会演出的观摩学习。

五、经费：

（一）参加会演演出的剧团食、宿及灯光、布景、服装等自行解决。

（二）大会一切行政费用及奖金，均由私营剧团奖助金内支出。

六、大会组织机构：

（一）由北京市文化事业管理处、北京市文学艺术工作者联合会聘请各有关人士等组成大会筹备委员会（详见组织条例），负责主持一切工作。

（二）各参加会演的演出剧团应指定长于剧务、总务的人员，负责与大会取得密切联系，以便会商并负责解决演出上的各项问题。

七、评奖：

（一）大会设评奖委员会，主持评奖工作。评委由北京市文化事业管理处聘请各级文化行政主管有关负责人、戏剧界专家及具有代表性的演员若干人共同组织之。评委会得设常务委员会，并得根据工作需要，分设若干专门小组，如剧目组、表演组等，分别进行工作。

（二）按不同剧种形式，分别评奖，办法为：

甲、“作品奖”：不分等级，授予创作与改编的优秀作品的作者或改编者。

乙、"表演奖"：授予在表演艺术上有显著成就或突出才能的演员。凡特殊优秀者授予"优秀表演奖"，较次者授予"表演奖"。

丙、"演出奖"：分"个人奖"与"集体奖"两种。

"个人奖"：授予导演、舞台美术工作者（包括灯光、布景、化妆、服装、设计等），在艺术上有创造而力求改进并有突出成绩者。

"集体奖"：授予凡在导演、表演、舞台工作及艺术形式上完整，有创造而力求改进，有显著成绩的演出，由演出剧团代表人领奖。

（三）评奖委员会在大会进行中应经常及时地集中各评委、参加会演演出的各剧团对上演节目的意见，于大会结束时最后评定，对获奖者分别授予奖章或奖状。

八、几项规定：

参加会演演出的剧团应于 月 日前，陆续将下列各项材料，报请北京市文化事业管理处审查。

（一）参加演出的剧团组织简史。

（二）填写准备参加演出剧目表格（另附）及剧本五份。

附件2：北京市第一届戏曲观摩演出大会组织条例

第一条 为保证观摩演出大会的顺利进行，由北京市文化事业管理处、北京市文学艺术工作者联合会，并聘请有关人士等组成北京市第一届戏曲观摩演出大会筹备委员会，并由北京市文化事业管理处负责主持。

第二条 筹备委员会为大会的最高领导机构，设委员若干人（主持委员一人、秘书长一人，包括在委员数内）。

第三条 大会设下列各科，分掌各该主管事项：

（一）秘书科主管事项：

甲、准备大会及筹备委员会会议，编写工作报告。

乙、管理大会文件之撰拟、保管、编印、收发及会议记录，并负责设计奖章、奖状等有关事项。

丙、管理大会保卫及分配调动事项。

丁、管理戏票印刷、分配及分发工作。

戊、管理大会预算、会计、出纳、审核等工作。

己、管理联络、总务事项。

（二）演出科主管事项：

甲、管理剧场的接洽、布置及有关前后台的一切工作。

乙、管理装台、换景、灯光等舞台装置工作。

丙、管理上演剧目的安排工作。

丁、管理剧团的联络工作。

（三）宣传科主管事项：

甲、管理发布大会新闻。

乙、管理节目单的编印（会同演出科办理）。

丙、管理资料的搜集、整理工作。

丁、管理在会演期间的有关业务学习与业务会议的组织、计划及综合整理有关材料等工作。

第四条　各科设正副科长，综理各科掌管之事项。正副科长由秘书长提请筹委会审核同意后聘任之。

第五条　各科以下设组，组设组长，视工作需要设副组长。

第六条　各科干事由北京市文化事业管理处、北京市文学艺术工作者联合会调用之。

第七条　大会设评奖委员会主持评奖工作。评委由北京市文化事业管理处聘请各有关负责人、戏曲界专家及具有代表性的演员若干人共同组织之（详见观摩演出大会工作计划）。

第八条　大会筹备委员会在大会开幕时增聘各级文化行政主管有关负责人组成大会委员会负责主持大会一切工作。

第九条　本条例由筹备委员会通过后，经北京市文化事业管理处批准后施行。

附件3：北京市第一届戏曲观摩演出大会筹备委员会工作计划

一、任务和目的：

为挖掘、整理或改编优秀的民族传统剧目，排练新创作的剧本，提高戏曲的思想和艺术水平，并为审定、整理和建设剧目工作奠定良好基础，保证在今年八月间顺利举行北京市第一届戏曲观摩演出大会，并选拔剧目准备参加华北会演。

二、对会演剧种的要求：

（一）京剧：包括创作、整理、改编和在表演艺术上进行了加工创造的传统剧目和新剧目，应注意选择具有一定的民主性的内容，技术方面应具有能充分表现京剧特色的剧目。

（二）评剧：注意选择有教育意义的反映现实生活的剧目，并选择经过修改整理具有人民性的、能充分表现评剧特长的传统剧目。

（三）秦剧：包括旧有的和改编的剧目，具有一定民主性的内容，能充分表现该剧种特长的剧目。

（四）曲剧：选择反映现实生活的剧本，并在表演和音乐方面能充分发挥曲艺艺术特长的剧目。

三、对会演演出团的要求：

（一）在北京市登记，经常在本市上演（中央所属的剧团除外），确有优秀节目并具有一定的艺术水平者，为参加会演的单位。

（二）参加会演的剧目必须整理加工，有必要的必须经过修改，并经过观众考验和会演筹备委员会核准。

四、修改整理、加工排演的办法：

（一）演出团提出准备参加会演的剧目，在　月　日前报北京市文化事业管理处。由文化处组织作家、导演及其他有关方面的力量研究剧团呈报的剧目，并使作家、导演与剧团取得具体联系，商定剧目。

（二）商定剧目后，作家、导演或其他艺术专家会同演出团，提出书面的修改整理、加工排演的具体意见，交筹委会确定方案后，动手处理。

（三）整理加工完成后，在剧场公开演出，征求有关方面的意见，再加工排演，确定为正式会演剧目。

五、工作机构及其主管事项：

筹备委员会下设秘书、京剧、评秦曲等三组。筹委会具体负责人员如下：

主任委员：王亚平

副主任委员：张梦庚　王松声

秘书长：张梦庚（兼）

副秘书长：肖甲　李岳南（兼）　李仲英

委员：端　木　白　芜　曾　祺　李　克

李岳南　柳　倩　张艾丁

秘书组：负责组织、联络、宣传、总务等工作。

京剧组：负责准备京剧会演剧目事宜。

评、秦、曲组：负责准备评剧、秦剧、曲剧等会演剧目事宜。

现将可以组织和拟聘请的编导名单列下：

（一）编剧力量：

王亚平　李岳南　李　克〈后略〉

（二）导演力量：

张梦庚　张艾丁　王　雁〈后略〉

一九五四年北京市
第一届戏曲观摩演出评奖条例

（1954 年 11 月 25 日）

为了丰富戏曲节目，提高表演艺术，鼓励优秀剧目的产生，北京市第一届戏曲观摩演出评奖委员会特制订评奖条例如左：

一、剧本奖：凡属创作、改编、整理的剧本，其思想性和艺术性较高，对群众的教育作用较大者，分别授予一、二、三等剧本奖（非本市创作、改编、整理的剧本，不参加剧本评奖）。

二、演员奖：在表演艺术上能够正确地表达剧中人物的思想感情方面有所创造的演员，不论其扮演何种脚色，均分别授予一、二、三等表演奖。

三、导演奖：在导演工作上有创造、获有显著成效者，均分别授予一、二、三等导演奖（包括个人导演与导演团）。

四、演出奖：在思想内容、艺术形式上能作到完整统一的演出，并能发挥集体主义精神者，分别授予该演出单位以优秀演出奖或演出奖。

五、音乐奖：根据主题及剧情需要，在音乐演奏（包括集体或个人）及音乐创作和音乐设计等方面，有创造与革新并获有成绩者，均分别授予一、二、三等音乐奖（包括集体的或个人的）。

六、舞台美术奖：根据主题及剧情需要，在舞台美术方面，有创造与革新者，均分别授予一、二、三等舞台美术奖（包括集体的或个人的）。

七、奖状：凡属本市演员，曾长期从事戏曲艺术实践，在群众中有深刻影响，对戏曲艺术事业有显著贡献者，授予奖状。

八、本条例有未尽事宜，经评委会大会通过后，得修订之。

附一、凡参加展览的节目，得到一致好评者，得授予该演出单位或演员个人以奖状。

附二、演员奖一条，亦可结合演员平时的舞台成绩，进行讨论。

附三、评奖办法：

在观摩演出进行期间，评委会及时地收集各评委及各观摩小组（以艺人为主）对演出节目的意见（通过填写意见表、口头汇报及座谈会等），于演出结束时，评委会提出对节目的初步看法，交各小组讨论，提出意见后，作为评委会参考；评委会根据各方面意见加以研究，提出最后意见，转交北京市人民政府文化事业管理处批准。

五四年十一月廿五日

北京市第一届
戏曲观摩演出工作简报（第一号）

（1954 年 11 月 28 日）

一、北京市第一届戏曲观摩演出经过旬日筹备，已正式开幕。开幕前由市文化处筹组了领导观摩演出的各层机构，计有：秘书处、演出处、宣传处及评奖委员会、政策组等，分工负责进行工作。

二、十一月二十五日上午举行了开幕式。由演出委员会主任委员王亚平及秘书长张梦庚出席向到会的各剧团人员作报告，宣布第一届戏曲观摩演出的开幕，对这次观摩演出的意义作了说明，号召通过会演互相学习、交流经验，以提高戏曲艺术工作。晚间开始演出。

三、票务工作：原定会演整个票务事项均由票务组负责。由于时间仓促，准备工作不够细致，加之人力所限，经验不足，在分配和发送上显得忙乱。有的人没有接到票，有的人席位不合适，有的接到票不能出席等，引起许多意见，使我们工作处于被动。针对这一情况，当即召开了专门会议，研究改进办法，将原来的统一发送变为分摊负责。属于宣传部门的由宣传处负责；属于评奖委员会的由评委会负责；属于剧团和一般机关团体的由秘书处分人负责。这样可做到专责制，同时因各处对自己所负责的部门比较熟悉，在票的分配票区和发送上，既能节省时间，又能适当，初步解决了忙乱现象，更便于统计、检查出席情况，以作必要的调整。

四、剧团对这次的演出很欢迎，演出情绪很高。认为能够使自己的艺术拿到大会上表演是很荣幸的，因此表演认真、努力，演员反映说在这里演出很紧张。有的演员，大卖力气，以致演得极为过火，破坏了全剧。如评剧《心上的人》。

五、这次演出，除了使艺人得到观摩学习机会，并要做到与观众见面（作适当营业），决定包场和营业相间进行。营业场留出二五〇个观摩席位，供评奖委员、外埠观摩组及宣传部门、文艺部门和各团主要演员观摩用。由于票数有限，各剧团不能普遍多得，各剧团纷纷提出意见，要求增加票数，使多数演员能得到观摩机会，以有所收益，并要求大会采取有效措施尽快解决。

六、中央及北京市的各文艺团体及行政部门纷纷向这次会演要票，尤以艺术团体如青艺，人艺，中央歌舞剧院的民族戏曲团，中央歌舞团，中央文化部各局、处、司，全国文联各协等单位，都是要求四、五十张不等，其它还有四十余单位亦要求二、三十张不等。目前我们只能满足他们最多的十张，其它三、五张不等。

七、大会根据各方面要求发票的情况，除减少营业场次，由原十三场改为八场，并根据最低需要由二五〇个席位增加到六〇〇个。所需费用正与税局联系，申请免税。

八、原定会演后组织的六场优秀剧目观摩，为节省时间，节约经费，决于会演日期内举行，需即开始动员、组织。拟在十二月一日起陆续演出，现正由秘书处筹备进行。

九、大会的评奖和分组讨论，因票务问题，较原计划推延了三天。

各处分别掌握了分票工作后，为开展评奖准备了前提，现正由评委会负责准备。即日可开始开展这一工作。

十、为使会演工作正常进行，及时搜集各方面的意见，及时解决问题，建立了碰头会制度。每日散戏后各处分别派人出席，将当日情况进行汇报。必要时召开全体负责同志会议，以解决较大问题。

〈后略〉

北京市第一届戏曲观摩会演获奖者名单

（1954 年 12 月）

剧本奖：

京剧《孔雀东南飞》	整理者：柳　倩
京剧《后羿嫦娥》	编剧者：李岳南　尹清泉
评剧《张羽煮海》	编剧者：王亚平
京剧《戚继光斩子》	编剧者：端木蕻良
评剧《杜鹃》	编剧者：陆石犀
曲剧《张桂容》	改编者：程嘉哲（根据话剧《妇女代表》改编）
评剧《李十娘》	整理者：刘保绵
评剧《白洋淀的春天》	编剧者：李　克　罗　扬
京剧《正气歌》	改编者：李岳南（根据川剧《柴市节》改编）
京剧《春香传》	改编者：言慧珠（根据话剧及越剧《春香传》改编）

导演奖：

京剧《反徐州》　导演：林柏年
京剧《后羿嫦娥》　导演：张梦庚　萧　甲　徐行白　王永昌　王静波
评剧《张羽煮海》　导演：张艾丁　王　雁
京剧《戚继光斩子》　导演：张梦庚　张艾丁　李万春
京剧《正气歌》　导演：邹功甫
评剧《情探》　导演：群众评剧团导演团
评剧《杜鹃》　导演：陆石犀
曲剧《张桂容》　导演：张艾丁　关士杰
评剧《西厢记》　导演：白家麟　李　肖　杨　赫
秦剧《蝴蝶杯》　导演：黄克保
评剧《白洋淀的春天》　导演：张艾丁　李凤阳
京剧《春香传》　导演：王　雁

演出奖：

鸣华京剧团演出京剧《反徐州》
新兴京剧团演出京剧《后羿嫦娥》
北京市评剧一团演出评剧《张羽煮海》
群声秦剧团演出秦剧《廉吏风》
北京市京剧一团演出京剧《戚继光斩子》
北京市京剧二团演出京剧《小放牛》
群众评剧团演出评剧《情探》
新都评剧团演出评剧《杜鹃》
北京曲艺团演出曲艺剧《张桂容》
北京实验评剧团演出评剧《西厢记》
新中华秦剧工作团演出秦剧《蝴蝶杯》
北京市评剧一团演出评剧《白洋淀的春天》
北京市京剧四团演出京剧《春香传》

舞台美术奖：（包括布景、灯光、服装等设计在内）

京剧《后羿嫦娥》陈正民

评剧《张羽煮海》陈永祥　苏　民　鄢修民

京剧《戚继光斩子》汪刃锋

曲剧《西厢记》孙　里

评剧《情探》孙　珂

曲剧《张桂容》王文冲　伦白明

京剧《陶学士醉写风光好》陈正民

评剧《西厢记》宫玉泉

秦剧《蝴蝶杯》周南强　赵金声

评剧《白洋淀的春天》陆阳春　沈　凡　王　健

京剧《春香传》关哉生

音乐奖：（包括作曲、配曲、设计、指导、乐队）

《后羿嫦娥》	音乐设计：张肖虎　赵桂元
《张羽煮海》	音乐设计：杜　宇　万维周　张林漪　张其祥　韩学英　吕亦非　章　辉
《戚继光斩子》	作曲：张肖虎
《西厢记》	音乐指导兼作曲：杨大钧
《杜鹃》	作曲：莫寄尘
《张桂容》	音乐设计：杨大钧　张林漪　韩德福
《陶学士醉写风光好》	配曲：郑文祥
《西厢记》	音乐设计：梁　倬
《蝴蝶杯》	配曲：刘启华　刘连山　王建章　王玉珠
《白洋淀的春天》	作曲：杜　宇　张其祥
《春香传》	作曲：郑律成 配曲：赵都生

《孔雀东南飞》	北京京剧三团乐队
《后羿嫦娥》	新兴京剧团乐队
《廉吏风》	群声秦剧团乐队
《戚继光斩子》	北京市京剧一团乐队
《西厢记》	北京实验曲剧团乐队
《正气歌》《除三害》	北京京剧二团乐队
《情探》	群众评剧团乐队
《杜鹃》	新都评剧团乐队
《三只鸡》	新中国曲剧团乐队
《张桂容》	北京曲艺团乐队
《蝴蝶杯》	新中华秦剧工作团乐队
《张羽煮海》《白洋淀的春天》	北京市评剧一团乐队
《春香传》	北京市京剧四团乐队
《陶学士醉写风光好》	北京市京剧四团乐队

演员奖：

一等奖（十一名）

李桂云　吴素秋　李万春　李忆兰　言慧珠　张君秋　张筠青

裘盛戎　鸿巧兰　魏喜奎　谭富英

二等奖（三十四名）

小王万良　王永昌　王度芳〈后略〉

三等奖（五十一名）

于文奎　小鸣钟　方之炎〈后略〉

展览节目

展览演出表演奖（十七名）

九龄童（《金钱豹》剧中饰悟空）

小花玉兰（《十八相送》剧中饰祝英台）

王素琴（《女起解》剧中饰苏三）

李元春（《金钱豹》剧中饰金钱豹）
李世济（《金锁记》剧中饰窦娥）
宋德珠（《扈家庄》剧中饰扈三娘）
孟小如（《青风亭》剧中饰张元秀）
姜妙香（《生死恨》剧中饰程鹏举）
姜铁麟（《子都之死》剧中饰子都）
孙毓堃（《铁龙山》剧中饰姜维）
曹艺斌（《徐策跑城》剧中饰徐策）
陈少霖（《打鼓骂曹》剧中饰祢衡）
梅葆玖（《生死恨》剧中饰韩玉娘）
张菊舫（《青风亭》剧中饰贺氏）
张丽娟（《女起解》剧中饰苏三）
董文华（《闹龙宫》剧中饰美猴王）
冀韵兰（《杨排凤》剧中饰杨排凤）

展览演出集体奖（三个单位）
北京市戏曲学校展览演出集体奖
梅剧团展览演出集体奖
北京市曲艺团展览演出集体奖

（附注：以上各奖，除演员表演奖和展览演出表演奖以姓氏笔画为序外，其他各奖，皆以演出先后为序）

戏曲观摩演出委员会主任委员王亚平关于北京市第一届戏曲观摩演出的总结报告

（1954 年 12 月 23 日）

为发展繁荣首都的戏曲艺术事业而奋斗

北京市第一届戏曲观摩演出大会今天胜利的闭幕了！参加这次观摩节目的有七个京剧团，九个评剧团，两个秦剧团，三个曲艺团，合共二十一个班社。这些班社，有民营公助的七个，民间职业剧团十四个。参加观摩演出的节目共二十六个，其中京剧十一个，评剧九个，秦剧三个，曲剧三个。另有梅兰芳先生和他的梅剧团、歌剧院以及老艺人盂小如、孙毓堃等，参加招待展览演出节目二十六个。我们的演出规模虽说不算大，剧目也不够多，但北京市绝大多数的剧团，都积极地排练了节目，抱着无限的热情与互相观摩学习的决心，参加了这次戏曲观摩演出，这是非常可喜可贺的事情！

这次的戏曲观摩演出，有非常重要的意义，也有很大的教育意义。我们五年来的戏曲艺术事业，是在毛主席文艺方针指导下、党和政府关怀下开展起来的，是依靠戏曲艺人、专家、干部们共同努力，不断地改进，才获得了今天的一些成绩。所以，这次的观摩演出，在剧本的整理、改编、创作上，在表演艺术的改进上，在音乐、舞台美术的改革上，以及如何执行“百花齐放、推陈出新”的戏改政策上，经过这次观摩演出，使我们看到了它的成绩，也发现了很多缺点和存在着的问题。我们有成绩，必须予以肯定；有缺点，必须积极地改进；存在着问题，必须在今后实践中求得解决。我们这次的演出，原意在于观摩；观摩的目的，是为了学习；学习的要求，是为了提高。我们的创作者、导演、演员、音乐、舞台美术人员以及所有舞台工作者，经过这次观摩演出，都作了一次严重的考验。考验的结果：比较优秀的，进步的，接近现实主义要求的，被群众所批准的，都要受到欢迎和奖励。就是在各方面还不够的，甚至存在着不少缺点的，经过这次艺术上的自由竞赛，也一定会学习到很多东西，作为今后改进的参考。

检查这次演出的结果：北京市的戏曲艺术事业，有了初步的发展与提高。从丰富戏曲节目，提高表演艺术的要求来看，也取得了一些初步的成绩。从贯彻执行戏改政策，演员的思想教育、艺术修养上来看，也比解放初期有了显著的进步与成绩。但从国家生产建设事业的迅速发展、劳动人民迫切的要求提高文化生活来衡量我们的戏曲改革工作，就显得很不相称，又远远地落在现实要求的后面了。

这次参加观摩演出的二十六个节目，有九个是创作的，有九个是改编的，有八个是整理加工的。这些剧目的产生是值得欢迎的，是首都戏改工作的新成绩，是作者和艺人共同努力的结果。特别一些民间职业剧团（有的是小班社），也都努力整理编写了新剧目，应该说是非常值得鼓励的。因为只有解决了剧本问题，才能提高表演艺术，才能繁荣戏曲艺术事业。可是，我和领导这部门工作的干部，对于如何积极地组织力量，加强剧本创作、整理、改编的思想领导及在整理、改编、创作剧本的实践中辅导得很不够，所以使这方面的成绩不很大，剧目贫乏的现象一直没有得到解决。单从这次观摩演出的剧目来检查，仍然是数量不多，质量不高，特别是反映现代生活的剧本，仅占全部观摩展览节目的五分之一，反映伟大首都生产建设的仍然是一个空白。九个评剧团，只演出了三个反映现代生活的剧目，这是我们领导工作中一个严重的缺点，不符合中央对“各地方剧种以反映现代生活为首要任务”精神的。

在剧本的整理、改编、创作方面，值得肯定的成绩是：（一）题材范围扩大了，有的以历史人物、故事编成了剧本（如《戚继光斩子》《正气歌》等），以神话传说编成了剧本（如（《后羿嫦娥》《杜鹃》

等）；有的以文艺作品或其他剧种的剧本改编成了剧本的（《张桂容》《春香传》等）；有的以现代生活创作的剧本，如《白洋淀的春天》。这些都是这一年来出现的新剧目，有的已受到观众的欢迎与热爱。在某些传统剧目的整理加工上，不少的剧本，基本上做到了在保留原有剧目的传统优点，删除了糟粕的部分，增加或丰富了某些戏剧情节，使它比原剧好了一些，也是值得提出介绍的。（二）在整理改编创作剧目上，都注意了寻找有积极意义的主题，注意了现实主义的表现手法，注意了人物性格的描写。有的以歌颂民族英雄为主题，有的以人民反抗强暴为主题，有的以妇女追求爱情生活而反抗封建为主题，有的以歌颂新妇女的坚强性格为主题，这都是剧作者正确的努力方向。只是还没有出现社会主义改造为主题的剧本，是一大缺点。这些剧本的作者，注意了人物的描写，努力通过人物、故事，求得突出地表现主题思想，是一个非常值得注意的现象。因为只有创作者创造了典型的人物性格，使演出才能获得成功，才能通过剧中人物给观众以深刻的教育。（三）有些剧作者，在写对白、唱词以及艺术创造上肯于下功夫，以精练、典雅、通俗、明快、有力的语言来传达人物的思想感情，使演员唱起来容易收到艺术效果，听起来很优美、动人。以上这些良好的倾向，都是应该注意的，应该发扬的！

在剧本创作上最严重的缺点，是脱离实际斗争的倾向，是缺乏反映现实生活，表现新英雄人物的作品。几年来北京及全国出现了很多光辉灿烂、具有高贵品质、代表社会主义前进力量的英雄、模范人物，但在我们的剧本创作上，这些人物没得到表现，没得到应有的歌颂。这就使我们的剧本创作显得黯然失色，没有光彩，不能以社会主义思想教育人民。虽说有了一个《白洋淀的春天》，而主题思想仍然是围绕着寡妇改嫁这个主线发展的，而对于春花、大勇这一代新人物则刻画得很不够，对于恋爱生活如何与白洋淀解放后生产建设的联系写得很少，这就降低了思想内容的积极意义。其他创作的剧目，大都与现代生活无关，当然不能表现伟大时代的精神面貌。这并不是说历史人物、历史生活，以及神话传说等不能当作创作的题材，不能写出优秀的剧目，而是说在反映现代生活、创造现实生活中的新人物形象，我们的剧作者重视的太不够了，简直是放弃了这个严重的政治任务与创作的中心任务。我们早已认识到，除了京剧在目前还不适于反映现代生活外，评剧、曲剧、甚至秦剧，都可以表演现代生活的剧本，可以创造舞台的新人物形象。可惜，我们在这方面从思想上重视的不够，在创作上实践的不够，这就使有才能原来有条件表演新人物的演员，失掉了“用武”的机会，使戏曲艺术事业不能迅速地发展，形成了一种不应有的落后现象。

在剧本创作改编上另一个严重的缺点，是人物的性格刻画得不够，人物与人物的关系写得不够合理，正面人物与反面人物之间的矛盾冲突写得不够深刻。如京剧《正气歌》，前半武打的场子多了些，对文天祥文武全才的智慧、正气、品质风度都难得充分表达出来；后半部只着重写了他后从容就义、视死如归的精神，而对于他被囚三年，与劝降者的百般引诱、威胁，以及与险恶环境奋斗不屈、一身为民为国的民族英雄气概、辉煌灿烂的人格都写得不够具体。特别对于他创作《正气歌》的时候，那是最适宜于表达他的正义凛然、慷慨悲歌的性格，但作者放过去了，这是非常可惜的事。在评剧《白洋淀的春天》里，对于沈慧贞的性格，偏重于描写了她那像一般寡妇受气含冤、忍辱负重的一面；而对于她如何受了现实生活的影响和她个人内心觉醒起来的力量，以致使她有勇气离开她婆婆坚决和常青结婚的坚强的一面刻画得较差，致使这个人物失掉了典型意义，远不如《罗汉钱》里小飞蛾给人那么鲜明深刻的印象。在评剧《张羽煮海》里，作者写琼莲和她父亲、哥哥的关系时，过分强调了矛盾的一面，对于他们骨肉之情的这一面则注意的很不够，处理的有些不合情理。虽说经过了一些修改，但仍然留存着一些不自然的痕迹。其他在这次观摩演出的剧目中，对《戚继光斩子》该斩不该斩？对《除三害》周处这个人物的转变究竟应如何处理？对《陶学士醉写风光好》秦弱兰这个人物性格应如何描写？对《廉吏风》中李通矛盾心理的如何表现？对于《锁不住的人》人物是否写的概念……

都争论的很激烈，现在有很多的分歧。但这里最主要的原因：是对于这些人物性格描写不够，表现得不具体，处理得不恰当，对于剧中人物相互关系、心理的矛盾变化等都写得不够，或是作了不恰当的处理。剧本存在着这些缺点，当然会造成观众的分歧议论，也就不会使剧本的内容和形式完整的统一起来。

在传统剧目的整理加工、重新改编上，我们存在着重视不够的保守思想。虽说也提倡过："对京剧、评剧的剧目要作一些'翻底'工作。"但思想里都认为"评剧底子浅"，京剧节目好的大都上演了，怕也难找出好节目。这样就不可能积极地把京、评剧有整理、改编基础的传统剧目从各方面去发掘，也就不可能密切地和艺人合作充分发挥戏曲艺人的整理传统剧目积极性。据我们调查、了解的结果，无论京剧、评剧都还有不少可以整理、改编的剧目。至于其他剧种已经流传、推广的剧目，我们也没有向首都戏曲艺人介绍推荐，又怎能不造成剧目贫乏的严重现象呢？在这次戏曲观摩演出的准备工作中，我们才开始组织了一部分干部、艺人、中央戏曲研究院的同志，共同对整理传统剧目上作了一些工作。有些经过整理加工的剧目，确实比原剧目完整了些，提高了些，这种"去粗存精""推陈出新"的工作，是很有意义的。除去创作、改编外，这是丰富戏目的必要方法之一。这次参加观摩演出的二十六个剧目，就有八个是从传统剧目整理加工的，可见这工作和创作新剧目有同等重要的意义，至于在整理剧目工作中的缺点，我们也必须严肃的注意，求得有效改正。

我们在整理传统的戏目上，存在着"消了毒"就可以的思想，还有草率行事的态度，以致整理出来的剧目都很粗糙，能成为保留节目的不多。整理者既有这样不正确的思想和轻率态度，就不可能收集有关的资料，对原剧目作精密的研究，它的精华在哪里？糟粕在哪里？也就不会有科学的分析，对剧中人物的思想感情也就不能很好的掌握。这样就不能严肃地剔除其中违反人民的毒素，也不能在原有基础上丰富一些新的东西以突出它的人民性。如《安安送米》一剧，虽说消除了小姑取笑插诨的场面，也增加了一些东西，但在母子感情上却没有作为中心来描写，致使整理后和原剧提高的不多，仍然有一些零碎的场子，有一些小姑和婆母的不必要的穿插，显得剧情不够集中。《杨二舍化缘》这个剧目后半部人民性较强，整理成全本后主题思想不够统一，王美容与杨遇春的爱情表现的很勉强，戏有不少漏洞，这就降低了感人的力量。《陶学士醉写风光好》虽说把原来的才子佳人为主题的戏改成了讽刺喜戏，但既名为讽刺喜剧，却未能通过人物、故事达到讽刺的效果。《蝴蝶杯》整理的比较好，如删掉了投军作战等不必要的场面，比原剧紧凑多了。但在结尾时，使胡凤莲大闹总督府公堂，辱骂卢林，未免显得过火；在通过董温说服卢林不可以其女儿许配田玉川，提出田玉川与胡凤莲结婚的证据，拖得时间较长，也令观众有不真实、不能相信的感觉。这个戏的结尾，使田玉川一人娶二妻固然不好，使胡凤莲一怒而逃走似也欠妥，但像这样的处理——使胡凤莲完全取得胜利，也使人感到有些勉强。希望再考虑这个戏的结尾，因为结尾处理不恰当，往往影响全剧的效果。

在根据文艺作品改编成曲剧、评剧的工作上，出现了《心上的人》《三只鸡》《锁不住的人》《张桂容》等，这在剧目贫乏的今天，能这样作也是值得欢迎的事情。这些剧本以《张桂容》改编的较好，缺点是最末一场，拖的时间太长，由于没有内容，只好用旧戏的老套子来处理，遂使紧张的剧情顿然松弛下来，使剧本减色不少。其他剧本，也都有一些缺点，最好在今后演出中予以修改。

关于导演及舞台美术、音乐改革等方面，我们首先应该肯定的是：这次参加观摩演出的二十六个节目，都有了导演，都认识了导演工作的重要，有的还初步的建立了导演制度。这是一个很大的进步，因为戏曲艺人一向没有导演节目的习惯，更谈不上导演制度。一个剧目的上演，特别新剧目的上演，有导演和没有导演，在演出上就会有很大的差别。有了导演，才能帮助演员研究剧情，分析人物的性格，发展现实主义的舞台艺术。这次有十二个剧目的导演都获得了导演奖，将占全数观摩剧目的二分之一，已充分说明这方面有了新的成绩。这些导演者，有戏曲艺人，新文艺工作者，有个人导演的，有几个人集体导演的，也有艺人和新文艺工作者合作导演的。这十二个获得导演奖的剧目，有十一个获得了演出奖，这就更有力地说明了导演在戏曲事业上的重要。有的导演，能掌握剧情的发展，使演出效果加强了。有的导演，突破了一些陈旧的表演形式，使剧本的主题思想在舞台上得到了较充分的发挥。有的导演，能帮助演员更深刻地刻画了人物性格，收到了感染观众的效果。有的导演，努力创造了舞台统一的风格。有的导演，在武打上有创造，使武打有了目的，有了组织性。

这一些不同的创造，不同的成就，都是必须肯定的。

我们不可否认的是：在戏曲导演艺术上，才开始摸索，还没有较成熟的经验。这次参加观摩的不少节目，大部分都是临时找来了导演，或是才学习导演的，对于剧本的主题思想、剧情的发展、人物的性格等，缺乏充分的时间去认真与严密的分析，只是大体上把剧本所显示的故事搬上了舞台，这就不可能起到全面的注意舞台美术、组织场次、发展戏剧情节、指导演员提高表演艺术的应有作用。不少导演，由于缺乏现实主义的舞台艺术知识，缺乏创造精神，就不能克服形式主义的以及某些老一套的表演手法，反而给演出带来了一些不合剧情、不合人物身份的缺点。

如《心上的人》处理王大娘这个人物时，故意夸张了她的小脚走路的姿势，形象很不健康。且在上坡送茶水时，有意的叫她上来又下去，下去又往上走，叫人看了并不受感动，只觉得是一种追求表面效果的作法。在其他戏里，还有很多类似的缺点，虽然演员不无责任，但主要应由导演负责。一个导演，如果不用现实主义的精神去追求舞台效果，却用这样形式主义的手法去企图讨好观众，那一定只会收到反效果而损害了剧情和人物的完整。还有一些戏的导演，没有从体会人物性格帮助演员，尽管整个戏演得还整齐，没有什么漏洞，但主要演员缺乏内心感情，没有进入角色的思想感情，演出来不能感动观众。（例从略）有一些戏的导演，他本人对于剧中的人物、故事、剧情的矛盾与发展缺乏整体的理解，只注意了个别的主要演员、剧中的某些场面，致使演员各自为政，相互之间缺乏角色的联系，场与场之间衔接也不明确。有一些戏的导演，不能依照剧情发展的主要线索给予充分的集中的发挥，却把一些不必要的场子故意拖得太长，结果降低了戏剧效果，使观众感到厌倦。如《戚继光斩子》沉舟一场渔夫与敌酋的武打拖得太长。曲剧《西厢记》寺惊一场，许多小和尚上场，每说一句话还念一声“阿弥陀佛”，作了一些与剧情无关的噱头，使观众觉得十分可笑。曲剧《张桂容》，一切表现及布景都是依照了现实主义法则的，但还有一些象征动作和装置，也是不必要的。不少戏的结尾有缺欠，不少戏的布景、灯光、音乐不调和。这就说明我们的导演还没有负起舞台综合艺术的组织者、指导者的责任。

在戏曲改革工作上，音乐的改革是一个重要的部分。特别在演现代生活的剧本时，更需要进行音乐上的改革。这次戏曲观摩演出，在音乐改革上，有不少剧团取得了成绩。第一，不少剧团健全了原有的乐队，有的建立了指挥制度，使乐队的演奏有了统一性，对配合剧情和演员的唱腔、表演起到了相当好的作用。有的乐队还增加了新乐器，在演奏方法上也有了一些改进，给戏曲音乐增加了新内容。我们认为这个方向是正确的，它不但不会给戏曲打击乐以任何损害，反而可以在民族戏曲音乐的优良传统上增加新的光彩。个别作的较好的乐队——如曲剧《张桂容》、评剧《张羽煮海》、京剧《后羿嫦娥》《春香传》《戚继光斩子》、评剧《杜鹃》、秦剧《蝴蝶杯》的乐队等，都有了新的创造。有的能够把不连贯的曲牌，能够通过乐队的演奏，给予了音乐上的有机联系，这是戏曲音乐上的一大进步。自然有的乐队组织的不好，虽说大胆改革了，效果还不够大。第二，在创造新唱腔上，通过演员、乐师和新音乐工作者的合作，也有了成绩。如有的创造了合唱，有的创造了序曲，有的结合剧情及人物的感情，创造了新曲调，这些创造虽说不免粗糙些，存在着缺点，但这种改革精神是值得鼓励的。但有的“序曲”是创造出来了，却不结合剧情，或是与剧本的主题思想关系不大，就显得不够调和。有的“和唱”唱的不谐调，不整齐，听起来不优美。既然叫作“和唱”，就更要事先多进行练习，要唱出来能感动人，能增强戏剧的感情。第三，音乐在配合演唱上，或是演员结合音乐的唱工上，也都有了一些进步。《春香传》中的音乐伴奏，大胆地吸收了朝鲜音乐的情调，丰富了京剧的演唱，这是一个值得鼓励的尝试。也说明京剧的音乐也是在可能条件下可以进行改革的。有的剧团把打击乐的声音，配合演员的演唱，随时降低了强烈的打击乐声音，使观众更能清晰地理会了演员的唱词，也是一个可贵的改进。新中国曲剧团盲艺人的乐队，克服困难的精神，是值得鼓励的。曲剧《张桂容》的演唱，由于能掌握人物感情，唱出来的声音很清楚，很圆韵，也就能感动人。因此，在戏曲音乐改革上，我们欢迎新的改革，新的尝试；但也要注意：创造新唱腔、序曲、和唱必须结合剧情和人物的思想感情。我们要有勇气改革，反对在音乐上的保守思想；同时也须警惕粗暴的轻率的改革，避免产生不调和，淆乱剧情的现象！应该说，我们戏曲工作者，新音乐的知识太差，对现代生活的体验也不够，必须从这两方面努力学习，积极与新音乐工作者合作，才能把戏曲音乐改革工作作得更好。

关于布景、服装、灯光等，也都是舞台艺术不可缺少的组成部分。在二十六个观摩剧目中，采用新式布景、灯光的就有十九个。我们认为只要舞台美术设计能够符合剧情的要求，增加演员的表演效果，尽可以试着去作。反之，我们都应该避免或再求改进。根据大家的反映：都认为《蝴蝶杯》《后羿嫦娥》《张羽煮海》等剧的布景，《张羽煮海》的服装、道具，《张桂容》的灯光，都较有成绩。有不少民间职业剧团，他们的条件虽说较差，但在这方面也作了不少的努力，也有不同程度的可贵的创造。也有一些舞台美术设计，不大与剧情吻合，服装不适合人物身份，灯光的明暗运用的不恰当，给我们以不好印象的：农民住的房子太笨重，颜色太灰暗，往往与他们的生活不调和。有的在以灯光映照月亮的时候，升的太快，或是晃悠悠的乱动，叫人感到不真实。有的由于布景不恰当，妨碍了演员的表演。有的过分的强调布景的现实意义，致使与人物身份不调和，或是显得太堆砌、太臃肿，妨碍了表演。有的穿的服装，与剧中人物身份不调和，影响了演员的表情。有的化妆上不讲求，弄成了乱涂乱抹，给人以可笑的感觉。有的用旧道具——如小孩的头上垂着小鞭子，演员一边哭一边摸，给人以啼笑皆非的感觉……这虽是一些细微的缺点，却都在影响着剧情，影响着表演艺术，影响着戏曲艺术的完整。

关于演员的表演艺术，我们坚决地拥护现实主义的表演方法，反对形式主义的表演方法，尤其反对那些庸俗的舞台作风。

这次参加观摩演出的演员，从全面的情况来估计，大都是精神饱满，在表演上肯于下功夫。无论演员的阵容，表演的技术，都比解放初期大大地提高了。北京是戏曲艺人的荟萃地，演员有着优秀的艺术传统，不少演员继承并发扬了这个传统。加以这几年在党和政府的关怀教育下，参加了一些政治斗争，使思想有了进步，艺术上有了改进，所以在这次观摩演出中，出现了新的优秀演员，一些老演员在艺术上有了更深的创造。这是大会的荣誉，首都戏曲界的荣誉，也是党、政府和人民给予的荣誉，我们应该珍惜这个荣誉，巩固并再提高这个荣誉！即使这次未能获奖的演员，有的是在表演上还存在着缺点，通过这次演出，也可以克服缺点，向前迈进一步。

一个戏演出效果的好坏，主要的要依靠演员。演员能否有进步，创造角色，获得广大的观众？主要的要看这个演员有否全心全意为工农兵服务的思想，能否忠实于自己的艺术事业，有没有坚持现实主义的表现方法的决心，有没有艰苦创造的才能？在这次观摩演出的演员中，从事舞台艺术较久的，有的保持、发扬了他的优良表演艺术，有的有了不同程度的进步或在某些方面的创造。那些原本擅长表演人物性格的优秀演员，这一次饰演剧中所担任的角色，仍然能掌握人物性格，既不作过分的夸张，也肯于出卖气力，可以说演的恰到好处。某些演员，在表演艺术上也开始重视了内心表情，严肃了表演态度。某些演员，努力于改编剧本，还努力于创造人物形象。特别值得注意的，在解放后几年中培养了年青的新演员，他们的艺术提高的很快。他们有追求新事物的先进思想，有接近新人物、新生活的决心，有努力忠实于自己艺术事业的无限热情。

比如京剧《小放牛》中的村姑，在舞蹈艺术上有了创造，把这个传统剧目表演得更生动，更富有感染观众的力量。曲剧《张桂容》的张桂容，在表现人物思想、感情方面，在塑造这个人物形象上，演员都有新的创造。评剧《张羽煮海》中的琼莲，在学习唱腔、人物表情上也有不可忽视的成绩。还有不少剧目中年青演员，也都在表演艺术上努力学习表演人物性格，正确地掌握人物感情，在演技上有了可喜的进步。这些舞台上的新人，表演艺术园地上生长起来新的花朵，我们应该珍惜他们，培养他们，使他们在日益发展中成为人民的优秀演员。其他还有很多年青的演员，都学习着以现实主义精神来改进自己的表演艺术，只要有一点点进步，我们都应该肯定，应该表示欢迎。只有大家都认识了提高表演艺术，是每个演员的中心任务；学习现实主义的表演方法，是每个演员的努力方向。那样，我们的戏曲改革事业，才能有更辉煌更远大的前途！

我们有了以上的一点进步能够满足吗？不能，决不能有任何值得满足的！在我们的表演方法上，还大量地存在着形式主义的不健康的落后的表演方法。这些东西会经常起消极作用，它会腐蚀一个有才能的演员，它障碍着演员的进步与提高。这不单纯是一个表演技术问题，是一个严重的思想问题，是某些演员受了资产阶级思想的影响，小市民思想的影响，在表演艺术上的一种不良倾向的反映。这是我们必须反对，一定要反对的！

曲剧《西厢记》饰红娘的演员，她不是不能唱，也想表演的好。但她存在着讨好观众的思想，又未能体会怎样掌握现实主义的表演方法，自然对红娘这个人物性格也就不可能理解。一旦登台表演，就有很多没有目的动作，不合人物身份的表情。也就很难表达天真、活泼、智慧，内心又有很多感情活动的红娘这个人物的性格。正如同一剧中的饰张生的演员一样，常常在舞台上吐舌头，来一些不必要的噱头，引起观众发笑，把张生演成了一个调情公子哥儿。这就损害了具有一定才学、高尚情操，对莺莺倾心敬爱的张生的性格。当然我们在艺术领导上，平时对她们帮助不够，也是负有一定责任的！

一个演员的表演，是允许他在现实主义的基础上使用夸张的方法和创造的。因为只有充分发挥演员的创造力，才能使人物形象更突出地出现在舞台上；也只有允许演员用一些夸张的手法来表演人物，才能使人物更丰富，更富有活的形象。否则，便会使演员束手束脚，照猫画虎地表演，变成僵然若失的状态，而不能进入角色的创造，不能活现人物的形象。但我们却反对那些反现实的夸张，自由发挥而不顾剧情和人物性格的创造。同时，也反对演员没有创造一味模仿别人的表演。如评剧《刘胡兰》一剧，由于前边过分夸张了敌人的凶狠残暴，把观众的心情压得很沉闷，所以当饰刘胡兰的演员，接二连三地打匪军连长耳光的时候，观众也跟着喝彩，但这样的夸张手法是不真实的，不符合当时具体情况和人物环境的，因而，这样的表现方法是违反艺术原则的。刘胡兰是勇敢、坚强的，也是沉着、智慧的。如果单纯用这样手法夸张她的勇敢，反而损害了这个人物的性格。如评剧《张羽煮海》饰龙王的演员，虽说在唱腔、表演上有他一定的成绩，但由于掌握龙王这个专制阴险、顽固者的性格上理解不够，反而更多地从形式的表演出发，运用了大甩手，高抬步履，奇怪的说话腔调，表面上的"威严"来吸引观众，就使龙王的性格不能突出地达到艺术的要求。如在第四场，琼莲和龙王辩论最后要把琼莲打入黑石牢，原来可以造成戏剧矛盾的高潮，但由于龙王缺少内心的矛盾感情，反而使剧情低落了。《心上的人》饰谷发堂的演员，忽略了这个角色原是劳动人民、肯于劳动的一面，过分夸张地表演了落后的一面，以致使人感到他是一个嘻皮笑脸的丑角，不值得同情的人物，也成了一个不真实的人物。在这里必须提出的是：我们的戏曲演员，对于创造新人物舞台形象，表演新人物的思想、感情，还没有可资依据的把握，必须深入生活，向新人物学习，下苦功琢磨新人物的性格，此后才能表演得真实，形状得恰当。还有个别京剧演员，不从京剧表演艺术的优秀传统多下功夫，却一味从表面及唱腔上去模仿别人，忘记了自己所担任的角色，不知不觉地也流入形式主义的泥沼，也是值得警惕的！至于那些不健康的表演，我们就更应该即时纠正了！

我们在表演艺术上，虽说存在着不少缺点，但从整个演出的效果来看，无论在导演、演员、音乐、布景、服装、灯光等方面，较之过去，都有了不少改进和提高。我们有的有了导演，有的有了导演制度，有的健全了乐队，有了指挥制度，大部分演员都热情饱满地努力于现实主义的表演艺术，在音乐专家辅导、合作下，对戏曲音乐作了不少的改革。对布景、灯光、服装作了积极的注意与筹备，促使不少剧团在演出上有了新的成绩，使参加观摩的戏曲艺人，一同认识了戏曲演出是舞台艺术集体的表现，严肃地克服了“主角演戏，配角看戏”“舞台工作，各自为政”的落后现象，还有了为提高表演艺术而奋斗的决心。

今后，我们要珍重这些成绩，却不能满足这些成绩，我们要勇于认识缺点，还要勇于改正缺点。我们最主要的缺点是：剧目的数量少，质量不高，反映现代生活的更少，具有社会主义思想的剧目还没有。在表演艺术上，存在着形式主义的落后现象，在戏改工作上存在着保守思想，缺乏积极的创造。我们要改变这种落后情况和缺点应该怎么办呢？

第一，我们要严守社会主义现实主义的创作原则、观点、方法，来整理、改编、创作新剧目。我们在剧本创作上，要克服严重的落后于现实，脱离现实斗争生活的倾向。要以创作反映伟大祖国及人民首都生产建设的现实及创造光辉灿烂的新英雄人物典型为我们第一的政治任务和创作任务。同时，还要深入地发掘京剧、评剧的传统剧目，找寻那些人民性较强或具有一定基础的剧目，积极地进行整理、改编。并将这次参加观摩演出的节目，首先进行修改、加工，多产生一些节目。在创作、改编、整理剧目的时候，必须注意各个剧种的特点，动员艺人的潜在力量，促使新文艺工作者与艺人密切合作，共同为丰富戏曲节目而奋斗！

第二，我们要严守社会主义现实主义的表演方法，每个演员要坚决克服个人主义的自满情绪，畏缩消极的保守思想，要勤勤恳恳地积极奋发地忠实于戏曲艺术事业。要设法深入生活，接触、联系新人物，向新人物进行学习。还要注意学习历史知识、历史生活，然后才能掌握历史人物及现代人物的思想、感情，创造鲜明、深刻的舞台人物形象。所有剧团及演员，要加强团结，整顿队伍，消除成见，密切合作。还要及时用批评、自我批评的武器，提高思想，改正缺点，互相观摩，互相学习，加强艺术的劳动、创造。年老的要辅导年青的，年青的要赶过年老的。戏曲事业是属于人民的，现实主义的表演艺术是无止境的，只有那些勇于追求、有热情、有毅力的演员才能逐步攀上艺术的峰顶，成为被广大劳动人民爱戴的演员。

因此，对这次的评奖，必须有正确的看法：获奖的，应该看成政府和人民对自己的鼓励，决不能认为骄傲的资本。没有获奖的，也不应灰心，应该积极努力，迎头赶上前去。我们是毛泽东时代的演员，必须认识社会发展的规律，社会是永远向前发展的，在发展中，今天落后的，如果肯努力，明天也可能成为前进的；今天是前进的，如果不进步，明天也可能成为落后的。一个演员，要永远求进步，向前进！

第三，我们要严守社会主义现实主义的方法，对戏曲音乐、舞台美术进行必要的改革。既须注意民族戏曲音乐的特点，又不墨守成规，在音乐配奏、演唱、新曲调上有创造性的改革。对舞台美术设计，在剧情及人物的合理要求下，实行有效的设计，使能发挥表演艺术的最大效能。我们要训练演员、所有舞台工作者，都具有舞台艺术的整体观念，作到全体动员，一致合作，把每个戏都演得恰到好处，精益求精。

要达到上述要求，我们必须严守毛主席“百花齐放、推陈出新”的戏改方针，用自己的艺术全心全意地为工农兵服务。要努力进行政治学习及业务学习，使我们的思想、感情，符合社会主义改造的要求，符合日益提高的人民文化生活的要求。当前整个文化界，正在反对资产阶级思想，反对黄色书刊及任何毒害人民的艺术，我们首都戏曲艺人，必须毫无例外的参加这个伟大的斗争。我们要从自身作起，要从自我改造作起，要以实际行动参加这次斗争。只有自己的思想提高了，艺术才能提高。党和人民政府时刻地关心着我们，爱护着我们，鼓励着我们，人民大众用雪亮的眼睛期望着我们，用热情鼓舞着我们。我们要满怀信心地为丰富戏曲节目，提高表演艺术，为发展繁荣北京市的戏曲艺术事业奋斗前进！

一九五四年十二月二十三日夜

戏曲观摩演出委员会副主任委员兼秘书长张梦庚在北京市第一届戏曲观摩演出闭幕式上的致词

（1954 年 12 月 25 日）

同志们：

我们北京市第一届戏曲观摩演出，从十一月二十五日到今天——十二月二十五日，紧张地进行了三十一天，其中包括观摩演出、展览演出、招待演出、评奖讨论、专题报告等等活动。现在胜利地闭幕了。

参加这次观摩演出和展览演出的有二十七个专业剧团，包括京、评、曲、秦腔等四个剧种。演出了二十七场，共计观摩剧目二十六个，展览剧目二十个。另外还有三场招待演出，至于其他方面的数目字，在这里就不多谈了。

这次观摩演出，是我们北京市自解放以来第一次戏曲大检阅。其目的，一方面是为了大家互相学习，另一方面是通过观摩演出来检查我们北京市戏曲改革工作中的优缺点。

这次举行观摩演出，我们是没有经验的，是在摸索中进行的，缺点是很多的。但总的来说，已得到了初步的收获，它给今后的工作，打下了新的基础。这种收获是值得肯定的，是和全体演员与观摩演出委员会的工作人员一致努力分不开的；也是和中国戏曲研究院的同志、各专业团体的艺术专家、师大的一些音乐教授以及中央文化部的指导和协助分不开的。

在观摩演出中，看出我们的工作是有成绩的。参加演出的各个剧团都初步地建立了导演制度。这说明我们的演员在表演艺术的认识上有所提高，使舞台艺术走向整体化的道路。大多数演员力求以现实主义的表现方法来创造舞台上的人物形象。有些剧目，在戏剧形式上，音乐上、服装上、布景上都有所改革，大胆地进行了一些新的尝试，这在继承我国戏曲艺术优良传统的基础上获得一定的发展，不可否认地这对我们北京市的戏曲改革工作又推进了一步。

但是要从另一方面来看，我们的剧目还是很贫乏的。尤其是反映现代生活的剧目更少，能够反映现代生活的剧种，如评剧、曲剧也未能担任起这一任务来，反而远远地落在现实的后面。这并不是说我们不需要历史剧、神话剧和男女恋爱的戏，而是要我们更好地去发扬它。但是，在比重上，应当把反映现代生活的剧目放在主导地位。今后我们必须向这方面来努力，以便使我们戏曲事业为伟大的社会主义建设和社会主义改造服务。

其次在这次观摩演出中，还存在着一些形式主义的表演方法和不健康的表演，这不仅是某些演员在艺术思想上需要很好地提高，而最主要的是北京市的辅导工作做的不够。这正说明我们在戏曲改革工作中是有许多缺点的。

最后希望在这次观摩演出中，获奖的同志，随时随地，戒骄戒傲，时刻珍惜党和政府所给予的荣誉，今后继续努力，百尺竿头，更进一步；没有获奖的同志，在互相学习、共同提高的大前提下，今后更应当加倍努力。让我们大家团结起来切实遵照毛主席所指示“百花齐放、推陈出新”的精神，更好地为丰富剧目，提高质量，发扬现实主义的表演艺术共同前进吧！

敬祝同志们健康！

1960年北京市艺术表演团体五月会演工作史料

1960年4月至6月，北京市为了贯彻党的“为工农兵服务为社会主义建设服务”和“百花齐放、推陈出新”的文艺方针，进一步促进北京市艺术团体创作排演工作，提高演出的思想、艺术质量，加强艺术交流，由北京市文化局组织所有艺术团体进行了五月会演，创作排演更多更好的节目，为迎接建党四十周年献礼。

北京市直属艺术团体会演时间安排在1960年4月25日至5月12日，共18天。演出总计40个晚会，参加演出的单位共27个，其中：京剧10场，评剧1场，昆曲1场，河北梆子1场，越剧1场，曲剧1场，话剧12场，歌剧3场，舞剧1场，音乐会4场，歌舞2场，曲艺1场，杂技1场，庆祝城市公社成立创作节目1场（综合晚会）。其中有2场（春风杨柳、金樑玉柱）系内部审查观摩，未公开演出。

北京市区属艺术团体会演时间安排在1960年5月21日至6月4日，共15天。参加会演的有15个区、县的24个剧团（海淀评剧团因外出未参加，怀柔无剧团），演出节目22场，共计大小节目49个，其中：京剧7场、评剧7场、河北梆子5场、话剧1场（以上每场1个剧目），曲艺1场（11个节目）、杂技1场（17个节目）、皮影1场（两个节目）。

此次会演是北京市文艺工作者的一次盛会，汇聚了市直属、区属优秀文艺团体和演员，展现了当时北京市文艺工作的繁荣景象。通过会演，不仅促进了各文艺团体的交流与学习，丰富了市民的文化生活，也推动了北京市文艺事业的发展。

本组史料由两部分组成，一是北京市直属艺术团体会演情况，选录了北京市文化局关于报送北京市直属艺术团体五月会演方案的请示报告、会演方案（修订）、节目单以及总结提纲（草稿）等；二是北京市区属艺术团体会演情况，选录有关于区属专业艺术团体五月会演工作初步计划、日程表、和曲艺杂技会演节目单、总结等。

北京市档案馆藏，档号：164-1-317、318。

——选编者　王永芬

〈一〉北京市属艺术团体

北京市文化局关于举办艺术团体“五一”会演演出初步方案给北京市人民委员会的请示报告

（1960 年 3 月 29 日）

（60）艺二字第 366 号

北京市人民委员会：

兹将“北京市直属艺术表演团体‘五一’献礼节目会演初步方案”送上，请审批。

区属剧团会演拟在五月下旬举行，方案另报。

1960 年 3 月 29 日

抄送：直属各艺术单位。

北京市文化局关于报送北京市直属艺术团体五月会演修改方案给北京市人民委员会的请示报告

（1960 年 4 月 20 日）

（60）艺二字第 465 号

北京市人民委员会：

北京市直属艺术表演团体五月会演方案，根据市委指示精神进行了修改，现送上，如有不妥之处请批示。

附件：如文。

1960 年 4 月 20 日

抄报：中央文化部艺术局。

抄送：市直属艺术单位。

附件：北京市直属艺术表演团体五月会演方案（修订）

（1960 年 4 月 20 日）

一、目的：

为了督促检查市直属艺术表演团体向党四十周年诞辰献礼的准备工作，拟在“五一”前后举行一次会演。通过会演检阅各单位自去年国庆节以来新创作、排练的节目，发现苗头，交流经验，进一步提高节目的思想性和艺术性，进一步推动创作，为迎接党的四十周年创作更多更好的节目。

二、会演办法：

1. 时间：四月二十五日至五月十日，共十五天。

2. 方法：各业务口齐头并进，即戏曲、话剧、歌剧、音乐、舞蹈、曲艺、杂技分头同时进行。

3. 组织领导：由文化局全面掌握，成立会演办公室，负责会演的组织工作；各艺术小组分头负责本业务口的节目的审查、讨论、开展研究和评论工作等，会演后向文化局提出书面报告，文化局综合上报市委和市人委。

4. 节目：参加会演的节目为各单位去年国庆节以后为迎接党的四十周年新创作和改编的思想性、艺术性较高的节目。演出节目要符合当前的时代气氛，对观众能起积极的宣传教育作用。

三、评论工作：

1. 在会演期间，必须加强研究和评论工作，并且要加强它的思想性和战斗性。评论工作除应对演出节目进行研究、注意发现问题，及时进行讨论，提出改进意见以外，同时应注意总结和推广先进经验（包括剧本、表演、导演、舞台美术、音乐各个方面），以提高大家的思想水平和艺术水平。另外，还准备组织一些专题讨论，解决目前创作和工作上急需要解决的问题，例如：如何及时反映现实斗争的问题（包括戏曲现代戏等）；如何以新的观点创作、改编历史题材和传统剧目的问题；某些艺术形式如何进一步民族化、群众化的问题；如何有效地培养新生力量的问题等等。

2. 作法：根据去年的经验，应充分发挥各艺术小组的作用，同时也须广泛发动群众，进行艺术上的研究和探讨，准备组织三类座谈会：

（1）艺术小组座谈会，以艺术小组为核心，适当吸收各单位思想水平和艺术水平较高的同志参加。

（2）市文联召集的座谈会，吸收社会上的专家、产业、部队、广播等系统兄弟团体观摩人员，外地观摩人员，本市区属各单位艺术干部，业余艺术骨干参加。

（3）各艺术单位召集本单位观摩座谈会。

参加以上三类座谈会的成员尽量不要重复，各类座谈会均须于次日写成书面汇报交会演办公室。

另外，准备组织北京各报刊及时配合发表评论文章和报导。

根据以上要求各艺术小组须根据会演节目，订出研究和评论工作的具体计划送会演办公室。

四、会演的几项具体事项：

1. 组织机构：

由市文化机关党组和各艺术小组正副组长共同负责会演的领导工作。

下设会演办公室，主任张梦庚，副主任王信哲，办公室内分秘书、演出、总务三组。

秘书组组长叶锋，副组长史荣保，万华舟负责上下内外联系工作，及时反映演出和座谈会情况，接待记者、组织宣传报导等。

演出组组长张国础，副组长崔炳玉负责会演的演出日程、剧场调度、票务、广告等工作。

总务组组长王信哲（兼），负责接待外地观摩人员食、宿、观摩及会演的其他事务工作。

2. 演出：

会演采取观摩和公演相结合的办法，为适应观摩和观众的需要，据初步计算，原则上决定新节目的观摩票和公开售票的比例为 4∶6，以上演过的保留节目比例为 2∶8。因这次会演是各业务口同时并进，其中一部分节目以上演过一个时期，故发票的详细办法还需要演出组另拟。

会演的剧场原则上是有剧场的单位在本剧场演出，无剧场的单位由演出组统一调配。会演广告统一由会演办公室登。

3. 会演前的审查工作：

各单位参加会演的新节目均须经过审查确定，参加审查的人员：市委文化部、文化局的领导同志、本艺术小组的成员，因为领导同志较忙，不能参加所有节目的审查，主要由本艺术小组负责决定能否参加会演。

4. 会演日程另订。

市文化局

1960 年 4 月 20 日

北京市直属艺术团体五月会演剧目

一、京剧：10 个晚会（共 11 个剧目，其中新创作 3 个、改编移植 8 个；历史题材 10 个、现代题材 1 个）

单位	剧目	内容	编剧	导演	主要演员	完成日期	备注
中国京剧院（二团）	凤凰二乔	三国时，孙策、周瑜青年时代开基创业并与二乔结姻的故事	阿甲、翁偶虹	阿甲、邹功甫	李和曾、张云溪、江新蓉等	4.20	
中国京剧院（四团）	初出茅庐	诸葛亮初出茅庐，怀雄心、立大志火烧博望坡的故事	马少波等	郑亦秋	孙岳、杨秋玲、夏永泉等	4.20	
北京京剧团	官渡之战	三国时，袁绍攻许昌，曹操引兵拒予官渡，用许攸之计以小胜大的故事	孙承佩	魏静生、阿甲、王雁	马连良、谭富英、裘盛戎等	4 月底	
北京京剧团	草原烽火	蒙古族牧民和奴隶在地下党领导下反抗达尔王爷与日寇侵略和压迫的斗争故事	原著乌兰巴干 改编王雁	王雁、魏静生	马长礼、赵丽秋、谭元寿、张韵斌	已完成	
中国戏校实验京剧团	百骑劫魏营	三国孙、曹交战，吴将甘宁智勇双全以百骑劫魏营的战斗故事	传统剧目	耿明义	钱浩梁、孙洪勋、李长春等	4.15	
中国戏校实验京剧团	六离门	明洪承畴降清，还家探母，母设六离门与之绝情	苏移、杨赫	苏移、杨赫	王梦云、李鸣岩、王荣增等		
梅剧团	水母娘娘	水母娘娘与玉皇斗争的神话故事	刘景毅、昌振华	刘景毅、昌振华	李玉芙、林懋荣等	4.10	
尚剧团	陈壁娘	宋末郎州张达、陈壁娘的抗元故事	编导组	编导组	方淑兰、赵和春等	4.10	
荀剧团	姊妹缘	芦充与崔艳娘反对封建家庭逼迫退婚的故事	李达、张存恭等	费文艺	张学津、王晓临、孙玉敏等	4.20	

续表

青年京剧团	火焰驹	明代人民反抗权奸的故事	苏俗	王洪宝	赵荣琛、李元春、王吟秋等	4.10	
燕鸣京剧团	荀灌娘	东晋时，少女荀灌娘请兵解围，智勇双全的故事	王雁、王元芝	集体	赵燕侠等	4.15	

二、评剧：一个晚会（新创作、现代题材）

中国评剧院	生活的凯歌	北京市财贸系统，服务行业组织人民经济生活的故事	高琛	冯霞	小白玉霜、喜彩莲、马泰、张筠青等	4.10	

三、昆曲：一个晚会（新创作、历史题材）

北方昆曲剧院	文成公主	描写唐文成公主入藏，汉藏和好民族团结的故事	许宝驹	金紫光等	侯永奎、李淑君、从兆恒等	4.10	

四、河北梆子：一个晚会（改编、历史题材）

北京市河北梆子剧团	呼延庆打擂	宋呼丕显被庞文诬陷，全家被难其曾孙呼延庆除奸复仇的故事	江风 金玉奎	导演组	王凤芝、李宝麟、李世贵等	4.10	

五、越剧：

北京越剧团	兰花	根据民间传统创作，浙江四明农民反霸斗争故事	庄志	石景山	傅全香、吴小楼等		

六、曲剧：一个晚会（新创作、现代题材）

北京曲艺团	为了六十一个平陆事件阶级弟兄	集体创作	于真	魏喜奎、顾荣甫、李宝岩等		

七、话剧：13个晚会（新创作10个，现代题材8个、革命历史题材2个、历史题材1个，外国剧目2个）

单位	剧目	内容	编剧	导演	主要演员	完成日期	备注
中国青年艺术剧院	金梁玉柱	通过人民大会堂修建反映首都建筑工人共产主义风格	集体创作	于村		4.20	
中国青年艺术剧院	文成公主	文成入藏，汉藏和好	田汉	金山	吴雪、杜彭、路茜、邓振瑶等	已完成	
北京人民艺术剧院	星火燎原	大革命时期，闽西农民暴动	赵起扬等	焦菊隐	马群、赵韫如、胡宗温、董超等	5月上旬	
北京人民艺术剧院	巴山红浪	陕西两个县在大炼钢铁中大协作和共产主义风格	黄悌	欧阳山尊	吕齐、狄辛、胡浩、杨宝琮等	5月上旬	
北京人民艺术剧院	花开遍地万家香	反映城市人民公社	集体创作	夏淳	杨薇、宋凤仪、吴淑昆、李婉芬等	4月中旬	
北京人民艺术剧院	英雄万岁	抗美援朝的斗争故事	杜烽	梅阡	刁光覃、马群等	已完成	
北京人民艺术剧院	同志，你走错了路	抗日战争时期反右倾投降路线的斗争	陈波儿			已完成	
实验话剧院	英雄列车	三八包车组战胜洪水的故事	集体创作	石一夫	肖驰、田成仁等	已完成	
实验话剧院	为了六十一个阶级弟兄	平陆事件	集体创作	田成仁	王怀文、姚向黎、耿震、王鹰等	已完成	
中国儿童剧院	红领巾服务队	少先队帮助人民公社工作	集体创作			4月下旬	
中央戏曲学院	英雄人物数今朝	马口事件	集体创作	洪涛等		已完成	
中国儿童剧院北京人民艺术剧院	列宁与第二代	十月革命时期列宁对青少年一代的关怀与教育	苏联米莎特洛夫	朱漪	周正、于是之、覃昆、李掬芬等	4月中旬	
中央戏剧学院	克里姆林宫的钟声	十月革命后列宁提出电气化计划，领导一切革命力量，并教育了旧知识分子	苏联包奇廷	阮君珊、李虹等		4月中旬	

八、歌剧：4个（新创作1个、改编3个；现代题材2个，革命历史题材1个、历史题材1个）

单位	剧目	内容	作者	导演	主要演员	完成日期	备注
中央实验歌剧院	斗诗亭	农村大跃进中反对保守思想的斗争	卢肃（剧） 杜宇（曲）		王昆等	5月上旬	
中央实验歌剧院	春风杨柳	社会主义革命中反对右倾思想的斗争	海啸（剧） 陈紫（曲）	牧虹、韩冰	方晓天、王琴舫、殷韵含等	5月上旬	
中央音乐学院	青春之歌	一二九运动中林道静的成长	金帆（剧） 王震亚（曲）	田庄	黄骙春、刘秉义等	5月上旬	
中央实验歌剧院	窦娥冤		侣朋		郭兰英等	5月上旬	

九、舞剧：1个（新创作、历史题材）

单位	剧目	内容	作者	导演	主要演员	完成日期	备注
中央实验歌剧院	雷峰塔	根据白蛇传传说改编	王萍等梁克祥（曲）	王萍等	于颖、林阿梅等	已完成	

十、音乐晚会：5个

单位	类别	内容	完成日期	备注
中央乐团	交响乐音乐会	“广州起义”交响乐第一乐章（马思聪）、“穆桂英挂帅”交响乐、“一个女英雄”交响诗第一乐章（罗忠镕）、“赛龙夺锦”、“十面埋伏”等	五月初	
中央乐团	合唱音乐会	“南国的女儿”大合唱、“歌唱徐学惠”、“人民英雄纪念碑”、“农村新面貌”等	五月初	
中央乐团	独唱、独奏音乐会	“刘三姐”、歌颂马口事件英雄人物的独唱、独奏、重唱节目及组舞“人定胜天”	五月初	与舞蹈学校联合演出
中央乐团	工人交响乐音乐会	与有线电厂工人管弦乐队合作演出，节目另订	五月初	
中央音乐学院	综合音乐会	民族管弦乐、管弦乐、大合唱、四重奏、独唱、独奏等	五月初	

十一、歌舞晚会1个

中央歌舞团、中央民族乐团合搞一个晚会，节目另订。

十二、曲艺晚会1个（北京曲艺团）

十三、杂技晚会2个（中国杂技团）

十四、庆祝城市人民公社小节目1个（电影演员剧团等）

总计43个晚会，其中戏曲15个晚会；话剧13个晚会；歌剧、舞剧、音乐、歌舞11个晚会；曲艺杂技3个晚会；庆祝城市人民公社小节目1个晚会。

北京市直属艺术表演团体五月会演总结提纲（草稿）

（1960年5月9日）

（一）

市直属艺术表演团体五月会演从四月廿五日开始，到五月十二日结束，共18天，演出各种艺术节目40场（即40个晚会），其中京剧10场，评剧一场，昆曲一场，河北梆子一场，越剧一场，曲剧一场，话剧12场，歌剧3场，舞剧一场，音乐会4场，歌舞2场，曲艺一场，杂技一场，庆祝城市公社成立创作节目一场（综合晚会）。其中有两场（春风杨柳、金樑玉柱）系内部审查观摩，未公开演出。参加演出的单位共27个，演出人员约　人。

这次会演采取观摩和公演相结合的办法，新节目留40%观摩票，会演前已经上演过的节目留20%票，这样既解决了观摩的问题，同时也满足了观众的需要。会演分四个口：戏曲、话剧、音乐舞蹈、曲艺杂技齐头并进，每天几个剧场同时演出，在市委文化部和文化局统一领导下，由各艺术小组分头负责本业务口节目的审查、观摩和讨论，采取分口包干的办法。现在看来这是一个好办法，既可以节省时间、减少大家的负担，又可以达到相互观摩学习的目的。

会演中为了吸收各方面的意见，进一步提高节目的思想质量和艺术质量，我们组织了各种座谈会和评论文章，座谈会基本上是三种形式：一种是艺术小组座谈，一种是由市文联吸收社会上的专家、文艺工作者、业余文艺骨干座谈，再一种是审查或演出中间听取领导同志和有关方面的意见。报导和评论文章会演期间共发表　篇，其中有分量的，质量较好地共　篇，因为会演刚刚结束，有些文章还在酝酿、写作，有些发表在刊物上，刊物尚未出版，现在还不能统计齐全。除过对演出节目进行座谈和评论以外，我们还根据会演中发现的一些问题组织了专题讨论和理论上的探讨。所有这些研究活动，对进一步推动创作，提高节目质量起了很好的作用。

（二）

这次会演的主要成绩和特点：

一、新节目多。这次会演和去年五月会演、七月内部审查，国庆十周年献礼比较，新节目占绝对多数，会演共 40 个晚会，除了话剧方面有两个外国戏以外，其他全部是新创作、新改编、新排练的节目，这是一个非常好的现象，这说明从去年国庆节以后，半年多的时间，我们在创作上取得了一次大丰收。半年来我们总共创作、排练了　个新节目，这次参加会演的只是其中比较好的一部分，即　%。在外地巡回演出的不在内。

二、及时地反映现实斗争，反映我们伟大的时代，歌颂党的总路线、大跃进、人民公社、歌颂共产主义风格，歌颂新的英雄人物是这次会演话剧、歌剧、音乐、曲艺节目单主要内容，（其他剧种也有一些）尤其话剧最为显著，会演中话剧剧目 12 个，现代题材即占 9 个（去年五月会演话剧在这方面比较弱），及时地配合了政治运动，对广大观众进行了宣传教育，真正发挥了文艺为政治服务的作用。特别应该提到的在最近配合城市人民公社成立的运动中，北京各文艺团体在短短的几天内创作了67个新节目，送上门去为公社社员演出，给社员很大鼓舞，参加这次会演的一场是选拔了其中的一部分，以各种形式歌颂城市人民公社的诞生，宣传它的优越性。证明赶任务的作品也可以有较高的艺术水平，而成为保留节目。在新创作的反映现代题材的节目中，有不少思想性、艺术性较好的节目，如话剧“英雄列车”“星火燎原”“万家春”，评剧“生活的凯歌”，歌剧“春风杨柳”，舞蹈“人定胜天”，合唱“徐学惠”“少年英雄刘文学”，交响诗“一个女英雄”，曲艺“白手起家”“红大院”等，这些节目再经过细致的加工提高，会成为很好的保留节目，其他有些节目也很有苗头。外来的大合唱、交响乐进一步配合了当前斗争，并进行了群众化的尝试。杂技也在为政治服务，进行了尝试。具有强烈的时代气氛，富有战斗性，是这次会演节目的主要特点。

三、以历史唯物主义的观点创作历史题材和改编传统剧目，在戏曲、歌剧、舞剧方面作了很大努力，而且取得了一定的成绩。这次会演戏曲历史剧目都是新创作或新改编的，这些剧目在选择题材和进行艺术创作时，都注意了加强思想性，能够对今天的工农兵观众起积极的教育作用，因此，绝大部分剧目思想内容是健康的、积极的，符合时代的要求，在艺术上也是力求优美完整、达到思想性和艺术性的统一。会演中涌现一些比较优秀的剧目，如京剧“初出茅庐”“官渡之战”“陈璧娘”“荀灌娘”，昆曲“文成公主”，越剧“劈山救母”，河北梆子“呼延庆打擂”，歌剧“窦娥冤”，舞剧“雷峰塔”等，不仅主题思想积极，而且艺术上也有不少革新和创造。

这次会演主要的特点不论何种艺术形式都体现了为政治服务，为当前斗争服务的精神，同时也体现了“百花齐放”的方针，从参加会演的艺术形式来看，北京的各种剧种、曲种都包括了，节目的题材范围也是很广泛的，古今中外皆有（但以今为主），有大型作品，也有赶任务的小节目，很多节目不仅在内容上思想性强，而且在艺术上有不少新的创造和革新，有的正在摸索、尝试，所以这次会演节目从内容创作形式是各有特点，体现了百花齐放的方针，表现了艺术创作上繁荣和发展。

四、开展共产主义大协作、互相支援、互相帮助，把困难留给自己，把方便送给别人，也是这次会演的特点。我们有很多单位为了及时的创作、排演反映当前斗争的剧目，为了配合政治任务需要排演大型剧目，为五月会演准备节目，但是人力不足，在这种情况下，就开展了共产主义大协作，剧院内各个部门之间、兄弟团体之间、文艺团体与有关部门之间、专业与业余之间展开了协作，充分发挥各方面的力量，进行创作和排练。这次会演中很多节目是共产主义大协作的产物，如“生活的凯歌”“文成公主（话剧）”“列宁与第二代”“劈山救母”“呼延庆打擂”等。

五、新生力量的成长。从这次会演可以看出，我们队伍中新生的力量是在不断地成长，他们在政治上、文化上、艺术上的飞跃进步，真使人兴奋。会演中很多优秀剧目，如“初出茅庐”（京剧院四团）、“陈璧娘”（尚剧团）、“甘宁百骑劫魏营（中国戏校实验京剧团）”，“呼延庆打擂”（河北梆子剧团学习班）、“钢琴协奏曲”（音乐学院红领巾乐队），全部是青年演员演出，得到大家一致的赞扬，在其他的节目中，也出现了不少优秀的青年演员。这些青年演员都是在党的关怀和培养下成长起来的。

（三）

这次会演所以能够在创作上获得这么大的丰收，主要经验有以下几点：

一、学习八中全会文件和毛泽东思想。从去年国庆节以后，我们即开展了八届八中全会文件的学习，这一学习，一方面批判对三面红旗的错误认识，另方面解决文化工作上能不能贯彻总路线，能不能多快好省的问题。通过学习，大家的觉悟大大提高，认识明确了，干劲更足了，在这一学习的同时我们开展了先进工作者运动，提出向党诞生四十周年献礼的奋斗目标，通过这些措施，保证了党的总路线的贯彻，推动了文艺创作的发展。其次，从今年 2 月以来，我们又开展了学习毛主席著作，特别是毛主席的哲学思想和文艺思想，批判文艺上的修正主义，这对于进一步贯彻文艺为工农兵服务、为社会主义建设服务的方针，起了很大作用。这一学习虽然开始不久，还有待于继续深入，但是从目前的情况来看，已经表现出良好的效果。这次会演，很多新节目的出现就是学习了毛主席文艺思想，进一步明确了文艺为政治服务、为社会主义建设服务的结果。

二、深入生活。从1958年开始，我们即重视了组织文艺工作者深入工农兵，参加实际斗争，改造思想、丰富创作源泉，当时是采取大批下放的办法，1958年由于国庆献礼任务，这方面略受到影响。从去年国庆节以后，我们又开始了大批下放，据统计从去年11月到今年4月，半年内共下放干部1600余人。这次下放分两种作法，一种是创作干部，长期下放参加劳动锻炼和实际斗争，搜集材料进行创作；另一种作法是大批下放，采取分期分批的办法，包括演员、乐队、舞台工作人员、行政人员等，他们的任务主要是进行劳动锻炼改造思想，同时也进行群众文化辅导（有些单位是结合巡回演出进行的）。除过以上两种作法，还有一种作法是为了反映某一方面的题材，派人短期下去，搜集材料进行创作。通过这样一些措施，一方面提高了文艺工作者的思想，另一方面丰富了生活，繁荣了创作。经验证明，这一方针和做法都是正确的，是贯彻文艺为工农兵、为社会主义建设服务一项最根本的措施。今后必须坚持。

三、大搞群众创作运动。这次会演所以能出现许多新节目，达到多快好省，最根本的一个原因是充分发动群众，发挥群众智慧，大搞群众创作运动的结果。如果没有这一条，这次会演不会有这样好的局面。大搞群众创作运动，及时反映现实斗争，或者创作、改编新的历史剧目，已经成为当前北京文艺团体一种良好的风气。自从实验话剧院的“英雄列车”第一炮之后，这一条经验开始推广，不仅在几个话剧单位，而且戏曲、音乐、曲艺、杂技各个方面都行动起来了，特别值得一提的是几个新国营的戏曲团体老艺人、青年演员、行政干部、文化教员都参加了剧本创作和排练，这是一件非常令人兴奋的事情。

由于发动群众，发挥集体力量搞创作，因此最近连续出现了不少反映当前现实斗争和反映历史生活的优秀节目。大搞群众创作运动，归纳起来有以下三点好处：(1) 能够及时地反映现实和创作新的历史剧目，发挥文艺为政治服务的作用；(2) 能够体现多快好省的精神，因为人多智慧广，集思广益，来得快而好；(3) 可以提高大家的思想水平和艺术水平，同时还可以发现人才，培养创作干部。因此，今后须要进一步总结这方面的经验，加以推广。

（四）

会演中感到的一些缺点和问题：

缺点：

这次会演研究和评论工作没有跟上去，各艺术小组除戏曲组以外，其他几个组在这方面抓得不够紧，报刊上评论文章也太少了。

有几个问题，须要继续研究：

一、西洋音乐、歌剧民族化的问题，中央乐团、实验歌剧院大胆地进行尝试，很好，但是如何化法？民族化是否要化掉西洋音乐？这样中央乐团和民族乐团、实验歌剧院歌剧一团和二团在任务上，风格上如何区别这种作法，须要进一步研究。

二、杂技为政治服务的问题，毫无疑问杂技应该为政治服务，中国杂技团在这方面的努力也是应该鼓励的，但是如何服法？杂技加上政治内容，情节化，容易使技术受到限制。技术与情节如何统一而不矛盾？值得进一步研究。

（五）

对今后工作的意见：

一、不断革命、持续跃进。这次会演之后要防止松动情绪，各单位应该通过会演总结前一阶段工作，布置今后的任务，继续开展以繁荣创作为中心的先进工作者运动，不断革命、持续跃进，一方面加工提高现有节目，另一方面创作更多更优秀的节目，迎接“七一”内部审查和“十一”会演（可能安排在9月）。最近因为五月会演有些紧张，要适当地注意劳逸安排。

二、学习毛泽东思想，深入生活。学习毛主席著作是当前的中心任务，在今后五、六两月份开展一个群众性的学习运动，提高大家的理论水平，批判修正主义，在这一学习中各单位应该注意培养理论队伍，大批下放进行劳动锻炼会演之后即速进行，这次下放应该和创作、辅导结合起来，除大部分下放外，各单位要考虑下决心抽一些业务骨干下去，进行较长时间的锻炼、搜集材料、搞创作，为迎接党的四十周年作准备。

三、继续开展群众性的创作运动。这次会演中可以看出发动群众比较好的单位，新节目就多，发动群众较差的单位，新节目就少，这是一个很好的经验，今后应该继续开展这一运动，在发动群众搞创作的同时，要注意发挥专家的积极性，使专家和群众相结合，这样就会产生更好的作品。同时也要注意不要过分突击（临时配合政治任务的例外），要进行细致的研究和推敲，不断提高节目的思想性和艺术性，注意掌握既要高速度，也要高质量。

1960年5月9日

〈二〉北京市区属艺术团体

北京市文化局关于区属专业艺术团体五月会演工作初步计划给北京市人民委员会的请示报告

（1960 年 5 月 12 日）

（60）艺一字第 551 号

北京市人民委员会：

为了进一步促进各区、县剧团创作排演工作，提高演出的思想、艺术质量，加强艺术交流，拟于五月廿一日至六月五日（共计十六天）举行区属专业艺术团体观摩会演。现将会演工作计划及演出节目日程表一并报上，请审核批示。

附件：会演工作计划和演出节目日程表。

1960 年 5 月 12 日

抄报：市委文化部、中央文化部。

附件：关于区属专业艺术团体五月会演工作初步计划

（1960 年 5 月 12 日）

据 26 个区、县剧团统计，在“五一”前后演出的新创作、排练的优秀节目有 66 个（其中曲艺杂技节目 36 个）。为了进一步促进各剧团创作工作，提高演出质量，加强艺术交流，拟于五月廿一日至六月初，进行一次会演，推动向党诞生四十周年献礼节目的工作。

一、会演时间：自5月21日至6月5日，共16天，22场。

二、会演节目要贯彻党的“为工农兵服务　为社会主义建设服务”和“百花齐放、推陈出新”的文艺方针，主要在去年国庆以后新创作、排演的思想性和艺术性较高的剧目，同时提倡题材、风格和大中小型多种多样。（除杂技节目外，总计大小节目32个，其中现代题材节目29个，占90.6%）各剧团的节目，均须经过区（县）文化领导机关审查推荐。

三、会演方法：

1. 采取营业售票演出的办法。由目前各剧团已经准备会演的65个节目（包括曲艺杂技）中，每团选择一个晚会的节目参加会演。会演后，准备选择其中较好的剧目，组织一二场公演，扩大影响。

2. 所有参加会演剧团，均在同一剧场，按区（县）剧团来京先后时间安排演出日程和节目。现代剧目一般均安排在夜场演出。少数历史剧目、曲艺、皮影、木偶（可合组一二个晚会）的节目在日场演出。

3. 要求各区（县）剧团尽量争取参加，少数剧团因履行巡回演出合同或其他困难，能否参加会演，由区（县）决定。

四、观摩方法：

为使郊区（县）剧团在会演期间进行观摩，拟分成三批，每批两个剧团，安排在市内剧场演出五至七天，边演出边参加会演和观摩，不能来市内作短期公演的郊区（县）剧团，也可直接参加会演。各剧团的相互观摩，由各区（县）文化科（局）负责剧团工作一至二人，以及每个剧团的编导人员和主要演员二至三人，共同组成观摩组，专门参加观摩。对外省市不发邀请观摩通知，但如自动前来，也作好招待工作。

五、评论工作：

拟重点讨论“八一风暴”“辞郎州”“人民第一堡垒”“春雷”“碧玉庄”“寒风烈火”“星火燎原”“平原烈火”“无名岛”等九个剧目。根据去年经验，今年应在会演前早作准备，事先组织专家看戏（编导委员会干部为主），并约请他们分头写评论文章，加强评论和理论研究工作，加强思想性和战斗性。对演出节目注意发现问题，及时进行研究、讨论，提出改进意见，并推广先进经验，以提高思想水平和艺术水平。

根据去年经验，应该进一步发挥艺委会的作用，加强观摩组座谈的组织领导工作，既要发动专家，也要发动群众多写评论文章，组织北京各报刊，予以及时发表。

六、经费：

郊区固定观摩代表和分批来京参加的六个远郊区（县）剧团，由局负责安排食宿问题。会演中为照顾区属剧团经济情况，观摩票由局统一购买，每场以200—300张为限，由局会演经费开支。

七、组织领导：

整个会演工作，请张梦庚同志直接领导。设立会演办公室和艺术委员会两个机构。

会演办公室由艺术一处、文化局办公室、艺术公司组成，由王信哲同志、史荣保同志和崔炳玉同志担任会演办公室正副主任，负责剧目、演出日程、会演简报、剧团和剧场的安排、票务以及生活、住宿、交通、财务等工作。

艺术委员会由文联戏剧组和编导委员会负责，由肖甲同志、曾伯融同志担任正副主任。艺术委员会负责组织专家和领导剧团的观摩代表组，进行艺术座谈和报刊宣传评论工作。

1960年5月12日

附件：北京市区属专业艺术团体五月份会演日程表

月	日	周	剧团	剧目	内容	完成日期	类型	题材	编剧	导演	主要演员	备考
5	21	六	新华京剧团	八一风暴	“八一”南昌起义	五月初	大	现代	刘辛原等	徐行白	李小春等	
5	22	日	京剧四团	辞郎州	宋末海南抗元一个女英雄的故事	五月初	大	历史	剧团编导室	剧团编导室	吴素秋等	日场
5	22	日	密云河北梆子剧团	义和团	义和团反抗帝国主义和满清统治阶级	五月中	大	现代	集体	集体	韩桂芝等	夜场
5	23	一	新兴京剧团	为了六十一个阶级弟兄	歌颂共产主义风格	四月	大	现代	尹清泉	李甦	刘文魁等	
5	24	二	大兴评剧团	比翼齐飞	家庭妇女参加生产建设社会主义的故事	四月	大	现代	集体	集体	筱淑琴	
5	25	三	顺义评剧团	人民第一堡垒	抗日战争中在党的领导下对敌斗争故事	四月	大	现代	集体	集体	集体	
5	26	四	昌平评剧团	洪湖赤卫队	根据湖北歌剧本改编一支农民自卫队对敌斗争的故事	四月	大	现代	张源	张源	鸿凤兰等	
5	27	五	北京杂技团	16个节目		四月	小					日场节目见附表
5	27	五	平谷河北梆子剧团	春雷	根据实验歌剧院本改编	五月初	大	现代	集体	集体	集体	夜场
5	28	六	群声河北梆子剧团	金铃记	杨家将杨六郎爱国主义的故事	四月	大	历史	孟光辉	许田	张淑珍等	日场
5	28	六	房山评剧团	星火燎原	一九二五年“五卅”运动的故事	四月	大	现代	蒋化民	蒋化民	鲜灵芝等	夜场
5	29	日	实验评剧团	碧玉庄	农村社会主义大辩论的故事	五月初	大	现代	齐东	郝宪章	邢韶英	日场
5	29	日	联谊京剧团	洪湖赤卫队	根据湖北歌剧本改编	五月初	大	现代	高明辉	高明辉	董玉玲	夜场
5	30	一	延庆河北梆子剧团	白毛女	揭露封建地主残酷剥削农民的故事	五月初	大	现代	集体	集体	集体	
5	31	二	通县评剧团	寒风烈火	反映本县群众兴修风港河的英雄事迹	四月	大	现代	集体	集体	李如茵	
6	1	三	顺义京剧团	平原烈火	根据小说改编抗日战争中敌后斗争的故事	五月初	大	现代	付士英	付士英	苏明远	
6	2	四	宣武皮影	铁道游击队	根据电影剧团改编	四月	大	现代	集体	韩玉		日场

续表

6	2	四	门头沟评剧团	洪湖赤卫队	根据湖北歌剧本改编	五月初	大	现代	周桓	德少良	白牡丹等	夜场
6	3	五	通县河北梆子剧团	呼延庆打擂	呼延庆除奸复仇的故事	四月	大	历史	集体	集体	集体	日场
6	3	五	鸣华京剧团	无名岛	根据话剧本改编我海军英勇斗争的故事	五月初	大	现代	时华	剧团编导组	张宝华	夜场
6	4	六	新艺、宣说、青曲	12 个节目		五月初	小	现代				日场节目见附表
6	4	六	实验话剧团	未定		五月中	大	现代				夜场

附件：曲艺杂技会演节目

单位	节目		演唱者	时间	备注
新艺曲艺团	梅花	英雄少年	花莲宝		
新艺曲艺团	坠子	大闹保定府	王芸华		
新艺曲艺团	坠子	为了六十一个阶级弟兄	马忠翠		
新艺曲艺团	山东快书	改工票	王文龙		
新艺曲艺团	唐山大鼓	生活越过越甜蜜	郭素华		
新艺曲艺团	单弦	英雄小姑娘	高凌云		
新艺曲艺团	坠子	绣纱灯	马桂荣		
新艺曲艺团	单弦	养猪元帅	毕学祥		
新艺曲艺团	相声	喜相逢	马文光		
新艺曲艺团	西河	红色医生	王艳茹		
宣武说唱团	评书	崇高的风格	李鑫荃		
	评书	单臂英雄战水库	连阔如		
	西河	活向秀丽王自容	宋相林		
	西河	为了六十一个阶级弟兄	刘田利		
	竹板书	赵妈妈	宋相臣		
	竹板书	邻里服务站			
青年曲艺队	评书	为了六十一个阶级弟兄	陶相九		

续表

青年曲艺队	相声	学先进	席香远　贾玉山		
青年曲艺队	口技		刘炳龙　丁玉山		
青年曲艺队	相声	威震海外	金玉铮　付宝山		
青年曲艺队	相声	诚实的约翰	金玉铮　付宝山		
青年曲艺队	快板	买画	孙德明		
青年曲艺队	快书	孙桂香二次解放	齐信英		
青年曲艺队	相声	一顿饭	回婉华　孙桐增		
青年曲艺队	相声	照相	胡仲仁　孙桐增		
青年曲艺队	西河	英雄列士	贾小娟		
北京杂技团	钢丝		程莉莉		
北京杂技团	空竹		张葵芳　张燕蓉 黄淑英　李少敏		
北京杂技团	软功		黄淑英		
北京杂技团	切砖		路振林　黄欣云		
北京杂技团	扛椅		张文志　徐廉生		
北京杂技团	三人椅技		黄欣云　李德福等		
北京杂技团	举人	（姊妹游戏）	张燕蓉　朱丽英		
北京杂技团	皮条		吕连成　于正明等		
北京杂技团	爬杆		于正明　吕连成等		
北京杂技团	五花飞石		王少卿　孟广义等		
北京杂技团	顶碗		李少敏　赵秀英		
北京杂技团	蹦床		吕连成　黄欣云等		
北京杂技团	戏法		洪志臣		
北京杂技团	花盆		张燕蓉　黄淑英等		
北京杂技团	杂技		崔宝贤　张燕蓉		
北京杂技团	抢椅子		黄欣云　朱国勋		
北京杂技团					曲艺共26个节目，拟选择其中12个较好节目，组织一场。

北京市文化局给各区、县人委发送“区属艺术表演团体五月会演工作总结”的通知

（1960 年 7 月 1 日）

（60）艺一字第 744 号

各区、县人委：

北京市区属艺术表演团体五月会演工作总结已经作出，兹送去一份以作参考。

（附）区属艺术表演团体五月会演总结一份。

1960 年 7 月 1 日

抄送：各区、县所属剧团。

附件：北京市区属艺术表演团体五月会演总结

（1960 年 7 月 1 日）

（一）

本市区属艺术表演团体于五月二十一日开始，6 月 4 日结束，共 15 天。参加会演的有 15 个区、县的 24 个剧团（海淀评剧团因外出未参加，怀柔无剧团），演出节目 22 场，其中：京剧 7 场、评剧 7 场、河北梆子 5 场、话剧一场（以上每场一个剧目），曲艺一场（11 个节目）、杂技一场（17 个节目）、皮影一场（两个节目），共计大小节目 49 个。

这次会演的节目都经过各区的观摩组和艺术委员会邀请的专家讨

论，不但对每个剧目充分交换了意见，而且探讨了一些剧目思想性和艺术性方面的共同性的问题。在会演结束后，还组织观摩了一些话剧、京剧、评剧、舞剧，会演期间还举行了深入工农，加强为本区劳动人民演出的经验交流会。这些观摩和讨论活动对进一步提高各剧团的工作起了很好的作用。

（二）

从这次会演的节目来看，各区属剧团的演出水平普遍有了显著提高，体现了各区属剧团在党的领导下，继去年国庆献礼后，进一步贯彻了党的总路线和文艺为工农兵服务，为社会主义建设服务的方针，鼓足干劲，大胆创造，取得新的成就。主要的成绩和特点是：

一、参加会演的节目全部是新创作、新改编、新排练的，“新”是这次会演的第一个特点，自去年国庆节以来，各区属剧团为进一步繁荣上演剧目作了积极努力，从去年 10 月到今年 6 月的 8 个月时间内，各区属剧团新创作、新排练的节目有 146 个，这次参加会演的仅是其中较好的一部分。

二、现代剧目多，是这次会演的另一个特点。去年十月会演时，现代题材的剧目仅 3 个，而这次会演，现代题材的剧目就超过了一半。11 个曲艺节目全部是歌颂大跃进时代新人新事的节目。这个特点显示了各区属剧团广大艺人群众要求反映新的时代，歌颂新的英雄的政治热情。这些剧目表现了我国人民在革命斗争中和社会主义建设中的英勇行为和高尚的共产主义道德品质，对广大观众起着直接的教育鼓舞作用。这些剧目虽多数是移植改编的，但都进行了一些新的创造。如实验评剧团根据话剧“枯木逢春”改编的“苦妹子”，更加突出了党中央和毛主席对人民疾苦的莫大关怀和对人民对党和毛主席的感激心情；加强了戏的乐观主义气氛。平谷梆子剧团演出的“春雷”，新华京剧团演出的“八一风暴”，对 1927 年革命斗争的情形，通过人物的对话作了通俗的解释，使一些对党史不够熟悉的群众也能较清楚地了解当时革命斗争的形势，话剧“井冈山的人”也比原剧更加集中。

值得特别提出的是，通州评剧团和顺义评剧团在没有专业编导人员的情况下，依靠了区委的领导，发动群众，由一些从未写过剧本的人，创作出了反映本区事实的“寒风烈火”和“人民第一堡垒”。尽管这两个剧目还不够完整，但他们这种要求反映本区、本市，以便更直接地教育群众的精神，敢想敢干的风格和发动群众创作的作法，都值得大大提倡。

三、用历史唯物主义观点创作、改编、整理历史剧目方面，也取得了一定成绩，密云梆子剧团根据“义和团”改编的“落垡烽火”，突出了反帝斗争的主题，对今天人民的反帝斗争起了配合作用。其他几个整理的传统剧目“辞郎州”“呼延庆打擂”“金玲记”等，也都是表现了我国历史人物爱国主义精神或为正义而斗争的行为，主题思想是积极的。

四、为了表现新的主题思想，新人物的思想感情，对传统戏曲表演形式，也进行了革新、创造，取得了不少成就。不但较宜于表现现代生活的评剧有了更丰富的表现力，而且京剧、河北梆子等古老的剧种，也都能较准确地表现出现代人物的思想情感。如评剧“洪湖赤卫队”“苦妹子”“星星之火”、京剧“洪湖赤卫队”“八一风暴”等剧目都是既保持了传统表演的特点，又在表演到舞台美术各方面都进行了不少发展创造，内容和形式比较谐调。其他许多现代剧目也有不少新的创造。这些一点一滴成绩的积累将对戏曲更好地表现新时代起到促进作用。会演中一些历史剧，也根据新内容的需要在表演艺术方面有着不少创造，这些在传统基础上的革新与创造，都对发展和丰富戏曲艺术是有益的。杂技曲艺节目也同样有不少新创造，表现了他们的大胆革新精神。

五、从这次会演中可以看出，各区属剧团的新生力量不断成长。不少优秀青年演员，已经成了剧团的艺术骨干力量，这些青年演员都是在党的关怀培养下，成长起来的新生力量。

（三）

这次会演能够取得这么大成绩的主要经验是：

一、党的坚强领导，坚持政治挂帅。区属剧团的工作一直受到市委及各区党委的重视和关怀。各区委对剧团的工作抓得很紧，从方针到具体工作都不断给以指示。这次会演的剧目有不少是经过区、县党委负责同志的多次审查。从去年国庆以来，各区属剧团在区委的直接领导下，展开了党的八届八中全会文件的学习和毛主席著作的学习，批判了右倾思想，进一步明确了文艺为工农兵服务，为社会主义建设服务的方针，展开轰轰烈烈的先进工作者运动，因而大家思想水平有了很大的提高，干劲更足，这是取得成绩的最根本原因。

二、深入生活，深入群众。许多区、县剧团经常活动在农村，和广大劳动人民生活在一起，和劳动人民有着深厚的感情，熟悉他们的生活，因而能够塑造出不少生动的劳动人民和革命干部的形象。如平谷梆子剧团演出“春雷”中的农会主任老唐、满妹子、潘亚雄；延庆梆子剧团演出“白毛女”中的杨白老、喜儿；房山评剧团演出“星星之火”中的小珍子；顺义评剧团演出“人民第一堡垒”中的县委书记等。通县评剧团所以能创作出“寒风烈火”，也是深入生活的结果，他们在今春参加了兴修风港河的工程，受到感动，因而许多艺人产生了要求反映本区劳动人民的愿望。在创作过程中，也不断从劳动中所体验到的生活感受加以丰富创造。不断深入生活，熟悉劳动群众，改造思想感情，是艺术创作的基础。

三、大搞群众创作运动。各区县剧团虽然普遍缺乏编导人员，但由于解放思想、敢想敢干，依靠党委，发动群众，因而使上演剧目得到进一步繁荣。会演中的两个新创作的剧目“寒风烈火”和“人民第一堡垒”及许多曲艺段子，都是充分发动群众，大搞创作运动的结果。许多移植改编的剧目也充分发挥了群众智慧，因而有不少创造。大搞群众创作运动不仅起了集思广益的作用，而且提高了大家的思想水平和创作能力，同时还可以发现和培养出编导人才来，各区属剧团专业编导人才缺乏，开展群众性创作运动更有他的特别意义。

四、发挥大协作精神。在这次会演中，不但本区剧团之间互相帮助，而且各区剧团之间也互相支援，不少市属专业艺术单位也给了区属剧团大力支援，共产主义大协作已形成风气。一些人力物力缺乏的剧团，由于得到各方面的支援，因而水平得到提高。

（四）

我们取得的成绩很大，但也还有一些缺点，需进一步改进。尤其是由于不断跃进的时代，要求我们用不断的努力，创造出更大的成绩。对今后工作，我们提出以下几点意见：

一、坚持政治挂帅，保证持续跃进。会演以后要防止松动思想，很好地安排今后工作。为了配合反对现代修正主义的斗争，各区、县属剧团应按照自己的条件和可能，创作、移植、改编或从自己保留剧目中选择一批宣传阶级斗争、宣传武装革命和反帝斗争的现代题材或革命历史题材的剧目，有计划地巡回演出，以加强干部群众的阶级觉悟。“十一”前后，市里将再次组织区、县艺术团体观摩会演（可能在十一以后），各剧团应及早准备。

要工作上不断跃进，必须首先思想上不断提高。各剧团今后应更加紧密地依靠各级党委的领导，坚持政治挂帅，进一步加强学习马列主义和毛主席的著作，坚持经常的政治学习和时事学习。进一步提高政治觉悟，坚决灭资产阶级思想，兴无产阶级思想，鼓足更大干劲，继续跃进。

二、坚持为本区劳动人民服务。各剧团在深入工矿农村为本区劳动人民演出方面有着一定的成绩，但有些剧团还作得不够。有的剧团为本区的工厂、农村演得很少，有的剧团虽也到工厂、农村演出，但往往是演戏才去，演完就走，未和劳动锻炼、改造思想、辅导群众文化结合起来，这些剧团由于对劳动人民不熟悉，因而不能很好地为劳动人民服务，很好地表现劳动人民。各剧团应认真贯彻市委文化工作会议的要求，一年至少要有三分之一的时间在本区巡回演出。同时根据各剧团不同的情况，采取各种方式，参加劳动锻炼，辅导群众业余文化活动，进一步密切和劳动人民的联系。改造思想，丰富工农生活感情。

三、继续贯彻“百花齐放，推陈出新”的方针。表现现代生活特别是当前斗争的剧目，对广大观众起到直接教育鼓舞作用，应大力提倡；用历史唯物主义观点创作新历史剧目，能使观众吸取到正确的历史知识，从中得到启发教育；优秀的传统剧目保留有丰富的戏曲遗产，经过用新的观点整理，去芜存菁，对今天的观众也会起着积极的影响；因此在大力发展现代剧目的同时，还需要继续整理优秀的传统剧目和用历史唯物主义观点创作新的历史剧。三者必须结合。对剧团上演剧目的安排，应根据剧种的不同，剧团的不同，对生活熟悉程度的不同，提出不同的要求。如京剧、河北梆子等古老剧种，固然应该提倡尝试演出现代题材的剧目，但更应重视新观点的历史剧的演出；而评剧、曲艺则可以更多的演出现代剧目。对传统表演艺术，既要批判继承，也要革新创造。在表演现代生活时，必须根据新的内容和要求，对表演程式有所发展，以使人物思想感情得到充分地、准确地表现。这次会演中有个别现代剧目和某些角色，因为被传统程式束缚，因而正面人物的英雄形象受到影响。创造和发展必须注意原剧种的传统特点，这次会演中也有个别剧目对原剧种特点注意不够，因而显得形式上不谐调，影响了艺术感染力，这两种现象都需注意纠正。

四、继续开展群众性创作运动，大力繁荣上演剧目。这次会演中大搞群众创作运动，已显出了很大力量，但也应看到自己创作的剧目还不多，而多数是移植改编的。当然移植改编在今后剧目工作中也还是必须采取的方式，但还要提倡大搞自己创作，把移植改编和大搞自己的创作同时并举。大搞集体创作的同时，还必须重视个人创作。有专业编导人员的，要充分发挥他们的创作积极性，没有专业编导人员的，还应设法培养。

五、进一步提高艺术水平。全体演员要继续勤学苦练，刻苦钻研，努力提高艺术水平和表演技巧。各剧团的领导，应为提高演员艺术水平创造条件，尤其应该抓紧培养青年演员的工作。一方面要充分发挥老艺人的积极性，总结培养青年演员的经验，不断改进教学工作，同时还可以主动让演员到市属剧团“留学”。各剧团的全体人员都必须努力学习文化。文化水平不高，不但影响到艺术水平提高，而且影响到政治水平的进一步提高，各剧团必须认真贯彻执行市委文化工作会议的精神，要求在今明两年内，将全体演职员的文化水平提高到初中程度。

各区和各剧团可根据上述几点意见，通过发动群众，制订或修订自己下半年的计划，拟订保证措施，切实努力，不断跃进，创造出更大成绩，迎接今年的“十一”和明年的党的四十周年。

1963年北京市属剧院、团现代题材剧目观摩演出周史料

为扩大戏剧表现现代题材剧目的影响，在广大群众中树立现代题材剧目的威信，检阅市属剧团表现现代题材的成绩，促使各剧团根据各自剧种特点积极表现现代题材，1963年12月7日至12月13日，北京市文化局、北京市文联联合举办“北京市属剧院、团现代题材剧目观摩演出周”。

参加观摩演出周活动的剧团为北京人民艺术剧院、中国评剧院、北方昆曲剧院、北京京剧团、北京曲艺团、北京青年河北梆子剧团、中国木偶艺术剧团、北京市农村文艺工作队等8个单位。演出剧目共18个，所反映的主题包括革命历史、1949年以来社会主义革命和社会主义建设历史、现代生活、农村阶级斗争等，所涉及的领域涵盖体育、商业、儿童教育、青年教育等。观摩演出周期间，上述剧目由各个剧团单位分别在首都、市工人俱乐部、长安、吉祥、民主、西单、东四7个剧场同时演出。

由于演出周前组织工作顺利，宣传深入、广泛、及时，多场戏票均在售票日当晚预售一空，并得到文艺界人士和厂矿、部队、学校等许多单位的争相追捧。来京观摩的51个外地剧团也都得到很好的接待和照顾。观众一致认为，此次举办现代题材剧目观摩演出周意义非常重大，既生动有趣又起到了现实教育作用。

本组史料收录有关1963年北京市属剧院、团现代题材剧目观摩演出周的通知、准备计划、简报等，反映了此次演出周活动举办的背景意义、组织筹办、售票情况、观众反响等内容，

对于开展剧目演出工作具有借鉴意义。现予以整理公布，供研究参考。

北京市档案馆藏，档号：164-1-400。

——选编者　王海燕　林妍歆

北京市文化局、市文联关于举办市属剧团现代题材剧目观摩演出周的初步计划

（1963 年 8 月 8 日）

一、目的：为了扩大戏剧表现现代题材剧目的影响，在广大群众中树立现代题材剧目的威信；检阅市属剧团表现现代题材的成绩；促使各剧团根据本剧种特点积极表现现代题材，决定举办市属剧团现代题材剧目演出观摩周。

二、对参加观摩演出周的剧目要求：（1）思想性、艺术性都优秀的剧目；（2）反映社会主义革命和社会主义建设的剧目和反映革命斗争历史的剧目；（3）重点是自己创作、改编的剧目。移植的剧目（包括外国的）也可以；（4）首先是 63 年新排的剧目，58 年以来排练的剧目也可以。

三、时间和名称：从 10 月 25 日至 10【月】底止，举行七天。定名为“北京市属剧团现代题材剧目观摩演出周”。

四、作法：

1. 届时在京的市属剧团均可参加观摩演出。

2. 每个参加观摩演出的剧团应按上述剧目要求，各选 1-3 个剧目于 9 月 15 日前报局审核。对批准参加观摩演出的剧目应大力加工，以提高演出质量。

3. 所有批准参加观摩演出的剧目，届时以“北京市属剧团现代题材剧目观摩演出周”的名义刊登联合广告，分别在首都、长安、民族文化宫、市工人俱乐部、吉祥等条件较好的剧场同时演出。

4. 为面向广大群众，一律营业演出。

5. 每场演出内部只留 100 张左右观摩票，分发有关领导同志和剧团的业务干部和演员。

五、由市剧协分会负责。在参加观摩演出的剧目确定后，就着手组织评论文章，以便及时配合演出。观摩演出结束后，组织座谈，以交流和总结表现现代题材的经验。

六、演出周由北京市文化局、北京市文联联合举办。

北京市文化局
北京市文联
1963年8月8日

此件印发：市委宣传部、市人民委员会
市属各剧团

北京市文化局关于举行市属剧团现代题材剧目观摩演出周的补充通知

（1963年10月19日）

（63）文艺字第591号

市属各剧团：

原定于10月25日至10月底举行的北京市属剧团现代题材剧目观摩演出周，因故现决定推迟到12月上旬举行。

尚未报参加观摩演出剧目的单位，应于10月25日前报局，已报了参加观摩演出剧目的单位应对参加观摩演出的剧目在剧本、表演等方面进行全面的加工，以提高演出质量。

1963年10月19日

抄报：市人民委员会、市委宣传部

北京市属剧院、团现代题材剧目观摩演出周准备情况

（1963年11月27日）

为了使戏剧更好地表现伟大的时代，更加密切同人民群众的联系，积极推动各剧院、团根据本剧种的特点积极地表现现代生活，北京市文化局、北京市文联已决定于今年12月7日至12月13日期间举办“北京市属剧院、团现代题材剧目观摩演出周”。届时有北京人民艺术剧院、中国评剧院、北方昆曲剧院、北京京剧团、北京曲艺团、北京青年河北梆子剧团、中国木偶艺术剧团、北京市农村文艺工作队八个单位参加观摩演出。参加观摩演出的剧目共18个，计反映解放以来社会主义革命和社会主义建设的剧目13个，占整个参加观摩演出剧目的72.2%，反映革命史的剧目4个。在13个反映现代生活的剧目中：反映有关农村阶级斗争的剧目7个，教育青年的剧目3个，商业方面的剧目1个，教育儿童的剧目1个，体育方面的剧目1个；其中有5个是北京市作家创作的剧目。有两个是反映首都生活的剧目（《向阳商店》《箭杆河边》）。按类型分，计大型剧目11个，中小型剧目7个。在18个参加观摩演出的剧目中，属于新排练出尚未和首都广大人民见面的剧目8个，占整个参加观摩演出剧目的44.4%，属于已演出过而又整理加工的剧目10个（详见附表）。

为了便于首都广大群众观看演出和扩大现代题材剧目的影响，此次观摩演出，采取所有参加观摩演出周的单位，届时分别在首都、市工人俱乐部、长安、吉祥、民主、西单、东四7个剧场同时演出的方法。

为了做好有关观摩演出周的宣传、评论、座谈等项工作，现已成立了观摩演出周办公室。市剧协分会也召开了筹委会的扩大会议，研

究和布置了加强评论、座谈工作。观摩演出周的联合广告准备于12月4日见报。

现各参加观摩演出的单位，对自己参加观摩演出的剧目都正在积极地进行排练工作，以提高演出质量。

附：参加观摩演出的剧目表〈略〉

北京市文化局

1963年11月27日

北京市属剧院、团现代题材剧目观摩演出周简报（第一期）

（1963年12月9日）

12月9日下午二时，话剧、曲剧、木偶剧组座谈了话剧《汾水长流》、曲剧《雷锋》，参加座谈的共二十余人，座谈会由夏淳同志主持，有十七位同志发了言。

对话剧《汾水长流》的意见。

发言者一致认为，《汾水长流》虽然是反映农业集体化初期的作品，但演出现实意义很强。剧本通过以郭春海为首的贫下中农阶级队伍打垮了赵玉昌为代表的资本主义势力的猖狂进攻，反映了农村尖锐、复杂的阶级斗争。全剧矛盾冲突贯串，阶级斗争的主线很鲜明。剧中的几个主要人物——坚决走集体化道路的党支书【郭】春海和贫农王连生，小农意识浓厚、处处怕吃亏的郭守成，一心想单干、不愿走集体化道路的富裕中农姜玉牛，以及资本主义势力代表人物富农赵玉昌和被他拉下水去的蜕化变质分子副社长刘元禄，都有一定的典型意义。改编基本上是成功的，导演处理细致朴实，生活气息较浓，整个演出很严整，演员也很称职。发言者都认为，从这个戏的演出看到北京人民艺术剧院的老演员在深入生活后，创造出农民形象的可喜收获，同时也看到了青年演员的迅速成长。

同志们在发言中也指出了剧本和演出的不足之处，并提出了一些具体细节上的改进意见。比较共同的意见是：人物的深度不够，正面人物在全剧中不够突出；行动性不强，阶级感情挖掘得不深。胡丹沸同志说："改编者没有钻到贫农的心里，阶级情感一到细致的地方就没有了。"有的同志认为，对富农赵玉昌的反动本质也揭示得不够深，他在合作化过程中的一系列活动并不只是为了个人发财图利，而是他对社会主义制度、社会主义革命的阶级仇恨，这一点如果表现得不深刻，刘元禄被拉下水的意义也就不深了。此外，整个演出感觉不够紧凑，比较平，节奏变化少，人物不集中，语言也不够精炼，因此感到很长。白珊同志说："全剧似乎有些失于平稳，激动人心之处强调和渲染不够。"胡丹沸同志说："台词要用以一当十的精神来写，使人物的语言更洗练，更个性化。"对于幕间快板的穿插，发言者都肯定这种做法很适合在农村演出，有利于向农民介绍剧情，巩固每一场演出印象，适应农民看戏的习惯，但在剧场演出时必要性不大，增加了戏的长度，使观众感到疲倦、絮烦。

对曲剧《雷锋》的意见。

刁光覃和白珊二位同志在发言中都认为曲剧《雷锋》是一出感人的戏。作者以雷锋"反反复复地读毛主席的书，老老实实地听毛主席的话，时时刻刻按毛主席的指示办事，一心一意做毛主席的好战士"为基本精神，选择了从要求入党到被批准入党这一个阶段，把一些看起来互不联系的事件、人物贯串起来，在平凡中表现了雷锋的高贵品德和英雄行为。

演出创造了几个不同性格的战士形象，体现了青年战士朝气蓬勃、精力充沛的精神面貌，正确地反映了革命部队中的人与人之间的关系。导演处理得很明快，整个演出充满热情，活泼生动，通过演出也看到了曲剧事业的新生力量在成长。演员们虽很年青，但创造的人物形象有血有肉，生动而鲜明。发言者认为音乐设计基本上是成功的，特别是雷锋“忆旧”一场的唱腔，比较准确地表达了当时的内心情感。但在表现人物强烈感情时，曲剧音乐的表现力感到不足，对人物感情有一定局限。发言者希望从事曲剧音乐工作的同志在曲牌的创新、丰富、提高表现力方面作更大的努力。

北京市属剧院、团现代题材剧目观摩演出周办公室

北京市属剧院、团现代题材剧目观摩演出周简报（第二期）

（1963 年 12 月 11 日）

京剧、评剧、昆曲、河北梆子组于 12 月 9 日下午座谈了评剧《会计姑娘》、昆曲《红霞》两个剧目的演出。参加座谈的有 20 余人。在会上发言的有赵弋枫、阿甲、郑亦秋、魏静生、陶君起等八人。

一、《会计姑娘》

大家认为《会计姑娘》表现了我国在农村战胜了三年自然灾害之后的新气象，表现了近两年农村中新的阶级斗争面貌。这个剧本虽从扬剧《女会计》中吸取了一些情节，但完全没有受原剧本的拘束，而是结合评剧的特点，有很多丰富与发展。剧中生活气息很浓厚，几个正面人物（如李秀英、老黑、黑大娘等）塑造得相当好。有的同志说：“过去有的现代戏中，反面人物比较突出；而在评剧院最近演出的几个现代戏中，正面人物树立起来了。”对剧中犯错误的队长钱小满，大家感到他和《夺印》中的大队长有所不同。他既不愿意完全掉进阶级敌人的陷井〔阱〕中去，又没有勇气正视自己的错误。现在农村中像这样的干部是颇不乏见的，因而刻划〔画〕这样一个形象对观众是有教育意义的。

大家感到，这个戏能取得这样的成绩，说明中国评剧院几年来在表现现代生活方面已经做了很多努力，积累了一套可贵的经验，摸索出了一条道路。

有些同志提出了这个戏的不足之处：1. 戏比较散，场子比较碎，矛盾开展得迟了一些。秀英碰上黑大爷，二人夸唱马驹的一场，与整个戏的情节缺乏有机的联系，抓不住观众。秀英在村头碰上钱小满的一场，三个人三次忆苦，戏显得拖了。2. 富农五麻子的活动显得太露骨，应该表现得更阴险、更隐蔽一些。3. 有的同志认为新凤霞唱得很好，但也有些地方是单纯为了亮亮嗓子，而不是从戏的需要出发的。有的同志认为剧中噱头多了一些，容易冲淡主题，如五娘的有些动作就值得考虑。4. 对这个戏的舞台美术设计，有些同志认为很新鲜，很有风格，但感到换得太频繁，走屋跑树，容易分散观众的注意力。

二、《红霞》

大家认为《红霞》的演出，比 1958 年演出时有了很大提高。有的同志说：红霞是农村姑娘的典型，是现实中的人物，但又理想化了，提高了。这个戏体现了革命现实主义和革命浪漫主义相结合的创作方法。戏的情节并不复杂，但对立面很鲜明，矛盾很尖锐，很感动人。

有些同志提出这个戏的不足之处是：舞台上敌人杀老百姓太多了，群众反映不够强烈，因而削弱了正面力量的气势。红霞在敌人面前表现的内心活动不够明显；地下党的作用发挥不够；红霞的唱腔缺乏慷慨激昂的斗争情绪。有的同志还建议增加过场戏，以弥补由于分幕而使戏中断的缺点。

三、大家结合对这两个戏的座谈，联系到了有关戏曲表现现代生活的几个带普遍性的问题

1. 戏曲表现现代生活，在表演上应从生活出发，还是从传统程式出发。

阿甲同志说：《红霞》中有几个人物的表演有些虚假，真实性不够。如白保长、白五德的表演，用戏曲程式多些，生活体验少些。这里提出了一个问题：戏曲表现现代生活，是先从传统程式出发，还是先从生活出发？我看应该从生活出发，首先要是可信的、真实的，然后再加以概括提炼，加以戏曲化。搞现代戏，如果先去追求戏曲的节奏，就会出毛病。

魏静生同志说：新凤霞塑造的会计姑娘生动活泼，给人印象较深，这说明演现代戏一定要从生活出发，从人物出发；另一方面，又一点儿也不能忽略对传统程式的借鉴、对传统程式的熟练掌握。新凤霞演传统戏较多，对传统程式掌握比较熟练，所以能塑造好李秀英这个人物。有人认为传统程式掌握得越少，演现代戏越不受拘束，我认为这种看法是不妥当的。

2. 写实的布景和虚拟的舞台动作之间的矛盾问题。

阿甲、魏静生同志提出：这两个戏的布景都是实的，但有些动作是虚拟的，如屋景是实的，而门是虚的，推门的动作是虚的；又如有的演员在台上走 8 字，S 字，使人看了感到不协调。

3. 戏曲语言问题。

陶君起同志提出：《会计姑娘》剧本在语言上有很大突破，但仍有些“陈词”，如“因此上”等。他认为，搞好戏曲语言是搞好戏曲剧本的重要关键之一，现代题材的剧本在语言上应力求既有生活，又有节奏，又符合戏曲的格律。

以上问题因时间关系，尚未充分展开讨论。

北京市属剧院、团现代题材剧目观摩演出周办公室

北京市属剧院、团现代题材剧目观摩演出周简报（第三期）

（1963 年 12 月 10 日）

12 月 10 日，我们邀请了部队、工矿、农村人民公社、学校等各

方面的代表二十余人座谈了话剧《汾水长流》、评剧《女会计》、昆曲《红霞》。

到会的同志普遍发了言，对《汾水长流》进行了比较充分的讨论，热情地肯定了这个戏演出的现实意义。一致认为，这个戏真实地反映了农业合作化初期的生活，反映了农村尖锐、复杂的阶级斗争。兰靛厂生产大队吕德才说：本来我以为演农村的现代戏没啥看头。戏里的人穿的、说的和我一样，我们庄稼人，整天在家看这个。看过戏觉得很好，54 年我们社刚成立时，就和戏里一样乱。现在有些农村青年人不相信有阶级斗争，希望多到农村去演演。海淀区马房大队赵福源说：戏里的富农分子诡计多端，看了以后，可以提高干部的警惕性。发言的同志普遍谈到，看了这个戏的演出，受到了一次深刻的阶级教育，同时也是一次很好的艺术享受。并认为，这个戏的成功，还在于人物写得典型，性格突出，写出了农村中不同阶层的人物面貌。王连生、郭守成、姜玉牛、刘元禄这几个人物写得很好，特别是写富农赵玉昌根据每个人的特点进行挑拨离间，塑造得很成功。

对于剧本和演出的意见，主要有以下几个方面：

一、正面力量不够突出，正面人物比较弱，看不出党支部的作用以及上级领导对农业社的支持。门头沟煤矿工会干部崔国印说：郭春海这个人物写得不够丰满，作为支部书记，对社里发生的一些大事预见性很差，没有把握主动权，都是问题来了才去解决（如闹退社、发货票、赵玉昌逃跑等问题），或者是由于巧合才解决的（如姜玉牛打牛、抓回刘元禄等问题）。没有发挥贫农王连生、积极分子红莲的作用。工业出版社柳毅说：整个戏赵玉昌小酒铺占了三场，使人感到他是稳坐钓鱼台，别人都是自愿上钩的，可以把酒馆的戏减为两场，腾出篇幅来写写党支部的活动。北京大学袁良骏说：郭春海在资本主义势力进攻面前，表现得不够果断，没有魄力。以他为首的党支部对刘元禄的教育在剧中展示不够，对刘的正面斗争也不够有力。琉璃河水泥厂于波说：春海立场坚定，有勇、有干劲，但缺乏智慧。赵玉昌虽然诡计多端，但贫雇农的智慧应该胜过他。春海应该集中群众的智慧来和敌人斗争。北京卫戍区战士韩光卿说：整个戏看不出上级党和政府的领导，在缺粮、抗旱等问题上都看不出领导的支持和关怀。对富裕中农的两面性表现不够，当社办得好时，他也有因有利而想入社的一面，当他没人收麦时，社里抽出人帮他收麦，便感动他入社。女六中范国慧说：党依靠贫下农阶级队伍向资本主义势力作针锋相对的斗争表现不够。敌人的活动写得突出，我们正面的力量显得薄弱。建筑工程学校赵华芝提出，是否可以将党支书处理成老年人，更老练一些，社长可以改为青年。

二、整个戏矛盾不够集中，演出不够紧凑，场子太多，显得松散。有些同志提出，戏太长了，感到疲倦，可以删掉一些场次。有些事件可以精减，使主要矛盾突出。最后一场内容很多，像春海、红莲的关系可以点到为止，不一定要明确他们的关系。五场开始单干和集体化的对比也可简洁一些。

三、对于幕间快板穿插的做法，不少同志提出了自己的看法。总的认为，作为介绍剧情，使话剧更易为广大群众接受，这种尝试是好的，但也还有值得研究之处。北京卫戍区陈印鑫说：幕间说快板的人是作为剧中人出现的，但在剧中并没有表现这个人爱说快板的性格特点。同时，在幕间介绍剧情时，他作为报幕员已经知道下一幕将要发生的事情（如栽赃问题），但当幕开后进入人物的规定情景时，他又不知道谁栽的赃，这两重身份发生矛盾。幕间的快板也太长、太多，可以简练些。北京大学袁良骏说：幕间快板不是戏剧情节中的有机部分，甚至破坏剧情的完整性。每场戏结束后，都给观众留下悬念，观众正需冷静思考，快板出来破坏了悬念，也割裂了整个戏。他还提出，这种做法如果是从话剧民族化方面考虑的，那是把民族化简单化了。他认为民族化要从内容出发，不能靠外加的东西。兴平机械厂孙少德说：幕间的快板和锣鼓感到很噪，不安静。剧作者应该从剧情上想办法叫观众懂。

四、对刘元禄的一些不同的评价。

门头沟煤矿工会崔国印说：刘元禄的形象比较完整，剧本对于他是怎么走上资本主义道路的写得很清楚，很能教育人。琉璃河水泥厂于波说：刘元禄的发展写得很细致，他主要目的是想走发财之道，但他是否肯去冒险栽赃？于波认为现在好些反映阶级斗争的戏都有栽赃的情节，在这个戏里是否必要？可否用别的情节来达到打击贫雇农的目的？刘元禄虽然走着下坡路，但他也在挣扎、斗争，他肯去栽赃太突然了，如果一定要有栽赃的情节，可以叫他老婆去栽。北京大学袁良骏说，刘元禄的塑造不够完整，剧本对他的变质过程和心理状态揭示不够，刘在第二场就向赵玉昌表示要退党，为时太早，他不会轻易丢掉党员招牌，放弃权利的，最后他跟赵玉昌逃跑，说服力也不强。

座谈会上，北京卫戍区陈印鑫和女六中范国慧还希望剧作家写一些反映民兵和中学生生活的戏。陈印鑫说：《汾水长流》中只出现了一个民兵，而且放走了敌人，显得很窝囊。希望和作家挂上钩，写一些反映民兵的作品。范国慧说：我们和资产阶级争夺青年的斗争是激烈的，中学生很欢迎《年青的一代》，他能理解林岚和小李二个人物，但对林育生的思想不能理解，他们要求作家写一些适合中学生看的戏。

对于评剧《会计姑娘》，发言的同志都认为内容很好，有教育意义，很受群众欢迎。不足之处是党的力量写得不够，个人恩怨写得多了。如钱小满说，如何帮助女会计上学，黑妈说如何抚养李小满等。富农写得露骨些，布景设计太繁杂，影响表演。

一部分看了昆曲《红霞》的同志说：过去对昆曲看得很少，对昆曲能否表现现代生活有怀疑。看了《红霞》后，看到昆曲表现现代题材是有基础的，曲调很美，词也能听懂。但在音乐上和运用程式上还有些问题。有的同志说，红霞是个坚强的姑娘，但一唱起来就显得很软。昆曲曲牌在表现革命感情时有限制，节奏变化很少，曲调也很平，不能激动人。为了更好地反映现代人的感情，昆曲音乐一定要改革。在程式运用上，虚实结合还不够好，如鞭打红霞时，鞭子是真的，打的时候又很假，就破坏了真实感。

北京市属剧院、团现代题材剧目观摩演出周办公室

北京市属剧院、团现代题材剧目观摩演出周简报（第四期）

（1963 年 12 月 12 日）

12 月 11 日下午二时，话剧、曲剧、木偶剧小组座谈了北京市农村文艺工作队创作排练的五场话剧《箭杆河边》。参加座谈的有首都戏剧届的编剧、导演、演员、音乐工作者等十余人。周来、李章、耿震、刁光覃、胡丹沸、王松声等九位同志发了言。

发言的同志一致认为，这个戏很有特点，有人物、有情节，干净完整、通俗易懂。不少同志谈到他们带这个戏下乡时受到农民热烈欢迎的情况。大家认为，修改后的剧本在人物塑造上有所丰富。老庆奎作为老贫雇农的代表，政治上的敏感和责任感表现得很好。地主佟善田采取两面三刀、挑拨离间的活动方式，在社会主义建设时期很具有典型性。在没有导演、设计和专业话剧演员很少的情况下，演出能达到这样的水平，是很成功的。

为了使剧本加工得更完善，同志们也提出了一些意见：

一、剧本的情节性较强，但突出什么思想，不太明确。耿震同志说：观众被戏的情节吸引，急于想知道情节的发展，而忽略了通过这些情节所表现的思想。周来同志说：通过这场巨大的事件，在阶级观念模糊的青年队长玉柱思想上受到了什么教育，没有给观众留下深刻的印象。胡丹沸说：刀对鞘的艺术构思很好，但仅仅有这个事件不够，要通过老一代和青年一代对待阶级斗争不同的态度来写阶级意识、阶级感情，思想意义就更深些。

二、贫雇农老庆奎和地主佟善田在剧中代表着两种阶级力量，他们二人之间的正面交锋表现得不够。周来同志说：地主最后为什么要害庆奎，强调不够。这两个人物之间的新仇旧恨拧得不紧。刁光覃说：

最后一场，队长碰到地主破坏桥是个巧遇，庆奎在发现刀的线索、二赖子的吞吞吐吐……等迹象后，没有引起足够的注意，采取积极措施，注意敌人的行动。胡丹沸同志说：戏里可以加一个情节：村里流传着玉柱的父亲是另一个死了的地主杀死的，最后查出是佟善田放的谣言，这样庆奎就有文章可做了。

三、序幕中报幕员的穿插使整个戏显得不统一，不完整。胡丹沸同志说：如果取消报幕，是否会使戏紧凑一些？如果需要保留，以剧中人身份出现会更合理些。王松声同志说：修改后的报幕员进入到戏中和人物交流，感到不合理，是否可以处理成小学教师的身份？

四、张季纯同志在北京日报发表文章时，称《箭杆河边》为报告剧，对此会上有不同看法。季明同志说：所谓报告剧是指过去反映真人真事的活报剧。《箭杆河边》是经过概括典型化的，称它为报告剧，很值得研究。

座谈会上有的同志表示这个剧本还有潜力，可以发展成为大戏。也有的同志认为，保持原有三场小戏，是“小葱拌豆腐”，一干二净，很有农村文艺工作队的特点，剧本应该从加强思想深度和刻划〔画〕人物方面去加工，不一定要往大戏上发展。

胡丹沸同志最后还提出：农村队要舍得“下本”，希望剧院、剧团把第一流的导演、演员放下去。

北京市属剧院、团现代题材剧目观摩演出周办公室

北京市属剧院、团现代题材剧目观摩演出周简报（第五期）

（1963年12月13日）

一、售票情况。

1. 在演出周前，由于宣传得深入、广泛、及时，因此组织工作比较顺利，如《会计姑娘》《向阳商店》《梅林山下》《雷锋》《青年的一代》及木偶等各场戏票，均在售票日（5日）当晚预售一空。其他如《汾水长流》、曲剧《箭杆河边》等，均在8、9日客满。截止今日（12日），所有演出周内41场节目已全部客满。特别是话剧《箭杆河边》，目前压力最大。首长、文艺界人士以及厂矿、部队、学校等许多单位，都争先恐后要看这个戏。我们已征得农村文艺工作队的同意，续演两场，以便满足一部分观众的要求。

2. 外地来京观摩演出的有贵州、黑龙江、张家口、河南、山西、四川、内蒙、吉林、湖南、山东、西藏、辽宁、宁夏、江苏等省、市51个文艺团体，共194人，都做了很好的接待与安排，满足了他们观摩的要求。在生活上也尽力给予照顾，大家感到满意。但都索要剧本及有关方面的资料，目前尚无法满足他们的要求。

二、观众反映。

1. 农村文艺工作队的《箭杆河边》等：景山公社党支部、401工厂工会主席及协和医院工会干部等一致认为这个戏教育意义很大，演得真实、紧凑。

曲剧《箭杆河边》：张庚、严正、白珊、凌子风等都认为戏好，剧本写得也好。从这个戏里，看出了对曲剧新生力量的培养和成长。一般观众都认为这戏富有教育意义。（从14日到20日宣武区各单位连包七场）

2.《雷锋》：剧场内自始至终效果极好，无一人中途退场。一般观众都说戏好，教育意义大（在前门小剧场配合演出周演出的“现代题材曲目专场”反映也极好，上座突破一般情况，收入增加了25%）。

3.《祝你健康》：老舍看了戏到后台和演员们说：“这个戏比《喜笑颜开》唱词多”，感到满意。

重型电机厂30余人举行座谈，一致认为看了演出，非常激动，受到了深刻教育，也认清了怎样教育子女，做什么样的接班人。一位老工人说：“我要把从戏里受到的教育，回厂去做广播的宣传。”

4.《梅林山下》：张家口专署文教局长等提出：语言不通俗，唱词中有“内疚满怀”，最好改改。党的领导，体现得不够。男声太低，在农村演出不适合。

有的观众认为老旦和其他女演员都演得好，地主演得比昆曲《红霞》里的好。

5.《会计姑娘》：冶金机修厂工人周文才书面意见：“通过这次现代题材剧目会演，更加显示出党的推陈出新文艺政策的英明，也体现出一旦戏剧演出反映现实生活和阶级斗争的剧目时，就充满了新的生命力，它的发展是非常快速的。”

内蒙、大兴安岭来观摩的同志们说：“导演手法、演员表演和演出效果比我们那里的评剧团好多了，我们只有努力向他们学习。”

有两位老太太，一位说：“我是乡下人，爱看农村的故事，这戏我爱看，比老戏好”；另一位说：“这戏没有《花为媒》好。”

6.《向阳商店》：两位中学教员书面意见：“我愿你们多排现代剧来表现我们伟大的祖国、伟大的人民、伟大的党。我们看了两遍，这次改编，有很大成功，它不仅教育人民热爱商业工作，尊重售货员，更要帮助商店做好工作。”

有些观众说，过去看这个戏，看到后边就不想再看了，今天看了还要再看，改得很好。

7.木偶《鸭司令》等：小朋友们看过这组戏后，在散场时欢天喜地你争我论，这个说“鸭司令”好，那个说乒乓球比赛打得真棒。剧场里到处洋溢着热烈欢乐的气氛。《民歌联奏》演完，小朋友们一再鼓掌，又重演了一次。一位辅导员说："这组剧目组织得很好，儿童们看过后，获得了爱劳动、增智慧、辨是非等种种良好效果，提高了思想认识。希望今后创作出更多更好的节目。"

8.《红霞》：女六中同学们看戏后，认为受到很大教育，并来电话说："如有座谈会，我们愿意参加讨论。"

剧场在演出中间休息和散场时，观众们纷纷议论，有的说戏演得好，真感动人。有的说，都说昆曲不好懂，现在看了，不但好懂也很优美。

9.《审椅子》《悔不该》《飞夺泸定桥》：张家口市京剧团来京观摩的同志们说："看来昆曲走现代剧目的道路是完全对的，比京、评剧演现代剧好"。一般观众都说这组戏好，《悔不该》最好，它既风趣又富有现实教育意义。《飞夺泸定桥》在武功方面有新的创造。

10.《血泪塘》：剧场征求一些单位的负责同志意见，其中有设计院院长，各单位各俱乐部负责同志等，大家认为剧本很好，教育意义大，但曲子老一些，场子不紧凑，饰大老虎的演员表情差一些（由于观摩演出周的开展，起到了宣传效果，重型电机厂等于 14、15、17 等日包场看了《飞夺泸定桥》、《血泪塘》等戏）。

11.《汾水长流》：观众一致认为，这次举办现代题材剧目观摩演出，意义非常重大，大部分节目，都是反映阶级斗争的现实题材，从政治方面说，有它极大的教育意义（14、15、18、19、20 等日已连包 5 场）。

12.《年青的一代》：这个戏已演出了 80 余场，教育意义既大，演出质量也比较高。有些单位（如协和医院等）宁愿后推日期，不愿看其他单位的演出。由于压力较大，14、15 日已由汽车修配厂等单位分别组织包场。

北京市属剧院、团现代题材剧目观摩演出周办公室

20世纪80年代初
北京市巡回演出史料

巡回演出是演艺团体、艺人等在不同城市、地区或国家进行有计划、连续性的演出活动。演出地点通常是根据演出市场需求、文化交流目标或宣传策略来安排的，目的是将文化艺术作品带给更广泛的受众，因此巡回演出也成为了丰富城市演艺市场的重要内容之一。

20世纪80年代初，北京市的巡回演出乘着改革开放的春风，迎来了它的新发展。1982年2月，市文化局根据全国巡回演出工作会议精神召开了北京市巡回演出、电影发行放映工作会议，指出要贯彻中共中央关于关心人民群众文化生活的指示，强调为八亿农民做好巡回演出工作是战略性问题。1983—1984年北京市文化局在年初的《文化工作简报》中对上一年的巡回演出作总结并安排下一年的演出计划。同时，为打造良好的演出环境、更大程度满足人民群众对精神文化生活的更高追求，北京市文化局在规范巡回演出办法、签订演出协议书、接待京外剧院（团）、安排演出场地、宣传演出剧目等方面作了细致的规定。这一时期，北京市的巡回演出艺术形式丰富多彩，表演艺术风格各有特色，一方面，北京的剧院（团）将北京独有的、水平较高的文艺作品带到全国各地，如中国木偶剧团的《大闹天宫》《屠龙剑》等，北京曲艺曲剧团的《珍妃泪》《甜酸苦辣》等，北京实验京剧团《赵氏孤儿》《正气歌》等；另一方面，全国各地的剧院（团）来京奉上精彩演出，如河北的河北梆子、天津的评剧、河南的豫剧、内蒙古的二人台、新疆的歌舞、湖北的花鼓戏、广东的粤剧、山东的柳子戏等，这些彰显着鲜明地域特征和深厚文化底蕴的演出，极大地丰富了广大群众的文化生活。

本组史料收录了北京市在20世纪80年代初巡回演出基本情况，包括北京市属文艺团体赴外地演出安排、外地文艺团体来京演出安排，以及巡回演出中总结出来的经验、不足和改进措施等内容，记录了该时期北京市丰富多彩的文化生活，丰富了北京市的演艺内容和形式。现予以整理公布，供研究者查考。

北京市档案馆藏，档号：164-3-308、310、404。

——选编者　李　泽

北京市文化局关于召开巡回演出、电影放映工作会议的简报

（1982年3月10日）

（一）

为了贯彻落实中央关于关心人民群众文化生活，一手抓物质文明，一手抓精神文明，和市委要求把精神文明建设放在首位的指示，根据文化部去年召开的全国巡回演出工作会议和全国电影发行放映工作会议精神，文化局于二月二十五日至二十七日，在顺义县召开了北京市巡回演出、电影发行放映工作会议。参加这次会议的有十九个区、县文化局（科）负责人，各剧团的领导同志和业务干部，以及市演出公司，市、区、县电影公司的负责人和工作人员。市委宣传部和报社、电台等新闻单位的同志参加了会议。

文化局党组副书记卢肃同志就一年来北京市巡回演出和电影发行放映工作进行了总结，提出了今年的工作任务。会议邀请大华山公社书记张福旺同志和中国评剧院、通县电影公司、房山史家营公社、电影队长史甫春同志、延庆河北梆子剧团、昌平电影公司吴印同志介绍了经验。还讨论了北京市巡回演出工作暂行办法，落实市属和城区区属剧团今年在农村演出计划，签订巡回演出协议书。张国础副局长在会上作了总结发言。

（二）

会议充分肯定了一年来巡回演出和电影发行放映工作取得的成绩。市、区、县二十四个剧院（团）共演出10041场，观众843万人次。其中市属十一个剧院（团）演出场次4574场，超计划百分之

三十，收入 182 万元，超计划百分之六十三，观众人次达 600 万人次。区、县剧团共演出五千多场，观众 243 万人次，都超额完成了各项计划指标。

剧团到市郊区、县演出比往年形势都好。二十四个市、区、县剧院（团）共演出 1721 场，观众 208 万人次。市属剧院（团）除两个剧团没有完成下厂下乡演出计划外，其余都完成或超额完成了任务。

一年来戏剧在演出中执行了党的文艺方针，创作上出现了新的繁荣景象，剧目质量有所提高，创作和排演了如《谁是强者》那样影响较大、水平较高的好戏。由于各级党委、行政部门加强了领导和管理，对下厂下乡为工农群众演出采取了一些有力措施，到郊区的巡回演出工作有了明显的发展。不足之处是计划性不强，有的剧团思想上仍不重视。同时农村演出网点的建设还有待加强。

在电影发行放映方面，全年计划二十八万场，实际完成了三十一点八万场，超额百分之十三点九；观众计划二亿四千八百五十万人次，实际完成三亿多人次，超额百分之二十一；收入计划一千一百五十万元，实际完成一千三百四十万元，超额百分之十六点六。在农村共演出十八万三千多场；一亿九十四多万人次，全市群众平均去年看电影四十二次，农村群众平均看电影四十八次。

一年来在电影发行放映工作方面，根据中央指示精神提出了“面向农村、面向基层、改善服务态度、改善经营管理”的要求，开展华北三省二市的重点影片的拷贝协作，增加了拷贝，解决城郊影院统一排片，使农村群众在一个月内能看到新片。在新闻、科教影片的发行宣传和组织学生专场工作上，采取了一些具体措施，对青少年教育起了一定的作用。“六一”儿童节，全市为儿童免费演出 1479 场，儿童观众达到一百多万人次。加强了优秀影片的发行宣传工作，取得了较好的社会效果，《喜盈门》在全市上映了 7512 场，观众达 773 万人次，收入四十多万元，创造了历史最高纪录。另外，新建、改建十一家专业影院正在积极施工。一批集镇影剧院的建设已初具规模，正逐步完善。

就全市说，电影发行放映工作还很不平衡，在农村地区还没有做到普及放映，有的地区还存在一些空白点。

（三）

会议明确了今年在郊区巡回演出和电影发行放映工作的任务主要是：

1. 农村巡回演出和放映工作的全年计划指标基本不变，某些地方做小的调整，各方面必须积极努力保证完成任务。

2. 与建设集镇文化中心的工作相配合，主要依靠集体经济力量，新建一批农村集镇影剧院。国家给予必要的资助，为在本市郊区逐步形成一个演出网创造条件。

3. 创作、改编和排演适合农村群众需要的剧目，并通过签定演出合同的方式，有组织有计划地安排到农村演出。计划全年安排市属和城区属十五个剧院（团）在十四个郊区县、七十九个演出点进行巡回演出。

4. 在电影发行放映上首先要做好放映普及工作，消灭空白点，使偏远地区的农民群众都能看到电影，要针对农村出现的新情况研究解决改善和放映员的工资福利问题；继续组织好少年儿童的专场映出，让电影在配合青少年教育方面更好地发挥作用。

5. 抓好建设精神文明的宣传工作，加强剧场、影院的管理，深入开展“五讲四美”活动。各剧场、影院、对外开放礼堂、俱乐部等，都要成为宣传精神文明的阵地。订出深入开展“五讲四美”活动的切实可行的具体措施，经常督促检查，开展评比活动。

北京市文化局关于1982年巡回演出情况和1983年巡回演出安排的工作简报

（1983年1月6日）

（一）

一九八二年，我市巡回演出工作有起色。有43个外地剧院（团）来京演出908场，观众1105343人次，剧团分成收入358310.71元。这些来自11省17市和地区的艺术表演团体，不仅在艺术形式上比往年都丰富、绚丽多彩，在表演艺术风格上也各有特色。

来京的43个剧院、团演出，包括话剧、京剧、评剧、昆曲、河北梆子、豫剧、河南越调、曲调、龙江剧、越剧、湘剧、莱芜梆子、内蒙二人台、评弹、民族舞剧、芭蕾舞剧、杂技、木偶、曲艺等二十个剧种和艺术表演形式，比上一年增加近一倍。在演出总场次中现代戏占三分之一，也比上一年多一倍。许多优秀的现代剧目如评剧《这样的女人》《闺女大了》《邻居》；京剧《合家欢》等基本场场满座，大连京剧团演出《合家欢》连演76场，收入达3万3千7百多元。

今年对外省、市来京演出的接待工作有不少改进，基本上能做到按照全国巡回演出工作条例和华北五省、市、自治区巡回演出的补充规定办事，使之制度化、计划化。不符合规定来京的外地剧团大量减少，计划外的来京剧团基本上经过双方文化主管部门的协商，尽量满足外地剧团来京演出的迫切要求。为了结合形势的需要，在党的十二大召开前夕，接待了一批外地剧团演出现代戏；为配合计划生育的宣传，接待了大连京剧团演出《合家欢》；为开展艺术交流，应首都观众的要求，我们接待了俞振飞、常香玉、筱俊亭、申凤梅、骆玉笙、牛得草等著名艺术家和著名演员来京演出。

在接待工作上，我们的工作重点放在演出安排和宣传方面。组织观众的关键在演出场地的合理安排。根据北京市的特点和观众的习惯，演出首场尽量安排市中心的剧场。一般说地方剧种在长安戏院、京剧在吉祥戏院、话剧在首都剧场。每个剧场轮换一次最多不超过七天，以方便城区观众就近看戏。宣传工作重点放在首都观众不熟悉的剧种、剧目和青年演员。特别是对现代戏加强了宣传工作。有的剧团来京前在天津演出时，组织报社、电台、电视台等单位同志去看戏，剧团一到京，就可开展宣传报导工作，效果很好。上海评弹团来京演出，由于宣传新闻部门大力支持，来京演出九场，场场满座，盛况空前，出乎剧团的意料之外。长安戏院在每一外地剧团来京前一周左右就开始宣传，大门竖立巨幅彩色宣传广告，引人注目。这个戏院今年共接待了 19 个外地剧团，上座率达 90% 以上。市属的长安、吉祥、广和、前门小剧场等接待外地剧团热情、周到，受到演出单位的好评。

存在的问题是：1. 迫切需要解决接待外地剧团来京巡回演出的招待所，改善演员生活条件。现市演出公司招待所条件差，服务态度和卫生情况不够好要加以改进。2. 外地剧团来京后演出的剧种、节目要注意加以选择和搞好艺术质量，演出队伍要精干，以保证演出上座率和演出收入。

关于市属剧团赴外巡回演出问题，今年市属五个剧团、三个区属剧团到十多个省市、五十多个地区、县演出近一千场。仅中国杂技团三个队去福建、广州、安徽、江苏、湖南等地演出 341 场。九个市属剧团和三个区属剧团演出观众约 150 万人次，许多剧团的演出受到当地观众的欢迎和好评。

本市剧院（团）到外地演出任务完成较好。首先是由于得到当地文化主管部门的支持和协助；其次是当地的新闻、宣传部门的大力协助和各剧场的积极组织观众。因此大部分剧院（团）在外地上座率都比较高，如中国木偶艺术剧团在江苏、浙江、湖北、江西一带演出场场满座，受到观众欢迎。大部分剧团赴外地演出都能自觉尊重当地文化部门的领导，注意与有关演出单位团结协作，做到谦虚谨慎，文明礼貌。但也有个别剧团的个别领导同志，对外地有关领导部门不够尊重，有失礼貌，虽然后来补了礼，但应引以为戒。特别是有四个剧院（团）（六个演出单位）有私分演出收入的行为，影响很不好，已受到文化局的批评和严肃处理。

（二）

一九八三年巡回演出工作要开创一个新的局面，要进一步加强计划性和管理工作，切实遵守巡回演出的各次规定，和最近在南宁召开的全国巡回演出会议签定的协议。八三年拟接待来自 10 个省、市共 33 个剧院（团）（其中文化局接待 16 个，文化部接待 7 个，体育馆接待 10 个）。有 15 个剧种：话剧 5 个、歌舞 6 个、京剧 3 个、评剧 2 个、河北梆子 1 个、昆剧 1 个、粤剧 1 个、豫剧 2 个、川剧 1 个、吕剧 1 个、赣剧 1 个、芭蕾舞 1 个、音乐会 3 个、杂技 3 个、马戏 1 个。在剧目方面有现代戏 6 台、传统戏 12 台。歌舞、音乐会、杂技、马戏等 15 台。著名粤剧演员红线女，评剧演员小花玉兰、小鲜灵霞，河北梆子演员裴艳玲、齐花坦，京剧演员沈小梅，歌唱家郭颂等将相继来京演出（详见附表一）。

八三年市属中国评剧院、北京歌舞团、北方昆曲剧院、中国木偶艺术剧团、中国杂技团、北京曲艺曲剧团、人民艺术剧院等七个剧院（团）将赴 15 个省、市演出（详见附表二）。我们要求明年的接待工作应在今年总结的基础上更提高一步，做得更细、更好、更扎实。要求剧团到外地演出一定要按合同办事，不能无故毁约，否则要赔偿损失。临时赴外地演出，或外地来京约团，一定要经双方省、市文化主管部门的同意并办理一定的批准手续，否则不予外出。各剧团要严守国家财政纪律，外出巡回演出剧团要人员精干，要选择优秀剧目，带好队伍，加强思想政治工作，尊重当地文化主管部门的领导，和剧场团结协作，搞好群众关系，顺利完成巡回演出任务。

（市演出公司供稿）

附件：1. 一九八三年接待外省市艺术表演团体来京巡回演出计划

2. 一九八三年北京市剧团去外省市巡回演出计划

附件一：一九八三年接待外省市艺术表演团体来京巡回演出计划

名称	日期	剧目	主要演员	人数	备注
天津人民艺术剧院	1983 年 1 月 1 日——1 月 20 日	对对双双	戚茹燕、刘庭芳	48	住演出公司招待所，15 日迁北焦影剧院住
河北省河北梆子剧院	1 月 19 日——2 月 9 日	哪吒闹海	裴艳玲、齐花坦		住演出公司招待所
吉林省四平地区话剧团	2 月 14 日——2 月 27 日	少帅传奇			住演出公司招待所
山东省话剧团	3 月 3 日——3 月 27 日	苏丹与皇帝			住演出公司招待所
长春市评剧团	4 月 12 日——4 月 26 日	红杏出墙		70	住演出公司招待所
江苏省京剧院一团	4 月 20 日——5 月 10 日	宇宙锋	沈小梅、王琴生		食宿自理
河南省豫剧院二团	4 月 30 日——6 月 2 日	血溅乌沙	吴碧波、唐喜成	63	演出公司招待所，15 日到郊区演出
湖北省宜昌市京剧团	5 月 24 日——6 月 3 日	白门楼	谭联喜、李树芳		住演出公司招待所
新疆克尔克孜歌舞团	6 月 23 日——7 月 8 日	音乐、舞蹈		60	（口头协议）
山东省烟台地区吕剧团	7 月 13 日——7 月 27 日	海盗的女儿			
宁夏京剧团	8 月 19 日——9 月 2 日	人鬼鉴	李业德、马淑娴	75	
天津评剧院一团	9 月 7 日——9 月 27 日	费姐	小花玉兰、小鲜灵霞	87	
河南省安阳地区豫剧团	10 月 1 日——10 月 15 日	穆桂英下山	孙兰香、张金秀		
广州粤剧院	1982 年 12 月 22 日——1983 年 1 月 5 日	昭君公主	红线女、黄志明		住人民剧场
辽宁省芭蕾舞团	3 月 1 日——3 月 20 日	《海盗》《梁祝》		130	住人民剧场
上海芭蕾舞团	4 月 8 日——5 月 12 日	《雷雨》等	汪齐凤、杜红玲	120	住人民剧场
哈尔滨话剧院	5 月 15 日——5 月 30 日	夜幕下的哈尔滨	王瑞云、刘国祥	85	住人民剧场
四川省川剧院	6 月 5 日——6 月 28 日			70	住人民剧场
甘肃省话剧团	7 月 1 日——7 月 20 日	西去驼铃声			住人民剧场
江苏省昆剧院	8 月 1 日——8 月 15 日	牡丹亭	张继青		住人民剧场
鞍山市歌舞团	2 月 8 日——2 月 16 日	音乐、舞蹈		40	住体育馆（首体、工体）
上海杂技团一队	4 月 26 日——5 月 26 日	驯虎、驯熊猫		65	住体育馆（首体、工体）

续表

湖北省歌舞团	4月28日——5月7日	音乐、舞蹈		65	住体育馆（首体、工体）
江西省赣剧团	5月6日——5月16日	紫钗记	潘凤霞		住体育馆（首体、工体）
重庆市歌舞团	6月12日——6月27日	音乐、舞蹈		65	住体育馆（首体、工体）
上海乐团	7月5日——7月12日	独唱、独奏		35	住体育馆（首体、工体）
广州乐团	7月16日——7月24日	独唱、独奏			住体育馆（首体、工体）或北展剧场
吉林省歌舞剧院	8月1日——8月14日	轻音乐会、舞蹈专场		65	住体育馆
福建省歌舞团	8月12日——8月28日	舞剧《水仙花》音乐会		50	住体育馆（提前一个月联系）
黑龙江省歌舞团	9月25日——10月12日	音乐、舞蹈	郭颂	40	住体育馆
天津市杂技团	10月1日——10月10日	杂技		50	同上
杭州杂技团	5月7日——5月19日	杂技		60	住北展剧场
石家庄市杂技团	9月1日——10月5日	马戏（大棚）		50	住宿自行安排

附件二：一九八三年北京市剧团去外省市巡回演出计划

名称	日期	时间	演出地点	剧目	主要演员	场次	备注
北京歌舞团	1983年5月13日——6月26日	14	大庆	民乐合奏、独唱、舞蹈	王羽、孔大愚、王彦芬、苏敏等		
北京歌舞团	6月27日——7月10日	13	哈尔滨、长春、吉林	民乐合奏、独唱、舞蹈	王羽、孔大愚、王彦芬、苏敏等		
北京歌舞团	未定		天津	中外交响乐	李德伦		
中国评剧院	10月10日——11月10日	30	石家庄市地区	无双传、花为媒、狐仙小翠	李亿兰、戴月琴等	35	
北方昆曲剧院	3——4月底	50	哈尔滨、大庆	西厢记、牡丹亭等	李淑君、洪雪飞、蔡瑶铣等		
中国木偶艺术剧团	9月1日——11月20日	5	武汉	屠龙剑、恶魔等	安子明、侯宪政、章泽华	10	
中国木偶艺术剧团	9月1日——11月20日	5	咸宁	屠龙剑、恶魔等	安子明、侯宪政、章泽华	10	
中国木偶艺术剧团	9月1日——11月20日	5	蒲圻	屠龙剑、恶魔等	安子明、侯宪政、章泽华	10	
中国木偶艺术剧团	9月1日——11月20日	5	嘉鱼	屠龙剑、恶魔等	安子明、侯宪政、章泽华	10	

续表

中国木偶艺术剧团	9月1日——11月20	5	洪湖	屠龙剑、恶魔等	安子明、侯宪政、章泽华	10	
中国木偶艺术剧团	9月1日——11月20日	5	监利	屠龙剑、恶魔等	安子明、侯宪政、章泽华	10	
中国木偶艺术剧团	9月1日——11月20日	5	潜江	屠龙剑、恶魔等	安子明、侯宪政、章泽华	10	
中国木偶艺术剧团	9月1日——11月20日	5	沙市	屠龙剑、恶魔等	安子明、侯宪政、章泽华	10	
中国木偶艺术剧团	9月1日——11月20日	5	荆门	屠龙剑、恶魔等	安子明、侯宪政、章泽华	10	
中国木偶艺术剧团	9月1日——11月20日	5	宜昌	屠龙剑、恶魔等	安子明、侯宪政、章泽华	10	
中国木偶艺术剧团	9月1日——11月20日	15	恩施地区	屠龙剑、恶魔等	安子明、侯宪政、章泽华等	20	总计120场
中国木偶艺术剧团	8月4日——8月8日	5	承德	大闹天宫、剑峰英豪	谭志远、许正利、王子斌	10	
中国木偶艺术剧团	8月9日——8月14日	5	四平	大闹天宫、剑峰英豪	谭志远、许正利、王子斌	10	
中国木偶艺术剧团	8月15日——8月23日	8	长春	大闹天宫、剑峰英豪	谭志远、许正利、王子斌	16	
中国木偶艺术剧团	8月24日——9月24日		沈阳	大闹天宫、剑峰英豪	谭志远、许正利、王子斌		辽宁场次待定，预计45场
中国木偶艺术剧团			辽阳	大闹天宫、剑峰英豪	谭志远、许正利、王子斌		
中国木偶艺术剧团			大连（待定）	大闹天宫、剑峰英豪	谭志远、许正利、王子斌		承德至大连预计71场
中国木偶艺术剧团	3月16日——3月20日	5	洛阳	大闹天宫、剑峰英豪	谭志远、许正利、王子斌	10	
中国木偶艺术剧团	3月21日——3月26日	4	绵阳	大闹天宫、剑峰英豪	谭志远、许正利、王子斌	8	
中国木偶艺术剧团	3月27日——4月1日	4	成都（待定）	大闹天宫、剑峰英豪	谭志远、许正利、王子斌	8	
中国木偶艺术剧团	4月2日——4月7日	4	峨眉	大闹天宫、剑峰英豪	谭志远、许正利、王子斌	8	
中国木偶艺术剧团	4月8日——4月12日	4	乐山	大闹天宫、剑峰英豪	谭志远、许正利、王子斌	8	
中国木偶艺术剧团	4月13日——4月17日	4	自贡	大闹天宫、剑峰英豪	谭志远、许正利、王子斌	8	
中国木偶艺术剧团	4月18日——4月22日	4	宜宾	大闹天宫、剑峰英豪	谭志远、许正利、王子斌	8	
中国木偶艺术剧团	4月23日——4月27日	4	泸州	大闹天宫、剑峰英豪	谭志远、许正利、王子斌	8	
中国木偶艺术剧团	4月28日——5月4日	6	重庆	大闹天宫、剑峰英豪	谭志远、许正利、王子斌	10	
中国木偶艺术剧团	5月5日——5月9日	3	万县	大闹天宫、剑峰英豪	谭志远、许正利、王子斌	6	
中国木偶艺术剧团	5月10日——5月15日	4	武昌	大闹天宫、剑峰英豪	谭志远、许正利、王子斌	8	洛阳——武昌共计90场
中国杂技团二队	1983年3月20日——4月3日		广州				场次未定
中国杂技团二队	4月5日——4月11日		惠州				
中国杂技团二队	4月13日——5月3日		汕头				

续表

中国杂技团二队	5月6日——5月15日		深圳				
中国杂技团二队	5月17日——5月23日		珠海				
中国杂技团二队	5月25日——5月31日		中山				
中国杂技团二队	6月2日——6月8日		江门				
中国杂技团二队	6月10日——6月16日		顺德				
中国杂技团二队	6月18日——6月24日		番禺				
中国杂技团	6月26日——7月2日		佛山	大型魔术			
中国杂技团	7月4日——7月10日		韶关	大型魔术			
中国杂技团三队	8月1日——8月4日		北戴河	杂技、魔术			
中国杂技团三队	8月6日——8月11日		秦皇岛	杂技、魔术			
中国杂技团三队	8月13日——8月15日		山海关	杂技、魔术			
中国杂技团三队	8月17日——9月17日	30	辽河油田	杂技、魔术			
中国杂技团三队	5月日——6月20日	50	黑龙江省	杂技、魔术			
中国杂技团一队	上半年	60	江苏省、上海	杂技、魔术			
北京曲艺曲剧团	4月10日——4月15日		唐山	珍妃泪、夕照八旗、甜酸苦辣	甄莹、耿首春、孙砚琴、魏喜奎		
北京曲艺曲剧团	4月17日——4月21日		锦州	珍妃泪、夕照八旗、甜酸苦辣	甄莹、耿首春、孙砚琴、魏喜奎		
北京曲艺曲剧团	4月23日——5月7日		沈阳	珍妃泪、夕照八旗、甜酸苦辣	甄莹、耿首春、孙砚琴、魏喜奎		
北京曲艺曲剧团	5月9日——5月13日		四平	珍妃泪、夕照八旗、甜酸苦辣	甄莹、耿首春、孙砚琴、魏喜奎		
北京曲艺曲剧团	5月15日——5月25日		长春	珍妃泪、夕照八旗、甜酸苦辣	甄莹、耿首春、孙砚琴、魏喜奎		
北京曲艺曲剧团	5月27日——6月5日		哈尔滨	珍妃泪、夕照八旗、甜酸苦辣	甄莹、耿首春、孙砚琴、魏喜奎		
北京曲艺曲剧团	6月7日——6月14日		抚顺	珍妃泪、夕照八旗、甜酸苦辣	甄莹、耿首春、孙砚琴、魏喜奎		

续表

北京曲艺曲剧团	6月16日——6月26日		大连	珍妃泪、夕照八旗、甜酸苦辣	甄莹、耿首春、孙砚琴、魏喜奎		
北京曲艺曲剧团	6月28——7月7日		天津	珍妃泪、夕照八旗、甜酸苦辣	甄莹、耿首春、孙砚琴、魏喜奎		
北京曲艺曲剧团	6月1日——6月5日		张家口	甜酸苦辣（暂定）	王凤朝、谢群、莫歧		
北京曲艺曲剧团	6月7日——6月14日		集宁	甜酸苦辣（暂定）	王凤朝、谢群、莫歧		
北京曲艺曲剧团	6月16——6月23日		呼和浩特	甜酸苦辣（暂定）	王凤朝、谢群、莫歧		
北京曲艺曲剧团	6月25日——7月4日		包头	甜酸苦辣（暂定）	王凤朝、谢群、莫歧		
北京曲艺曲剧团	7月6日——7月10日		大同	甜酸苦辣（暂定）	王凤朝、谢群、莫歧		
北京曲艺曲剧团	7月12日——7月16日		太原	甜酸苦辣（暂定）	王凤朝、谢群、莫歧		
北京曲艺曲剧团	7月18日——7月27日		阳泉	甜酸苦辣（暂定）	王凤朝、谢群、莫歧		
北京曲艺曲剧团	4月11日——4月15日		遵义	相声、快板	赵振铎、赵世忠、梁厚民		
北京曲艺曲剧团	4月17日——4月22日		贵州	相声、快板	赵振铎、赵世忠、梁厚民		
北京曲艺曲剧团	4月25日——5月4日		昆明	相声、快板	赵振铎、赵世忠、梁厚民		
北京曲艺曲剧团	5月6日——5月10日		渡口	相声、快板	赵振铎、赵世忠、梁厚民		
北京曲艺曲剧团	5月12日——5月16日		乐山	相声、快板	赵振铎、赵世忠、梁厚民		
北京曲艺曲剧团	5月18日——5月22日		自贡	相声、快板	赵振铎、赵世忠、梁厚民		
北京曲艺曲剧团	5月24日——5月28日		内江	相声、快板	赵振铎、赵世忠、梁厚民		
北京曲艺曲剧团	5月30日——6月3日		次阳	相声、快板	赵振铎、赵世忠、梁厚民		
北京曲艺曲剧团	6月5日——6月9日		成都	相声、快板	赵振铎、赵世忠、梁厚民		
北京曲艺曲剧团	9月1日——10月30日		沧州	河南坠子、琴书	关学曾、马玉萍、种玉杰等		具体时间待定
北京曲艺曲剧团			泰安	河南坠子、琴书			
北京曲艺曲剧团			临沂	河南坠子、琴书			
北京曲艺曲剧团			枣强	河南坠子、琴书			
北京曲艺曲剧团			荷泽	河南坠子、琴书			
北京曲艺曲剧团			徐州	河南坠子、琴书			

北京市文化局关于1983年巡回演出情况和1984年巡回演出安排的工作简报

（1984年1月7日）

（一）

一九八三年，外省、市来京巡回演出较活跃，剧目丰富多彩，来自九省、二十五市和地区、二个县的36个艺术表演团体，共演出540场，观众609800人次。巡回演出的特点：

一、重视演出质量和社会效果。各省、市文化部门对来京演出的剧院（团），无论在剧目内容、表演艺术和舞台作风上都能精心选择、严格把关、认真对待。14种不同的艺术形式，80台剧（节）目，其中现代题材的占三分之一，出现了思想性、艺术性较高的剧（节）目。如话剧：《高山下的花环》《岳飞》《白雨》《张海迪》《对对双双》；评剧《闺女大了》《嫁不出去的姑娘》；吕剧《励志记》；芭蕾舞剧《雷雨》；还有浙江省歌舞团的江南丝竹专场音乐会；天津市曲艺团的三台曲艺专场；江苏昆剧院、成都市川剧院三团的流派表演艺术专场等。著名艺术家和著名中、青年演员红线女、郭颂、张继青、罗玉中、晓艇等来京登台献艺，为文化艺术交流、丰富首都人民文化生活增添了光彩。

二、加强了为剧团演出的服务和宣传工作。外省市来京演出主要有两件事：一是食、住；二是演出的观众组织、宣传工作。今年演出公司招待所进行了修缮，在卫生方面有所改进，增添了食堂，设置了小卖部等，剧团感到满意。在宣传方面，协助剧团和有关单位开记者招待会、座谈会，及报导、评论、专访、录音、录像等宣传工作，密切了外省、市剧团和新闻宣传部门的联系，使首都更多的群众能欣赏到各种不同艺术形式的表演。

三、退协议的比往年多，对演出安排工作有所影响。今年由于剧团体制改革、承包、剧团领导班子和任务的变化等原因，外地应来京演出的有14个剧团退了协议。因此在演出安排各方面都有一定影响。鉴于急于补团，对临时要求来京演出的剧团，未能周密考虑选择剧种和演出日期，因此造成同一时期来京演出剧团过多、艺术形式重叠的现象。

一九八三年，市属十个剧院（团）分赴十二个省市和二十多个地区演出约800场，观众100万人次，受到当地观众的欢迎和好评。绝大多数演出团（队）领导亲自把关，无论在剧目内容、艺术质量和台风等方面都能做到健康、严肃。著名昆剧演员李淑君在大庆演出，她的艺术表演为工人群众所赞赏。北方昆曲剧院在大庆演出，遇到百年不遇的大风，冒风前往观剧的只有百余人。该团仍一丝不苟，认真演出。中国木偶艺术剧团在安徽演出50天、133场，还专门为学生演出266场，他们克服舞台条件差等困难，保证了演出质量。市属的剧团受到了各地领导的重视和各级文化主管部门的支持、各个剧场的协助，使得巡回演出工作顺利完成。

巡回演出不足之处：一、对巡回演出的管理还不够有力。个别来京演出的剧团，有的剧目内容不够健康；有的台风也不够严肃；个别音乐节目模仿港台流行歌星，矫揉造作，过分追求强烈的音响刺激；个别戏曲节目带有迷信、恐怖的色彩。市属剧团也有个别演出队节目质量低劣，在外地演出时受到当地观众的批评，喝了倒彩。二、执行演出协议不够严格，来京的或外出的剧院（团）都有随意退掉协议的情况发生，由于没有相应的措施和办法，因此对退协议的剧团缺乏约束力，今后要制定办法，严格按协议演出。

（二）

一九八四年，要进一步加强巡回演出管理，消除和防止精神污染，搞好精神文明建设。一九八三年十一月文化部在曲阜、济南两地召开的全国巡回演出会议。会议期间，各省、市文化主管部门的领导和有关演出业务负责同志一百多人总结交流了贯彻落实国务院97号文件的情况和问题，讨论了全国剧场管理工作财务管理细则；讨论了拟对全国文艺演出团体和个人实行颁发演出许可证的办法；讨论了全国五好剧场集体和个人评比条件。会议着重要求各省、市文化主管部门对巡回演出的剧团一定要防止和清除精神污染，审定节目内容，严格把关。会议指出，艺术表演团体在巡回演出工作中的成绩不能低估，但精神污染确实客观存在，因此当前要认真消除和防止精神污染，但对具体问题的处理要慎重，要按政策办事。要大力提倡好戏好节目，加强剧场管理和文化市场的管理，充分发挥艺术表演团体在建设社会主义精神文明中的积极作用。一九八四年拟接待来自17个省、市共27个剧院（团）（其中文化局接待12个，文化部接待9个，体育馆接待4个，剧团自理2个）（附表一），有13个剧种：话剧2个、歌剧2个、京剧7个、评剧1个、河北梆子1个、山东柳子戏1个、豫剧1个、粤剧1个、越剧1个、歌舞、音乐会4个、杂技、魔术4个、拉场戏1个、花鼓戏1个。一九八四年，市属的人民艺术剧院、北京实验京剧团、中国杂技团、中国木偶艺术剧团、北京市河北梆子剧团将分别到17个省市演出（附表二），要求各剧院团在今年巡回演出的基础上，把巡回演出工作做得更好，把好演出节目审查关；一定要按签定的协议办事，不能无故毁约；外出的人员要精干；要选择优秀剧目；严守演出的有关规定和国家财政纪律；防止和消除精神污染，加强思想政治工作；尊重当地文化主管部门的领导，认真的进行艺术交流。外地来京的剧团要按规定办理演出手续，不合适的剧（节）目商请调换，共同把巡回演出工作做得更好。

附件：1. 一九八四年接待外省市艺术表演团体巡回演出计划（附表一）

2. 一九八四年北京市剧院（团）出外省市巡回演出计划（附表二）

附件一：一九八四年接待外省市艺术表演团体巡回演出计划（附表一）

一、由文化部艺术局接进并解决住宿和协助提供演出场地

名称	日期	形式　剧目	演出天数	人数	主要演员	住宿场地
湖北省潜江县花鼓剧团	1月4日——1月13日	花鼓戏 《家庭公案》	10天	70人	胡新中、孙士安、李春华	人民剧场
洛阳地区豫剧二团	2月27日——3月10日	豫剧《金鸡新凤》	15天	70人	李金枝	人民剧场
宁夏话剧团	3月12日——3月31日或 4月10日——4月30日	话剧《归去来兮》	20天	65人	杨保丰	人民剧场
广东深圳市粤剧团	6月1日——6月10日	粤剧 《风雪夜归人》 《宝玉祭潇湘》	10天	60人	冯刚毅、洪英武等	人民剧场
铁岭地区艺术团	6月16日——6月30日	小戏歌舞小戏《双扣门》等歌舞节目	14天	50——60人	李海、李静等	人民剧场
重庆市话剧团	7月15日——7月30日	话剧《红岩》	15天	70人	田广才、刘西、徐立起	人民剧场
甘肃省歌剧团	8月3日——8月18日	歌剧《马五与尕豆》	15天	65人		人民剧场
河北省京剧团	11月11日——11月26日	京剧《唐太宗》 （上下集）	15天	80人	祝元昆、肖月珠等	人民剧场
辽宁飞车队	4月25日——7月30日	飞车 飞车节目	120天	30人	蔡少武、蔡二宝等	住宿、演出场地全部自理

二、由市文化局接进并负责住宿和演出场地

名称	日期	形式　剧目	演出天数	人数	主要演员	住宿场地
河南省话剧团	1月22日——2月10日	话剧《锅碗瓢盆交响曲》	20天	70人		住文化局招待所
云南省京剧院二团	2月27日——3月13日	京剧《七擒孟获》	15天	70人	韩福香、梁建国	住文化局招待所
山东省柳子剧团	3月15日——3月30日	柳子《琵琶遗恨》	15天	70人		住文化局招待所
湖北沙市京剧团	4月5日——4月15日	京剧《苏小妹》等	10天	65人		住文化局招待所
河南省京剧团	4月20日——5月5日	京剧《冯玉祥政变记》	15天	70人	润涂华、佟娜、马顺德	住文化局招待所
广州杂技魔术团	5月8日——5月23日	魔术　巨型魔术	16天	30人	梁　义、陈荣香、刘　勇	住文化局招待所
阜新市京剧团	5月27日——6月12日	京剧《福寿镜》《六月雪》	15天	65人	李国粹、刘复华、迟小秋	住文化局招待所
石家庄市京剧团	7月1日——7月20日	评剧《风落梧桐》	20天	70人		住文化局招待所
齐齐哈尔京剧团	7月25日——8月10日	京剧《红娘》	15天	60人	陈秀文、于令华	住文化局招待所
浙江越剧小百花演出团	8月15日——8月30日	越剧《五女拜寿》	15天	70人		住文化局招待所
福建省杂技团	9月17日——10月5日	杂技　杂技、魔术	15天	50人		住文化局招待所
苏州京剧团	12月1日——12月20日	京剧《百花公主》	20天		胡芝凤	住文化局招待所

三、由体育馆接进并解决住宿，演出场地请文化部协助解决

名称	日期	形式　剧目	演出天数	人数	主要演员	住宿场地
大同市歌舞团	4月28日——5月13日	音乐会	15天	70人	董振英、张子珍等	住体育馆“五一”组台演出
青岛市歌舞团	8月20日——8月30日	歌舞　音乐、舞蹈	10天	35人		住体育馆
四川省歌舞团	9月25日——10月3日	歌舞　音乐、舞蹈	9天	70人	李荐琏、周维民等	住体育馆
上海乐团	12月1日——12月15日	音乐会　合唱、独唱、独奏、胡小平音乐会	15天	65人	胡小平等	住体育馆

四、剧团食宿自理单位

名称	日期	形式　剧目	演出天数	人数	主要演员	住宿场地
延边朝鲜族和龙县文工团	6月6日——6月10日	歌舞　朝鲜族歌舞	5天	35人		演出场地请民委协助解决
沈阳杂技一团（大棚）	8月1日——10月10日	杂技　高空节目	70天	60人		演出场地自己解决

附件二：一九八四年北京市剧院（团）出外省市巡回演出计划（附表二）

名称	日期	演出地点	剧目	时间	场次	主要演员	备注
北京人民艺术剧院	1984年7月——9月	内蒙、宁夏、甘肃、青海、陕西、天津	待定	2个月	待定	待定	口头协议
北京实验京剧团	1984年5月——6月25日	天津、山东	待定	1个月	待定		口头协议
中国杂技团一队	1984年3月——7月	江苏、浙江、福建	马戏	4个月		待定	已签协议
中国杂技团二队	1984年2月——6月	江苏、上海、浙江	魔术	4个月	计划120场		已签协议
中国杂技团三队	1984年3月——7月	陕西、四川、湖北	杂技	3——5个月	计划90场		已签协议
中国木偶艺术剧团一队	1984年5月——7月	大庆、哈尔滨、辽宁	大闹天宫等	2——5个月			已签协议
中国木偶艺术剧团小戏队	1984年5月——6月	大庆、哈尔滨	幼儿木偶戏	40天			已签协议
中国木偶艺术剧团二队	1984年3月——5月	山东	“恶魔”等	2个月			已签协议
中国木偶艺术剧团二队	1984年10月——11月	石家庄地区		50天			已签协议
北京市河北梆子剧团	1984年10月15日——11月15日，如一个队8月5日——9月5日	大庆	窦娥冤、拜月记	30天		刘玉玲	已签协议
北京实验京剧团	1984年7月25日——8月25日	大庆	赵氏孤儿、正气歌	30天		李崇善	已签协议

20世纪80年代前期
首都节日文艺演出史料

节日演出是首都北京文艺演出的重要组成部分，同时也是节日庆祝的重要方式之一。20世纪80年代前期，每逢重要节日，特别是春节和国庆期间，北京市文化部门都要组织专门的文艺演出活动，以丰富首都人民的节日文化生活。本组史料皆选自北京市文化局编印的工作内刊《文化工作简报》，文件标注时间皆为《文化工作简报》的出刊时间，主要内容包括1980年至1984年间春节和国庆两大节日北京市文艺演出活动的组织安排和演出剧目等，一定程度上反映了20世纪80年代前期的时代风貌和文化娱乐的流变。

北京市档案馆藏，档号：164-3-186、189、230、234、307、310、345、347、404、532。

——选编者　孙　刚

1980年春节期间首都文艺演出统一安排工作总结

（1980年3月6日）

（一）

为了欢庆八十年代第一个春节，活跃首都人民文化生活，文化部艺术局和市文化局共同商定，今年春节期间（二月十四至二十九日），文艺演出活动由市演出公司统一安排。

为了搞好春节演出安排工作，文化部艺术局和市文化局于一月十四日联合发出了《关于首都一九八〇年春节期间文艺演出统一安排的通知》。《通知》下达之后，受到首都各文艺演出单位和剧场、开放礼堂、俱乐部的支持和欢迎。各文艺演出团体积极准备，报送演出节目及日程安排。二月一日，召开了春节期间文艺演出的剧场、剧团业务负责人会议，文化部艺术局和市文化局领导同志讲了话，对统一安排工作提出了要求。经过市演出公司的统一安排，今年参加春节文艺演出的剧院（团）共三十八个，演出队、组六十个，其中，中央所属的十五个文艺团体，二十二个演出队；产业部门所属的三个文艺团体，八个演出队；市属的十二个文艺团体，二十二个演出队；区属的八个文艺团体，八个演出队。部队系统的文艺团体自行安排。剧场方面，一共有六十五所，其中：中央各部委、市属剧场十六所，区属剧场和开放礼堂、俱乐部二十八所，郊区县、厂矿礼堂、俱乐部二十一所。每个文艺演出队都有剧场演出。

今年春节首都文艺演出活动比往年活跃。一九七八年春节上演了四十八台节目，一九七九年上演了六十台节目，而今年上演了一百一十一台节目（十三个剧种），比去年增加近一倍。这一百多台节目中，反映现代题材的有三十七台，约占百分之三十二；反映历史和传统戏剧题材的有六十九台，约占百分之六十三；外国戏剧、音乐会等五台，约占百分之五。这次演出活动充分体现了百花齐放、推陈出新、古为今用、洋为中用的文艺方针，呈现了文艺繁荣的景象。

这次演出安排，事先经过调查研究、反复协商。尽力做到合理安排在市内、郊区县、厂矿等场地演出，受到了广大群众的欢迎。六十个演出队，在春节期间共演出五百〇六场。其中，中央各部所属剧团演出一百一十八场；产业部门所属剧团演出三十八场；市属剧团演出二百三十五场；区属剧团演出一百一十五场。平均每个剧团演出八至九场。这也是历年来罕见的新气象。

春节期间售票情况良好，观众秩序井然，基本上没有出什么问题。这次售票办法采取团体与个人票相结合，在保证零售票的前提下，剧场根据剧目情况自定比例。各剧场准备工作做得较早较细。在公安部门大力支持协助下，各剧场的演出工作顺利进行。初一至初五几天，绝大多数剧场上座率达百分之百；一小部分剧场的上座率也在百分之九十左右。初五以后，大多数剧场仍得保持满座，有的有所下降，个别的上座率在百分之五十以下。据不完全统计，今年春节期间接待观众六十万人次，票款收入达三十五万元左右。东单、西单两个售票处仅两天之内，就预售出九千五百二十八张票，收票款五千三百七十一元。

（二）

这次春节期间演出安排主要方法有下面几点：

1. 调查研究，制定方案。

为了使安排工作做到心中有底，首先要对剧场、剧团做些调查，例如剧场的舞台条件、观众容量、观众喜爱剧种等，对剧团的情况也进行了一般的了解。根据这些情况，在安排上定了三条原则：一是剧团演出的剧目和舞台条件相结合；二是中央各部、市、区剧团和剧场、开放礼堂、俱乐部一视同仁，合理分配；三是有一定比例到工矿、农村演出。

2. 合理分配，协商调整。

初步安排方案，经过协商征求剧场、剧团的意见，并取得文化部艺术局演出处同志们的协助，反复研究、调整，尽量做到合理分配，使剧团、剧场、观众都满意。如3501礼堂安排了中国京剧院、东方歌舞团和崇文区燕京评剧团演出，剧团、剧场、当地观众都满意，场场满座。有些刚刚恢复的区属剧团，安排到市内剧场和开放礼堂、俱乐部演出，他们感到非常高兴。中央乐团有四台节目，我们安排在四个场地演出。远郊县、工矿群众要求看京、评、梆剧目，我们都做了适当的安排，尽量满足他们的要求。

3. 领导重视，团结协作。

文化部艺术局和市文化局领导对春节文艺演出统一安排都很重视，亲自动员，反复强调要顾全大局，团结协作，服从安排，共同搞好演出工作。艺术局演出处的同志在安排中做了大量的工作，绝大多数剧团不挑剧场，大多数剧场不挑剧团，听从调度，使演出安排工作能够顺利进行。如吉祥戏院，我们安排昆剧，连演六、七场，他们明知这个剧种上座较差，但欣然接受，并积极组织观众，同样做到了场场满座。有的剧场和剧团在安排上有些矛盾，他们通过互相协商基本得到解决。

（三）

春节期间的演出安排也存在一些问题，如对个别的中央演出团体某些剧目内容、演员阵容、布景、道具等情况了解得不够具体，因此在安排上有不合适之处。又如在演出过程中，我们只了解了市内一些剧场售票情况，没有到郊区剧场了解演出情况，今后应加以改进。此外，有个别剧团对这次统一安排还不习惯，要求多，改变频繁，在安排工作上造成了一些困难。

通过春节演出安排工作，我们感到工作量很大。目前，各剧团演出大型剧目多，但剧场舞台条件好的不多，剧场管理上又不统一，因

此恢复过去经常性的统一安排，条件还不成熟，暂时只能做到重大节日统一安排。（北京市演出公司供稿）

1980年国庆节期间首都文艺演出统一安排情况

（1980年9月14日）

（一）

为了庆祝一九八〇年国庆节，搞好节日期间北京市文艺演出安排工作，市演出公司于九月十九日召开参加演出的剧院（团）、剧场、开放礼堂、俱乐部业务负责人会议。文化部艺术局演出处和中央直属文艺团体的业务负责人参加了会议。市文化局副局长张国础同志讲了话，对演出工作提出了要求。今年国庆节期间的演出安排，采取中央直属文艺团体和市、区、县属文艺团体分别安排统一刊登广告的办法。

在国庆节期间参加演出的共有二十九个文艺表演团体，分为三十八个演出队（组），其中：中央所属剧院（团）十四个（十九个演出队、组），市属七个（分十一个演出队、组），区属六个（分六个演出队、组）。另外还有外省、市来京巡回演出的郑州市话剧团和上海魔技团。

十月一日至五日共演出剧目五十三台，其中：中央所属有二十台，市属二十二台，区属九台，各地来京的有二台。在五十三台节目中，新编上演的有话剧《理想之光》《船在风浪中》《追求》《迟开的花朵》，京剧有《戊戌变法》《状元媒》《血染长平》《蛇妃》，评剧有《铡阁老》《搬窑》《挑女婿》《戊戌喋血》，越剧《昭君公主》，曲剧相声剧

《您看像谁》等十四台。其他传统剧目和已经上演过的剧目有三十九台。三十八个演出队（组）分别在三十四个剧场演出，其中：中央和市属剧场十座，开放礼堂、俱乐部六座，区、县属剧场四座，厂、矿礼堂三座，其他的剧场、俱乐部、礼堂十一座。在国庆节期间，有市、区属七个演出队（约三分之一）下基层厂矿、农村演出。

（二）

国庆节期间演出安排工作是由市演出公司事先与各剧团、剧场反复协商研究决定的。原则是：1. 重点剧目安排在重点剧场；2. 照顾到剧团、剧场和当地观众的要求以及上座率情况；3. 要有三分之一的演出队到基层厂矿、农村演出。

为了方便广大观众购票，国庆节期间演出的广告事先统一在九月二十七日见报，各剧场二十八日上午七时售票。要求各剧场根据剧目情况，团体票与零售票的比例要得当。

会议上对参加国庆节期间演出的剧团、剧场及开放礼堂、俱乐部提出了如下要求：

一、要把安全工作放在首位。在国庆节期间，剧团、剧场要进行一次安全教育，剧场要进行一次安全检查。节日期间演出时，要有专人值班，严守各项规章制度，采取有效的防火等安全措施，防止和杜绝任何意外事故发生。

二、组织好观众，搞好演出宣传工作，特别是要加强剧场管理，改进服务态度，维持好场内外秩序，保持剧场内的清洁卫生。

三、剧团、剧场要互相协助、互相支持，亲如一家，共同把这次国庆节期间的演出工作搞好。（市演出公司供稿）

1981 年春节期间首都文艺演出安排情况

（1981 年 1 月 28 日）

（一）

文化部艺术局、北京市文化局共同协商决定：今年春节期间首都文艺演出，采取分别安排、统一见报的方式。为了搞好节日期间的演出安排工作，两局于一月二十日共同召开参加演出的剧院（团）、剧场、开放礼堂、俱乐部业务负责人会议，研究决定了春节期间演出的剧种、剧目、日程、场地安排和演出要求等事宜。

在春节期间参加演出的将有三十八个文艺表演团体，分为五十四个演出队（组）。其中：中央所属剧院（团）十九个，二十五个演出队（组）；市、区属剧院（团）十九个，二十九个演出队（组）。从二月五日至十日（农历正月初一至初六）共演出八十九台节目，其中现代题材的剧目十五台，传统戏五十台，外国剧目四台。特别令人可喜的是，今年春节新上演的节目比往年都多，有话剧《谎祸》，京剧《宏碧缘》《无底洞》《血泪清宫》，评剧《弄假成真》《老二黑离婚》，越剧《东海传奇》《双莲案》，歌剧《第一百个新娘》，河北梆子《大刀王怀女》《血手印》，曲剧《毋忘我》，儿童剧《会粘知了的老师》《西瓜，我问你》《铁铁》和皮影戏《长腿的鸡蛋》等十六个节目。刚上演不久的《野马》《灵与肉》《再见了巴黎》《血总是热的》《灰色王国的黎明》等现代戏剧也同时上演。在节日期间，有著名的老演员和新秀登台献艺，表演各种流派的音乐节目和戏剧节目，为首都人民欢度新春佳节增添光彩。

春节演出将更好地体现为人民服务、为社会主义服务的文艺方向和“二百”方针，尽力丰富广大群众的文艺生活。在春节演出安排上将尽力做到统筹兼顾、合理安排，将群众的要求、剧团和剧场的具体情况结合起来，充分协商和安排。与此同时，还要对市内、远郊、近郊和农村、厂矿的演出点做出全面的、合理的安排。在春节六天之内，共有三十三个剧场、开放礼堂、俱乐部接待剧团演出一百五十九场，三个体育馆（场）演出七场。从春节到灯节，有市、区属十九个剧团（队）到十八个工矿、农村演出一百零一场。中国评剧院一团将在该院领导干部的带领下，深入平谷县大华山公社，送戏上门，派出当地山区人民最受欢迎的演员古文月、戴月琴、赵丽蓉演出群众喜爱的《杨三姐告状》《花为媒》等优秀传统节目。演职员们将住在那里，和山区人民共度春节。

春节期间演出广告将统一在二月一日见报，《人民日报》《北京日报》各刊登一天。二月二日上午八点起开始售票。

为了把春节演出任务完成好，已提出如下要求：(1) 剧团、剧场在春节期间要把安全工作放在首位。在节日前都要对有关演出人员进行一次安全教育，对剧场进行一次安全检查，在演出期间要严格遵守剧场的各种规章制度，坚守岗位，防火，防爆，防止和杜绝意外事件发生。(2) 剧团要重视演出艺术质量，剧场要组织好观众，做好宣传工作。根据剧目情况，团体票和零售票的比例分配要得当，在春节前几天，各剧场一定要留有零售票。(3) 剧团、剧场要互相协作，互相支持，亲如一家，共同为观众服务，把春节期间的演出工作搞好。(市演出公司供稿)

1981年国庆节期间首都文艺演出统一安排情况

（1981年9月25日）

为搞好庆祝建国三十二周年文艺演出安排，市演出公司于九月十九日召开了参加演出的剧院（团）、剧场、开放礼堂、俱乐部业务负责人会议。文化部艺术二局演出处和中央直属文艺表演团体的业务负责人和外省市来京巡回演出的剧团领导参加了会议。市文化局副局长张国础同志在会上讲了话，强调指出：在国庆节期间，各演出单位和剧场、影院、开放礼堂、俱乐部一定要抓好安全工作，上演优秀剧目，重视演出质量，剧团要多为厂矿、公社的工人、农民群众演出，剧场要切实贯彻为人民服务、对人民负责的精神，加强组织纪律性，改善服务态度，保证演出工作顺利进行。

今年国庆节期间，首都文艺演出安排仍采取中央直属文艺表演团体和市、区、县属剧院、团分别安排统一刊登广告的办法。参加节日期间演出活动的共有四十一个文艺表演团体，分为五十一个演出队（组），其中：中央所属剧院、团十三个（分十九个演出队、组），市属十个（分十五个演出队、组），区属九个（九个演出队），另外还有来京巡回演出的福建省京剧团、上海歌剧院舞剧团、辽宁省歌舞团、石家庄市丝弦剧团、天津市戏曲学校、沈阳评剧院二团、内蒙古自治区锡林郭勒盟代表队等七个剧团。此外，全国曲艺观摩演出中的部分优秀节目将组台参加节日演出。

在国庆节期间，将演出八十台文艺节目，其中中央所属剧院、团有二十台，市属三十二台，区属十五台，外省、市、自治区的有十三台。在八十台节目中，近期新编、改编和新排的节目有二十多台，现代题材的剧目占总数的四分之一。总的看来，节日演出的剧（节）目是相当丰富的，其中有话剧《一代风流》《明月初照人》《金子》《无辜的人》《孙中山蒙难记》《咸亨酒店》《阿Q正传》《万事开头难》《将军志》《竞争的浪花》《保尔•柯察金》，京剧《王昭君》《汉宫惊魂》《金锁恩仇》《状元与乞丐》《杨家将》《血溅乌沙》，评剧《刘公案》《春阿氏》，河北梆子《徐九经升官记》，昆剧《共和之剑》《牡丹亭》，曲剧《香魂遗恨》，舞剧《凤鸣岐山》等。此外，在十三台歌舞、音乐会、曲艺、杂技节目中，也有不少新编新排的节目。

五十一个演出队（组）将分别在三十七个演出场所演出，其中：中央和市属剧场十五座，开放礼堂、俱乐部五座，区、县、公社礼堂八座，厂矿礼堂九座。从十月一日至五日，共可演出一百九十七场。在国庆节期间，将组织中央、市、区所属八个剧团下基层厂矿、农村公社演出六十一场（约占节日期间总演出场次的三分之一）。

为了方便广大观众购票，国庆节期间演出广告统一在九月二十六日见报，二十八日售票，要求各剧场根据目前情况，在节日期间必须要留有一定比例的零散票。

会议对各演出单位提出了如下要求：

一、要把安全工作放在首位，领导应亲自抓好这项工作。根据保卫部门检查的安全要求，对广大职工进行一次安全教育。在节日期间要有专人值班，严守各项规章制度，采取有效的防火、防爆等安全措施，防止和杜绝任何意外事故发生。

二、重视演出剧目工作。各剧团领导要把最好的节目安排在节假日，提高演出质量。剧场要组织好观众，搞好演出宣传，加强剧场管理，改善服务态度，把“五讲四美”的活动切实开展起来。

三、剧团要多为工农群众演出，特别是到远郊区公社、山区农村演出。下乡演出要保持勤俭朴素的优良传统，注意搞好群众关系。

（市演出公司供稿）

1982年春节期间
首都文艺演出与电影放映安排情况

（1982年1月15日）

一

遵照中央关于关心人民群众文化生活的指示和中央书记处关于首都建设方针的四项指示精神，以及最近市委、市政府要求把抓精神文明建设放在第一位，过一个文明、节俭、欢乐的春节的精神，文化部艺术局与市文化局于一月十三日共同召开参加首都春节文艺演出和电影放映的剧院（团）、影剧场、开放礼堂、俱乐部的业务负责干部和区县文化部门及电影公司的有关负责同志会议，研究决定了春节期间演出、放映方面的安排，提出了严格的要求。

在春节期间，首都文艺表演团体将有四十个演出团、队演出九十三台文艺节目。电影方面发行16毫米、8.75毫米的影片有二十二个节目，共一百四十三个拷贝，35毫米的影片有二十个节目，共六十四个拷贝。演出和电影放映活动比往年都更加繁荣。

二

通过这次会议，对今年春节期间的文艺演出和电影放映活动做出了如下的具体安排：

1. 积极安排好拥军优属的文艺演出和电影放映工作。经与市民政局商定，从元月十八日到二十七日，共有中央所属四个剧团和西藏话剧团共演出五台节目十三场，市属五个剧团及河南郑州市豫剧团共演出十台节目十场。演出的节目有话剧《谁是强者》，京剧《正气歌》《苏武牧羊》，曲剧《闹新楼》，昆剧《孙悟空大闹芭蕉洞》等。在电影方面，有《乡情》《蛇》等影片，共放映九场。

2. 突出抓好剧团深入农村、厂矿演出活动。春节期间（从一月十三日至灯节止），中央有些剧团已经或将要到农村、厂矿演出，市、区属剧团有十二个团队到远郊和近郊九个县、四个区和十三个公社、大队演出三十台节目，共一百二十五场。演出场次和去年同期相比，将近增加一倍。在节日期间剧团到农村、厂矿演出和在市区演出的场次比例是二比一（农村一百二十五场，市区六十四场）。这种情况是历来少有的。

这次春节到农村、厂矿演出，由于市文化局及各剧团领导非常重视，县区领导积极支持，当地群众热烈欢迎，因此在农村演出安排上比较顺利。中国评剧院的全体演职员由院党委领导带领，分成三个演出团队，深入远郊密云、延庆、平谷县的古北口、永宁、大华山等公社，将在山区演出约四十多场。市属剧团到农村演出的节目有评剧《杨三姐告状》《花为媒》《无双传》《御河桥》《成兆才》《银河湾》等，还有河北梆子《拜月记》《徐九经升官记》，曲剧《真假太子》，京剧《武松》和曲艺等节目。在电影放映方面，春节期间和二月份对农村发行的有国产故事片十部六十六个拷贝，外国片一部三个拷贝，香港片二部十个拷贝，还有部分科教片。另外还有8.75毫米的国产故事片六部，外国片一部，长纪录片二部，以上共二十二个节目一百四十三个拷贝。

3. 在寒假期间为少年儿童组织好专场演出和专场放映。市教育局要求文艺演出少而精，选择内容好、适合少年儿童看的文艺节目。经研究确定：有中央所属的二个剧团演出三场音乐舞蹈节目，市属有五个剧团演出话剧《谁是强者》，京剧《岳母刺字》，昆剧《孙悟空大闹芭蕉洞》，木偶剧《大闹天空》和《拍手歌》等相声节目，共演出十三场。在电影方面，将发行《苏小三》《绿色钱包》两部儿童影片和《妈妈的生日》《吉普赛少年》二部外国片。另外还选些适合儿童看的复映片。

4. 做好市区文艺演出和电影放映安排工作。在春节期间（从现在到正月初五止），共有中央所属的和西藏等外地剧团共十四个演出团队，演出三十三台节目七十场戏，市属九个剧院团队和一个外地剧团，共演出三十台节目六十四场。其中新创作、改编的参加市评奖演出节目有十二台，其中现代题材的有八台。电影发行上有35毫米国产故事片十七部，外国片三部，共六十四个拷贝，在城区和近郊区放映。

三

会上对参加春节期间演出、放映的各剧院团、剧场、电影院、开放礼堂、俱乐部放映队提出了如下要求：

1. 一定要把安全放在首位。领导要亲自抓，严格岗位责任制，在节前要对广大职工进行一次安全教育，节日期间要有专人值班，并采取有效的防火、防爆等安全措施，防止和杜绝任何意外事故发生。

2. 提高文艺演出和电影放映质量。各剧场、影院要组织好观众，搞好宣传，加强影剧场的管理，搞好卫生，认真抓好服务态度，把“五讲四美”活动推进一步。

3. 剧场、剧团要搞好团结协作。在农村演出，剧团要遵守当地文化部门的安排，保持勤俭朴素的作风，搞好群众关系。剧团、放映队上山下乡演出和放映，要注意行车安全，预防疾病，保证演出和放映的顺利进行。（市演出放映处供稿）

1982年春节期间市属剧团在农村、厂矿演出情况简报

（1982年2月13日）

一

春节期间，市属剧团纷纷深入基层，上山下乡，为农村、厂矿演

出，取得了较好的成绩。从农历腊月卅到正月十五，市属有十四个演出团、队，分赴十二个郊区、县十一个公社、五个厂矿，共演出了三十台节目，一百三十一场戏，观众达十五万人次。这次春节期间深入基层的演出，受到农村、厂矿广大群众的热烈欢迎和好评。

文化局为贯彻落实中央关于关心人民群众文化生活的指示和市委要求“过一个文明、节俭、欢乐的春节”的通知精神，在春节期间的演出安排上，把为农村、厂矿演出放在首位。许多剧团对这次演出工作都十分重视。中国评剧院党委决定春节期间全力以赴，由党委领导分别带领四个团、队，分赴延庆县永宁公社、密云县古北口公社、平谷县大华山公社和房山县琉璃河水泥厂，共演出了五十三场，完成该院全年到本市郊区基层单位演出计划指标百分之五十三以上。北京市文工团从腊月卅开始在房山县南韩继大队等处演出十二场，包括评剧和曲艺、音乐节目。河北梆子剧团深入山沟，在门头沟王平村、斋堂等煤矿为工人演出了十六场戏。北京京剧院四个团分别在东坝公社、首钢、来广营公社等处演出。北京曲艺曲剧团在沙河公社、百善公社、马驹桥公社和通县、顺义等处演出二十六场。北方昆曲剧院在焦化厂为工人演出。春节期间，朱丹南、张国础副局长和局机关有关处室负责同志先后到古北口、大华山、永宁等公社和门头沟王平村矿，看望在节日期间深入基层演出的剧团领导和演职人员。新华社北京分社、《北京日报》《北京晚报》《戏剧电影报》、北京人民广播电台、中央电视台等新闻单位，对市属剧团这次演出活动做了广泛宣传，共发表和广播了十三篇新闻和专题报导。《北京日报》和北京人民广播电台派记者到大华山、古北口公社对评剧院的演出进行了现场采访。中央电视台到房山南韩继大队为北京市文工团的演出录了像。

二

春节期间到农村演出，是最受农民欢迎的时候，也是最冷的时候。广大演职人员不怕寒冷，愉快地坚持演出。古北口室外温度已降到零下十几度，剧场内的温度也在零下四度，青年评剧演员谷文月演出

《杨三姐告状》时，穿了一件单薄的戏衣，里面衬一身棉毛衫裤，上台时冻得直打颤，但她情绪丝毫不受影响，仍然一丝不苟地演出。她说："身上虽冷，但观众的热情感染了我们，使我们心里热乎乎的忘记了寒冷。"评剧院舞台工作队冒着严寒装台，化妆室里的油彩冻凝固了，脸盆也结了冰，演奏员的手冻僵了，笛子都冻裂了两根，但他们克服了各种困难，严肃认真地进行演出。观众反应很好。在永宁公社，由于气候骤寒，评剧院一团一队有百分之八十的同志都受寒感冒，青年演员戴月琴冻得咳嗽、呕吐，也从不叫苦，继续坚持演出。社员们看到演员们这种艰苦精神，感动地说："为了咱们山里人，让你们受冻受累，你们真是好样的。"剧团的同志说："是有点冷，可是心里是热的。"大年初一，三团孙毓敏等到丰台，为黄土岗公社、卢沟桥公社社员们演出。同时，李元春、李韵秋、王幼童、裘少戎等在首钢为工人演出，他们都博得观众好评。

春节期间，中国评剧院选派阵容强的演员队伍为山区群众演出，如一团一队的李忆兰、张德福、戴月琴，二队的古文月、小玉霜，二团的马泰、刘萍、付嘉祥、陈绍舫等。这些著名的评剧演员在当地是有影响的，有的农民观众说："不要说听他们唱了，只要看上他们一眼，也心满意足了。"北京市文工团腊月三十中午，在房山县南韩继大队演出评剧，大队党支部书记、著名农业劳模徐庆文同志激动地说："南韩继世世代代就没有在腊月三十演过戏，这是头一回，你们的行动对我们鼓励太大了，文艺力量可不能小看啦。"当天演出结束已是下午三、四点钟，当听说还有一户盲人父子和一个患重病的土改时期的老妇联主任和一位烈属大娘没有来剧场看戏，文工团的同志们不顾疲劳，马上赶到这几户人家，为他们演唱几段相声和评剧唱段。他们听完节目感动地说："要是旧社会，我们早成叫花子了，眼下不愁吃、不愁穿，剧团还上门给咱们演节目，让我们说什么好呢？"中国评剧院学员班的小演员，大年初一没有在家里过年，而是在中和戏院演完日场，又赶到琉璃河水泥厂演晚场，在剧场里过了年。

三

市属剧团春节期间在农村、厂矿演出，为工农群众的节日生活增添了欢乐，剧团所到之处都充满了热烈欢腾的节日气氛。剧团演出消息一传开，许多人家接闺女、迎女婿，临近公社、大队的群众纷纷扶老携幼，从四面八方赶来。各个演出点刚贴上演出海报不多久，票就全部售完。有的观众赶四五十里路前来看戏。古北口有两位老大爷没有买上评剧票，急得直哭，剧场的同志尽力满足他们的愿望。文工团在南韩继大队演出后，大队干部和社员群众立即把演员们拉进自己家门，一起包饺子过年三十。古北口公社还有一位老大爷主动要求给剧团做豆腐，不少妇女主动帮食堂包饺子，为剧团改善伙食。

农村的繁荣景象和节日的欢乐气氛，使演员们深受感染和教育。演员们看到农民生活过得一天比一天好，对文化生活的要求很迫切，深为感动。许多同志都说："现在农村生活水平高了，群众对艺术欣赏能力也高了。他们不仅看得懂，而且还有评论，我们应该多下农村，为农民群众多演戏、演好戏。"马泰、古文月等同志深有感触地表示："农民这么欢迎我们，我们真对不起他们，以前下来太少了。农村这么需要文化生活，往后我们一定要多下来演出。"评剧院的编导人员这次也随团到农村访问座谈，接触新的生活、新的人物，收获不小。他们说："深入下来，才能看到三中全会后农村的变化，这次我们真正懂得了责任制是什么，好处在哪里。"（市演出公司供稿）

1982年国庆期间
首都文艺演出统一安排情况

（1982年9月23日）

为搞好庆祝建国三十三周年文艺演出安排，今年国庆节期间，采取中央、部队直属文艺表演团体和市、区、县属剧院、团分别安排统一刊登联合广告的办法。参加节日期间演出活动的共有四十一个文艺表演团体，分为五十二个演出队。其中：中央所属剧院、团十一个（分成十三个演出队），部队三个，市属十三个（分成二十个演出队），区属七个，另外还有来京演出的云南歌舞团、上海民族乐团、河北省京剧团、天津评剧院二团、河南豫剧院三团、新疆维吾尔自治区杂技团和河南开封市杂技马戏团等七个剧院、团（分成九个演出队）参加演出，和首都广大群众共度国庆节。

在国庆节期间，将演出七十二台文艺节目。其中：中央所属剧院、团有十七台，部队有三台，市属有二十八台，区属十六台，外省市自治区有八台。

在七十二台节目中，近期新编、改编、移植和新排的节目有十九台，其中现代题材的剧目和曲艺、歌舞节目占总数的三分之一。节日演出的剧（节）目丰富多彩，其中有：话剧《沧海横流》《彭大将军》《宋指导员》《金钥匙》《可口可笑》《哥儿们折腾记》《祸起萧墙》，京剧《大明魂》《唐太宗》，豫剧《朝阳沟内传》，评剧《闺女大了》《喜神》《合家欢》，河北梆子《罗晚妹》《海瑞“训虎”》，相声剧《酸、甜、苦、辣》，芭蕾舞剧《林黛玉》等。还有十八台曲艺、相声、音乐、歌舞、杂技节目。云南歌舞团著名傣族舞蹈家刀美兰将演出一台具有民族特色的独舞节目。

五十二个演出队将分别在三十七个演出场所演出。其中：中央、市所属十六座，开放礼堂、俱乐部五座，区、县、公社、厂矿礼堂十四座，另外还有二个体育馆。在国庆期间，市、区属有五个剧院、团下基层厂矿、公社演出二十七场。

在演出期间要求各文艺演出单位和剧场、开放礼堂、俱乐部认真做到如下几点：

一、要把安全工作放在首位，领导亲自抓好这项工作。要求剧场有专人值班，严守各项规章制度。采取有效的防火、防爆等安全措施，防止和杜绝任何意外事故发生。

二、重视演出剧目，提高演出质量。剧场要组织好观众，搞好演出宣传，加强剧场管理，把“五讲四美”文明礼貌活动认真地开展起来。

三、剧场、剧团要搞好团结协作，到农村、厂矿演出的剧团要尊重当地文化部门的安排，保持勤俭朴素的作风，搞好群众关系。（市演出公司供稿）

1983年春节期间首都文艺演出安排情况

（1983年1月27日）

一

今年春节前后和春节期间，首都文艺演出包括三个项目：城区和农村演出；纪念“双拥”运动40周年慰问演出；寒假为首都青少年学生演出。从一月廿日至二月二十七日灯节止，历时四十天。参加演出的将有三十五个艺术表演团体，分为四十四个演出队（组），其中中央有关部门所属剧院（团）十二个，十二个演出队（组）；部队所属剧团九个，九个演出队（组）；市、区所属剧院（团）十四个，廿三个演出队（组），共演出八十五台节目，三百六十余场。分述如下：

一、城区和农村演出

文化部艺术局、市文化局共同商定：今年春节期间首都文艺演出安排，城区采取分别安排，农村演出由市文化局统一安排，两处的演出广告统一见报。

根据中央、市委指示精神，从一月廿日到二月二十七日灯节止，将有十七个艺术表演团体，分成二十五个演出队（组），其中中央所属剧院（团）四个，四个演出队（组）；市属剧院（团）十个，十八个演出队（组）；区属剧团三个，三个演出队（组），分别到十二个郊区、县十六个公社演出三十台节目，共一百八十多场。今年春节剧团下乡演出，派出的演出队、演出的节目和场次比一九八二年增加近一倍。这是历年来罕见的新气象。

城区演出从二月十三至十七日（初一至初五），将有十九个艺术表演团体，其中中央所属剧院（团）八个，市属剧院（团）八个，区属三个，分别在十八个影剧场和开放礼堂、俱乐部演出三十台节目共九十五场。

二、纪念“双拥”运动四十周年慰问演出

北京市民政局、市文化局共同商定：从一月廿一日至二月十日止，首都有七个艺术表演团体，其中有中央所属的四个，市属三个，为驻京部队慰问演出十二台节目十八场。同时，驻京部队也有九个艺术表演团体将演出十台文艺节目慰问首都人民。

三、寒假为首都青少年学生演出

文化部艺术局、市文化局和市教育局共同商定：今年寒假为首都青少年学生演出拟少而精，选择青少年喜欢看的剧种进行安排。从一月廿九日至二月九日，共十二天的时间里，有九个剧院（团），其中中央所属三个，市属四个，区属二个，分别在十个剧场、开放礼堂、俱乐部和少年宫演出十台歌舞、音乐、杂技魔术、曲艺相声、木偶和皮影等节目共六十余场。

二

春节前后和春节期间演出八十五台节目中，新上演和新创作、改编的节目有三十余台，如话剧《沧海横流》《新的航程》《尼人常》《屠夫》《绝对信号》《哥仨和媳妇们》《哥们儿折腾记》《吴王金戈越王剑》《合家欢》《富有的人》；舞剧《伤逝》《文成公主》《红楼梦》；歌剧《结婚奏鸣曲》；京剧《天波楼》《八戒出世》《雪映古城》《周仁献嫂》《苏武牧羊》；评剧《喜神》《水冰心抗婚》《狐仙小翠》《绝户》《合家欢》《米酒歌》《五女拜寿》；昆剧《西厢记》《哪吒闹海》；河北梆子《罗晚妹》《三探圆明园》《龙潭鲍骆》；曲剧《巧团圆》《甜酸苦辣》；相声剧《死要面子》，以及音乐、舞蹈、杂技魔术、曲艺等节目。春节期间还演出各流派的戏曲节目和传统戏，如京剧《凤还巢》《白蛇传》《红娘》《逍遥津》《法门寺》《辕门斩子》；河北梆子《蝴蝶杯》《王宝钏》等。

三

为把春节期间各项演出任务完成好，对各演出团体和演出场所提出如下要求：

一、一定把安全工作放在首位，领导亲自抓这项工作，坚守岗位，严守剧场规定的各项规章制度，防火，防爆，防止和杜绝一切意外事故发生。

二、提高文艺演出质量，剧场要组织好观众，做好宣传工作，特别是做好城区演出的组织和宣传工作。今年各单位在春节几天购买团体票的较多，各剧场应根据剧目情况，团体票和零售票的比例分配要得当，一定要留有零售票。

三、各剧团、剧场要互相协助，互相支持，亲如一家。剧场要加强管理，搞好卫生，提高服务质量，把“五讲四美”文明礼貌活动推进一步。

四、剧团上山下乡演出要尊重当地文化部门的安排，勤俭朴素，遵守财经纪律，注意行车安全，预防疾病。各郊区县、公社文化部门和影剧院对剧团的演出、生活等方面应予协助和妥善安排，以保证演出顺利进行。（市演出公司供稿）

1983年国庆期间首都文艺演出统一安排情况

（1983年9月27日）

今年国庆期间（10月1日—5日）首都文艺演出已基本安排就绪。北京的和外地来京的共有二十四个文艺表演团体，分成三十五个演出队，在二十七个剧场、开放礼堂、俱乐部等文娱活动场所演出五十二台节目一百零四场，其中有市、区属六个剧团下基层、工矿、农村、山区公社演出三十四场。

今年国庆期间演出活动的特点是：

1. 各文艺表演团体重视剧目内容，把本单位的优秀节目安排在国庆期间演出。如中国煤矿文工团演出民族舞剧《丝路花雨》，北京京剧院一团的《管仲拜相》，北方昆曲剧院的《西厢记》，中国评剧院的《喜神》《米酒歌》，北京市河北梆子剧团的《蝴蝶杯》和音乐、舞蹈、曲艺、杂技等。今年演出的节目虽然比往年总的台数少，但大部分都是各单位精选出来的优秀传统剧目和获奖剧目。

2. 上演了一批新编、移植和新排的节目。其中有反映现实生活的话剧《王建设当官》《死要面子》，有歌颂英雄人物的话剧《张海迪》，有历史传统戏京剧《三关宴》《东方夫人》，昆剧《长生殿》，河北梆子《时迁》和京剧《奥赛罗》，歌剧《茶花女》等共十六台。

3. 剧种多，节目绚丽多彩。节日期间五十二台戏，包括十二个剧种。文化部调京演出的剧团有湖北省歌舞团演出的《编钟乐舞》，四川省振兴川剧赴京汇报演出团的川剧《巴山秀才》《秀襦记》。北京市邀请来京演出的由黑龙江省歌舞团演出轻音乐会，甘肃省话剧团的话剧《岳飞》《白雨》和宁夏回族自治区的京剧《人鬼鉴》等。

4. 有三分之一的场次安排在郊区厂矿农村演出。一批受工矿、农村群众喜爱的剧目，如北京京剧院的《雏凤凌空》《红鬃烈马》，朝阳评剧团的《樊梨花斩子》，北京市群生梆子剧团的《三盗九龙杯》，北京曲艺曲剧团的曲艺相声等将安排在郊区、县演出。另外，中国木偶艺术剧团在节日期间将为少年儿童演出木偶戏和儿童音乐会。

5. 各演出单位和文化娱乐场所积极认真贯彻中央、国务院、市委有关演出方面的一系列指示精神，采取措施，通过节日期间的演出活动，在演员的服饰、舞台作风和剧场的秩序、服务态度等方面加以改进。

九月二十一日，文化部艺术局和市文化局共同召开了参加国庆期间演出的有关单位负责人会议，介绍节目演出安排情况，并提出如下要求：

1. 一定要把安全工作放在首位，各单位要亲自抓好这项工作，结合目前打击刑事犯罪分子的活动，根据各单位保卫部门安全检查后提出的要求，在节日前要对广大职工进行一次安全教育，节日期间一定要有专人值班，严守各项规章制度，加强岗位责任制，采取有效安全措施，防火，防爆，防止和杜绝意外事故发生。

2. 重视演出质量，包括演出内容、表演艺术、舞台作风，一定要精益求精，高标准，严要求，为首都舞台增添光彩。

3. 各剧场要通过国庆期间的演出活动，加强剧场管理，搞好卫生，改进服务态度，提高服务质量，把“五讲四美、三热爱”的精神文明建设工作向前推进一步。

4. 各剧院（团）要把到工矿、农村演出放在重要位置。节日期间，希望更多的剧院（团）到基层厂矿农村，特别是到远郊山区、公社农村演出。下乡演出的单位要尊重当地文化主管部门的安排，保持勤俭朴素的优良作风，搞好群众关系，注意安全卫生，劳逸结合。

5. 剧院团和剧场要互相协作、互相支持、互相尊重，做好演出的观众组织和宣传工作。

国庆期间演出安排工作还存在一些不足之处，如节日期间演出的现代题材的剧目只有六台，少了一些；在剧团、剧场演出合理调度上还不够周密。节日演出的大型节目较多，市内大剧场不多，安排上有一定的困难，演出上受到一些影响等。今后要加以改进，争取把节日期间演出工作搞得更好。

附：首都一九八三年国庆期间文艺演出节目表

首都 1983 年国庆期间文艺演出节目

一、中央、部委、部队所属单位十一个

1. 中国青年艺术剧院	哑剧	讽刺与幽默
2. 中国歌剧院	歌剧	茶花女
3. 中国煤矿文工团歌舞团	舞剧	丝路花雨
4. 中国歌剧舞剧院		音乐舞蹈
5. 中国京剧院四团	京剧	点帅破阵　狄龙案　凤还巢　潇湘夜雨　九江口　宇宙锋　穆桂英挂帅
6. 中国煤矿文工团话剧团	话剧	张海迪
7. 中央实验话剧团	哑剧	
8. 中国铁路文工团		轻音乐　杂技　相声
9. 北京部队战友文工团	京剧	穆桂英挂帅　打店　逍遥津　八仙过海　望江亭
10. 北京舞蹈学院艺术团		古典芭蕾　外国民间舞　中国民族舞
11. 勇进评剧团		五女拜寿

二、市、区属单位十七个

1. 北京人民艺术剧院	话剧	女人的一生　王建设当官

2. 北京京剧院一团	京剧	管仲拜相 金山寺 断桥 雷峰塔 战太平 齐天大圣 柜中缘 卧虎沟 钓金龟
3. 北京京剧院二团	京剧	长坂坡 汉津口 擂鼓战金山
4. 北京京剧院三团	京剧	盗仙草 女起解 玉堂春 宇宙锋 大探二 红鬃烈马
5. 北京京剧院四团	京剧	三关宴 雏凤凌空 红鬃烈马
6. 北京实验京剧团	京剧	香罗帕 三盗令 扈家庄 奥赛罗 东方夫人 尉迟恭 打金砖
7. 中国评剧院一团	评剧	喜神
中国评剧院二团	评剧	米酒歌
8. 北方昆曲剧院	昆剧	扈家庄 赠剑联姻 千里送京娘 武松打店 醉打山门 八仙过海 长生殿 挡马 西厢记
9. 河北梆子剧团	河北梆子	时迁 杨门女将 蝴蝶杯等
10. 北京曲艺曲剧团	曲艺	曲艺、相声
11. 中国木偶艺术剧团	木偶剧	幼儿木偶戏 儿童音乐会
12. 北京市文工团	评剧	三女除霸 寇珠
	话剧	死要面子 稀奇古怪
13. 北京朝阳评剧团	评剧	鸳鸯衫 三杰村 樊梨花斩子
14. 北京群声河北梆子剧团	河北梆子	三盗九龙杯 三请樊梨花
15. 北京风雷京剧团	京剧	盗仙草 花魁 玉堂春 诓妻嫁妹 花蝴蝶
16. 北京朗诵艺术团	朗诵演唱会	我是中国人
17. 北京杂技团	杂技魔术	

三、外地京剧团五个

文化部调京演出单位

1. 湖北省歌舞团　　　　编钟乐舞
2. 四川省振兴川剧赴京汇报演出团 川剧　巴山秀才　绣襦记
北京市邀请来京演出剧团
3. 甘肃省话剧团　　　　评剧　　岳飞　白雨
4. 黑龙江省歌舞团　　　轻音乐会
5. 宁夏回族自治区　　　京剧　　人鬼鉴

首都1984年春节期间文艺演出剧（节）目表

（1984年1月23日）

（133个剧目，96台戏）

一、中央、部委、部队所属单位十三个

1. 中央歌剧舞剧院　　　歌剧选场、音乐会、音乐舞蹈
2. 勇进评剧团　　　　　评剧　　双驸马、状元与乞丐
3. 中国儿童艺术剧院　　音乐会
4. 中国戏曲学院实验京剧团
　　　　　　　　　　　京剧　　春草闯堂、香罗帕、对花枪
5. 中央实验话剧院　　　话剧　　劳资科长、十五桩离婚案的调查剖析
6. 中国铁路文工团　　　歌舞团　音乐、杂技、相声综合晚会
杂技团、说唱团联合演出
中国铁路文工团话剧团　　　　话剧　　春归何处
中国铁路文工团杂技团　　　　精彩杂技
7. 中央歌剧院　　　　　歌剧　　蝴蝶夫人　音乐会
8. 中国京剧院　　　　　　　　　状元媒　雁翎甲　断桥

打金砖　女起解　文姬归汉
四进士　春闺梦　艳阳楼
狄龙案　凤还巢　盗仙草
平贵别窑　将相和　三击掌
临江会　沉海记

9. 中国青年艺术剧院　话剧　风雨夜归人　阿混新传

10. 中央歌舞团　音乐会

11. 东方歌舞团　音乐舞蹈

12. 中央民族乐团　音乐会

13. 北京部队战友京剧团　京剧　逍遥津

二、市、区属单位十五个

1. 北京京剧院一团　京剧　全部将相和　八大锤　望江亭
古城会　齐天大圣

三团　京剧　真假孙悟空　辕门斩子
长坂坡　汉津口　无底洞
柜中缘　凤还巢　金玉奴
白面郎君　放裴　拾玉镯
红楼二尤　玉堂春　文昭关
浣纱记　鱼肠剑　盗仙草

四团　状元媒　红娘　打焦赞
雏凤凌空

2. 北方昆曲剧院　昆剧　长生殿　盗仙草　赠剑联姻
挡马　下山　夜奔　千里送京娘
扈家庄　孙悟空大闹芭蕉洞

3. 北京歌舞团　音乐　舞蹈

4. 中国评剧院一团一队　评剧　张羽煮海　意中缘　酸儿辣女
狐仙小翠

一团二队　评剧　三看御妹　梅玉良缘　花为媒

二团　评剧　评剧皇后　意中缘

5. 北京市文工团评剧队	评剧	风筝误　棒打薄情郎 三女除霸
音乐曲艺队	音乐	曲艺
6. 北京曲艺曲剧团	曲剧	离婚　王老五与山里红
	相声剧	死要面子
		曲艺、相声晚会
7. 中国木偶艺术剧团	木偶戏	猴子着急　山上的房子 小鸭　冬冬问路
	独唱、独奏、轻音乐会	
8. 北京人民艺术剧院	话剧	小巷深深
9. 实验京剧团		龙凤呈祥　白蛇传　尉迟恭 法门寺　桑园会　香罗帕 十八罗汉斗悟空
10. 北京市河北梆子剧团		朱痕记　曲江卖花女　好逑传 时迁　红楼夜审　坐山虎传奇 鸳鸯巧合
11. 北京燕京评剧团	评剧	海棠红　排李梅　绝户
12. 北京杂技团	杂技魔术	
13. 北京群声河北梆子剧团	河北梆子	三关排宴　卫宫恨　三请樊梨花　血手印　白蛇传
14. 北京风雷京剧团	京剧	花蝴蝶　红娘　生死恨 春秋笔　三探圆明园　三岔口 凤还巢　血染万花楼　挡马 诗文会
15. 北京宣武皮影剧团	皮影戏	

三、外省市来京演出单位一个

1. 河南省话剧团	话剧	锅碗瓢盆交响曲

庆祝新中国成立三十五周年创作、演出新剧、节目工作小结

（1985年1月11日）

一、基本情况

为了庆祝国庆卅五周年，市属各剧院、团，在九月下旬至十月上旬期间，演出了新排练的剧、节目十九台，丰富了首都人民的文化生活，增添了节日的喜庆气氛。这些剧、节目是：人艺的《红白喜事》《秋天的旋律》，京剧院的《红岩》《三姑闹婚》《平阳公主》《百花公主》《西施》和《三请美猴王》及《祭塔》等一台小型剧目，北昆剧院的《牡丹亭》，评剧院的《高山下的花环》《红白喜事》，河北梆子剧团的《杨七郎和杨七娘》《碧侠》，曲剧团的曲剧《公主的女儿》和相声剧《冒名顶替》，实验京剧团的《玉碎名园》以及曲艺团、歌舞团、中国杂技团各一台节目。

这些剧、节目中，除话剧《红白喜事》已于七月间参加全国现代题材戏调演并获奖外，其余无论是新创作、改编或是加工整理的，大多数都在六、七月份开始投入排练，有的则是在八月份才投入排练。从投入排练至公演，短短四、五个月时间，取得了显著的成绩。各个剧目都具有一定的特色，有的剧目在深刻反映现实生活、塑造典型人物形象方面有显著的成就；有的剧目在艺术性的某些方面有独创性，有突出的成绩；有的则是整个演出水平相当高。各个剧院、团都从不同的角度，不同程度地表现了创新的精神。总的特点是：上得较快、数量不少、题材多样、品种齐全、质量较高。应该说《红白喜事》《高山下的花环》等剧目是属于第一流水平的，大多数中等，少数比较差一些。比之去年同期，各方面都大有提高。

从演出场次、上座率以及观众反映的情况看，与上述的估计是相

符的。一些剧目演出场次较多，上座率较高且持续不衰，如话剧《红白喜事》已演出近百场；评剧《高山下的花环》在上海演出获得欢迎；京剧《三姑闹婚》在中山公园音乐堂演出，连演连满；河北梆子《杨七郎和杨七娘》二进广和剧场，卖座始终不衰。观众对这些戏颇为赞赏，如对《三姑闹婚》，不少观众给主要演员孙毓敏来信，表示赞扬与祝贺，也有不少其他省市的剧团提出要学习、移植这个戏。

二、存在问题

一是一流剧目仍嫌太少。除三两个剧目是比较成熟或接近于成熟的艺术品外，大多数剧目都存在着这样那样的缺陷。其次是作为舞台艺术，尚显粗糙与浅陋。尤其是戏曲，作为综合性艺术，明显地存在着缺乏完整性的弱点。其中突出的是缺乏导演的总体的、全面完整的构思，没有统一的标尺。这是一个人才问题，也是一个艺术创作制度问题。这是一个早已存在的老问题，是创作优秀剧目必须解决的大问题。戏曲艺术，仅仅是有才能的编剧和演员是不够的，还必须要有各方面的艺术创作人才，尤其迫切需要有才能的导演，急切需要建立起严格的导演制度。第三是发展不平衡。有的剧团有些剧本基础不错，却因领导班子未健全、艺术队伍中的一些问题未能得到妥善解决，耽误了马上排练。而个别剧团，如中国木偶艺术剧团，未能排出新剧目。

三、几点体会

上述成绩是各剧院（团）的领导及各方面的创作人员协力同心，一年来按照明确的任务，向着既定的目标努力奋斗、辛勤劳动取得的，是各级新领导班子成立以后，努力贯彻以艺术生产为中心环节的第一批收获。我们有如下几点体会：

1. 领导的重视，明确以艺术生产为工作中心是取得成绩的基本保证。市委宣传部的领导同志、局领导同志、剧院（团）的领导同志都把抓好国庆的献礼演出这项工作视为重大任务，抓得紧，抓得细，在选择剧本和排练的过程中，都给予了认真具体的关心。有些剧院（团）的领导，在工作中遇到了困难挫折，也能得到宣传部及局领导及时的关心、支持、帮助。

2. 任务明确，艺术创作队伍的政治热情高涨，是取得成绩的决定性因素。在“四化”建设的大好形势鼓舞下，在为国庆三十五周年献礼的任务感召下，同时，由于不断地落实党对知识分子的政策，以及对在艺术创作中有卓越成绩者给予切实的奖励，广大艺术创作人员热情高涨，干劲十足。一些剧团，在三伏酷暑中，一日三班地排练，挥汗成雨，却是精神愉快、意气风发，便是例证。

3. 基层领导班子对于艺术生产有明确的追求目标是取得成绩的重要前提。一些领导干部在领导综合性艺术创作的过程中表现了良好的素质。他们善于落实党的知识分子政策，善于发挥各种不同才能的人的作用的政治修养，他们善于抓重点、指导全面的领导艺术，他们的较高的艺术素养，他们的善于了解各种艺术创作人员的创作愿望，并善于体现集体创作意志的工作作风，他们对于艺术的执着追求、不懈地进取的精神，对于一些剧目的产生与成功起着决定性的作用。比如去年同期，京剧院几乎没有新剧目上演，这次上演了六台，明显地是个飞跃。

4. 加强剧目的评论工作，是提高艺术质量的重要手段。过去我们开展了一些评论工作，但很不够。今年围绕三十五周年献礼剧目的创作和演出，我们有意识地加强了新剧目的评论工作，邀请有关方面的专家和评论工作者进行座谈讨论，帮助作者研究修改方案，努力提高艺术质量，并组织评论文章。同时在这种座谈和讨论中，也逐渐地组织、培养和壮大了评论队伍。

5. 要搞好艺术生产，选准剧本是第一个重要环节。首先，决定剧目是否上演的领导人必须“识货”，其次，必须“有货”，必须要有诸多剧本可供选择。第三，还必须了解观众的需要和“口味”，要考虑到上座率，这就要求我们的领导人必须有调查研究，必须信息灵通。这次上演的剧目中，人艺的《红白喜事》表面上看来，似乎是“捡来的”，带有某种偶然性，但熟悉了人艺的工作情况，觉得这个剧本之得来，却是必然的。人艺很注意和全国各地的剧作者保持广泛的联系，向他们约稿、征稿，并和他们一起研究创作，这就保证了剧院的剧本有广泛的来源，再加之有有眼力的领导人，优秀剧目的产生便是必然的了。

20世纪80年代
北京市优秀剧目评奖工作史料

为繁荣戏剧创作，提高演出质量，更好地为人民服务，1980年2月，文化部部长黄镇同志在全国省、市、自治区文化局长会议上提出“建立文艺创作奖励制度，对成献卓著的作家、艺术家授予荣誉称号，设立国家文艺奖金，举办各种评奖活动，奖励优秀作品和演出”。1980年6月，北京市委宣传部部长刘导生同志在北京市第四次文代会上提出北京市要建立对文艺工作的奖励制度。根据领导指示精神和文化部直属艺术单位的评奖制度，北京市文化局于1980年11月3日印发了《关于举行本市专业剧院（团）一九八〇年度优秀剧（节）目评奖的初步方案》，在北京开始试行优秀剧（节）目评奖工作，鼓励文学艺术的发展。由此开始，20世纪80年代，北京市基本每两年举行一次优秀剧（节）目的评奖工作，评奖范围为被评奖年度内公演的新创作或改编的话剧、戏曲、木偶、曲艺、杂技、音乐、舞蹈等剧（节）目，后来又把传统剧目的推陈出新也加入进来按改编对待；评奖项目和等级由最初的设剧本奖和演出奖两种，每种评出一二三等奖，发展为设演出奖、创作奖、导演奖、表演奖、音乐唱腔设计奖、音乐伴奏奖、舞台美术设计奖、舞台艺术专项奖等多种，同时还增设了学习继承优秀主演奖等级别的奖项；评奖方式也不断优化，由北京市文化局和文联邀请有关人员组成评奖委员会，负责整个评奖工作的组织领导。在此背景下，北京市的演出市场日益繁荣发展，北京市人民艺术剧院、北京京剧院、北京市河北梆子剧团、北京市曲剧团、北京市儿童艺术剧团、北京皮影剧团、北方昆曲剧院、中国评剧院、中国木偶艺术剧团等演出团体新编、改编了众多优秀剧目并搬上首都舞台，这些剧目以唯物史观和现代审美意识观照历史，透视历史人物和生活，力求全方位、多视角地反映现实，为首都人民带来了丰富多彩的文化生活。

本组史料收录了北京市文化局关于举行1980年度北京市专业剧院（团）优秀剧（节）目评奖的初步方案，1983—1984年度新创作优秀剧目评奖的意见、评奖剧目演出日程表、工作简报、获奖名单，北京京剧院艺术处关于准备参加评奖剧目及有关问题的报告，北京人民艺术剧院关于报送参加评奖剧目材料的报告，1985—1986年北京市新编剧目评奖和1986年度艺术评论评奖活动情况、召开发奖大会情况的简报等，反映了20世纪80年代北京优秀剧目评奖工作的基本情况。现予整理公布，供研究者参考。

北京市档案馆藏，档号：164-3-212、465、581、687、688、689。

——选编者　李月明

北京市文化局关于举行1980年度市专业剧院（团）优秀剧（节）目评奖初步方案的通知

（1980年11月3日）

（80）京文艺字315号

市属各剧院（团）、各区、县文化局（文化科、文办）：

为了繁荣戏剧创作，提高演出质量，我们拟于一九八一年一月份举办本市专业剧院（团）一九八〇年度优秀剧（节）目评奖。现将《关于举行本市专业剧院（团）一九八〇年度优秀剧（节）目评奖的初步方案》发给你们，望按此初步方案予做准备。

北京市文化局

一九八〇年十一月三日

抄报：市委宣传部、市人民政府文教办公室

抄送：市文联及各协会

附件：关于举行本市专业剧院（团）一九八〇年度优秀剧（节）目评奖的初步方案

（1980年10月30日）

为了繁荣戏剧创作，提高演出质量，拟于一九八一年一月份举行本市专业剧院（团）一九八〇年度优秀剧（节）目评奖。

一、评奖的范围：

凡本市专业剧院（团）（包括区、县剧团）一九八〇年度开始公演的新创作或改编的话剧、戏曲、木偶、曲艺、杂技（有明显出新者）、音乐、舞蹈等剧（节）目，均可参加评奖。

二、评奖的项目和等级：

1. 评奖的项目分为：剧本奖和演出奖。每个优秀剧（节）目可获得其中一项或两项。

2. 每项奖励都由文化局和文联发给奖状及奖金。演出奖的奖金发给参加演出的全体演职人员，按贡献大小分配，剧本奖发给作者本人。

3. 每项奖金的等级和数额：

剧本：大戏：一等奖 600 元
二等奖 400 元
三等奖 200 元

中、小戏：减半

曲艺、杂技、小型音乐节目：
一等奖 100 元
二等奖 50 元
三等奖 20 元

舞蹈、大型音乐节目：
一等奖 200 元
二等奖 100 元
三等奖 50 元
（改编奖金减半）

演出：大戏：一等奖 1500 元
二等奖 1000 元
三等奖 600 元

中、小戏：减半

曲艺、杂技、小型音乐节目：
一等奖 150 元
二等奖 100 元
三等奖 50 元

舞蹈、大型音乐节目：

一等奖 250 元

二等奖 150 元

三等奖 100 元

导演、表演、音乐、舞美设计等有突出者另发奖金。

三、评奖的办法：

1. 评奖采取剧院（团）推荐、评奖委员会评定，文化局、文联批准颁发的办法。

2. 各剧院（团）的每个演出单位可在广泛听取群众意见的基础上推荐 1—2 个优秀剧目或几个优秀节目参加评奖。没有优秀剧（节）目的演出单位也可以不推荐。

3. 由文化局、市文联、各剧院（团）、戏曲研究所选派人员组成评奖委员会。

评奖委员会设立办公室：由艺术处、市剧协、戏曲研究所、演出处、计财处抽调人员组成，全面安排评奖活动及有关事宜。办公室分设评议组和演出组。评议组负责对参加评奖的剧（节）目进行评议，提出可否得奖，得何等奖的初步意见，并组织评奖剧（节）目的宣传报导工作。演出组负责评奖活动的演出及后勤工作。

评奖委员会根据评议组提出的初步意见进行审定。

4. 文化局、文联根据评奖委员会审定的意见批准及颁发。

四、举行评奖的时间：

1. 评奖初步订〔定〕于一九八一年一月五日至十五日举行。

2. 为了便于有关人员看戏方便起见，各剧院（团）推荐参加评奖的剧（节）目必须于上述时间内安排在市内剧场演出。演出的剧场与时间由评奖委员会办公室统一安排。

3. 各剧院（团）推荐参加评奖的剧（节）目需于十二月十五日以前报文化局（送剧本和演出节目单二份）。艺术处事先做好摸底工作。

北京市文化局

一九八〇年十月三十日

北京市文化局、市文联关于举行1983—1984年度市专业剧院（团）新创作优秀剧目评奖的意见

（1984年12月17日）

（84）京文创字527号

市属各剧院（团）、各区、县文化局（科）：

现将《关于举行1983—1984年度北京市专业剧院（团）新创作优秀剧目评奖的意见》发给你们，望按此意见作好评奖演出的组织准备工作。

北京市文化局（印）

北京市文联（印）

一九八四年十二月十七日

抄报：市委宣传部、市府文教办公室

文化部艺术局、中国剧协

附件：关于举行1983—1984年度北京市专业剧院（团）新创作优秀剧目评奖演出的意见

（1984年12月17日）

根据北京市近年来艺术生产发展的新形势和建设社会主义精神文明的新要求，定于1985年1月上旬至2月上旬举行1983—1984年度北京市专业剧院、团新创作优秀剧目评奖演出，并将文化局

(84) 京文办字 299 号文件中制订的优秀剧目评奖办法略加修改。具体意见如下：

一、评奖的范围：

凡本市市属和区、县属专业剧院（团）1983—1984 年度内公演的新创作、改编及传统剧目推陈出新的优秀话剧、戏曲、木偶、皮影剧目，均可参加评奖演出。

二、评奖的项目和等级：

1. 评奖的项目分为：演出奖、创作奖、导演奖、表演奖、音乐唱腔设计奖、音乐伴奏奖、舞台美术设计奖、舞台美术专项奖八项。

2. 各项奖金的等级和数额如下：

演出奖：

大戏：一等奖：10000 元

二等奖：5000 元

三等奖：2000 元

中、小戏：奖金减半

创作奖：

大戏：一等奖：2500 元

二等奖：1500 元

三等奖：500 元

（改编奖金减半，传统剧目推陈出新按改编对待）

导演奖：

优秀导演奖：1000 元

导演奖：500 元

表演奖：

优秀表演奖：500 元

表演奖：200 元

音乐唱腔设计奖：

优秀音乐唱腔设计奖：500 元

音乐唱腔设计奖：300 元

舞台美术设计奖：

优秀舞台美术设计奖：400 元

舞台美术设计奖：200 元

音乐伴奏奖：500 元

舞台美术专项奖：1—200 元

3. 每项奖励都由文化局和文联发给奖状和奖金。演出奖的奖金可以一部分发给参加演出的演职人员按贡献大小分配，一部分留给院、团用于业务开支。创作、导演、表演、音乐唱腔设计、舞台美术设计、音乐伴奏、舞台美术专项奖的奖金发给本人。

三、评奖的办法：

1. 参加评奖演出的剧目由剧院（团）推荐，评奖委员会评定，文化局和文联批准。

2. 各剧院（团）的每个演出团可在广泛听取群众意见的基础上推荐经过演出考验的新创作、改编及传统剧目推陈出新的一至二个优秀剧目参加评奖演出。没有优秀剧目者不参加。已获文化部优秀剧目奖的不再参加评奖，但可进行观摩演出。

3. 由文化局和文联邀请有关人员组成评奖委员会，负责整个评奖工作的组织领导工作。评奖委员会下设办公室，负责评奖工作的具体事务。办公室设评议组和演出组，评议组负责提出优秀剧目评奖的初步意见，演出组负责评奖的演出组织工作。

4. 要体现优质重奖的精神，评奖项目坚持从严掌握的原则，不搞平衡和照顾。

5. 评奖的方式和时间：

方式：结合公演进行。

时间：1985 年 1 月 7 日（星期一）至 2 月 9 日（星期六）

6. 评奖结束后，选出 3—5 台优秀剧目作汇报和观摩演出。

北京市文化局（印）

北京市文联

一九八四年十二月十七日

1983—1984 年度北京市属剧院团推荐评奖剧目演出日程表

（八五年一月）

北京市演出公司

序　号	剧　　场	演　出　单　位	剧　　目	演出日期
1	吉祥戏院	北京京剧院三团二队	三姑闹婚	7 日
2	首都剧场	北京人民艺术剧院	阵痛的时刻	8 日
3	广和剧场	北京京剧院二团	祭塔、三请美猴王	9 日
4	首都剧场	北京人民艺术剧院	阵痛的时刻	10 日
5	首都剧场	北京人民艺术剧院	女儿行	14 日
6	广和剧场	北方昆曲剧院	长生殿	15 日
7	吉祥戏院	北京京剧院一团	平阳公主	16 日
8	广和剧场	北京实验京剧团	奥赛罗	17 日
9	广和剧场	中国评剧院二团	评剧皇后	18 日
10	首都剧场	北京人民艺术剧院	秋天的旋律	21 日
11	吉祥戏院	北京市河北梆子剧团	杨七娘与杨七郎	22 日
12	西单剧场	北京市曲剧团	公主的女儿	23 日
13	广和剧场	中国评剧院一团	高山下的花环	30 日
14	首都剧场	北京人民艺术剧院	吴王金戈越王剑	31 日

市属剧院团推荐评奖剧目演出日程表

演 出 日 期	剧　　场	演 出 单 位	剧　　目
19 日	大众剧场	北京风雷京剧团	萍踪侠影
20 日	市工人俱乐部	北京京剧院二团	三请美猴王、祭塔
21 日	首都剧场	北京人民艺术剧院	秋天的旋律
22 日	吉祥戏院	北京市河北梆子剧团	杨七娘与杨七郎
23 日	西单剧场	北京市曲剧团	公主的女儿
24 日	大众剧场	北京风雷京剧团	草莽儿女
28 日	西单剧场	中国木偶艺术剧团	长寿草
29 日	广和剧场	北京市曲剧团	冒名顶替
30 日	广和剧场	中国评剧院一团	高山下的花环
31 日	首都剧场	北京人民艺术剧院	吴王金戈越王剑

续表

2月1日早场	前门小剧场	北京皮影剧团	火焰女
2月1日晚场	市工人俱乐部	北京京剧院一团	平阳公主
2月2日	西单剧场	北京市曲艺团	三下五除一

1983—1984年度北京市专业剧院（团）新编优秀剧目评奖工作简报（第七期）

（1985年1月21日）

十八日上午，评议组对实验京剧团演出的《奥瑟〔赛〕罗》进行了评议。

同志们对本剧改编、演出的得失进行了严肃认真的分析，认为把莎士比亚的著名悲剧《奥瑟〔赛〕罗》搬上了首都京剧舞台，这是一次大胆的尝试。正如该剧节目单致观众词中所说："我们在进行着把莎剧与京剧结合的尝试，……也许会失败，失败有时比胜利更需要勇气！"实验京剧团的探索精神是可贵的，演出中，演员们比较认真，就自己对剧本的理解，力求塑造出莎翁笔下的人物，伊阿古塑造是比较成功的；服装在与民族形式的结合上有想法，基本上是成功的；音乐、唱腔设计上注意吸收兄弟剧种的长处，有的唱段还是不错的；字幕搞得比较认真。

有的同志认为，京剧与莎士比亚的剧作很难结合，或者说不能搞外国戏。有的同志则认为，京剧应该而且能够表现新的领域。问题在于移植剧目时，必须充分表现原作的深刻内涵，发挥本剧种的优长，而且在探索过程中，要集中相当的人力、物力，才能有所收益。而恰恰在这一点上，实验京剧团有明显的不足。

就剧本而言，改编者对京剧艺术特点不熟悉，既没有充分发挥京剧的优长，也没能很好地体现莎翁剧作的深刻思想和艺术色彩，剧本中有的唱词太“水”，缺乏韵律美；有些处理不够细致，如：奥瑟〔赛〕罗与苔丝德蒙娜的爱情基础交待不清，在元老院中辩理一场戏处理简单化；最后一场，奥瑟〔赛〕罗的唱白与他当时矛盾的心理不够一致。由于对角色的内心世界没有深刻地挖掘，表演上虽然用了一些传统表演程式，但还没有真正遵循动于衷、形于外的戏曲程式运用的正确规律，给人以套用程式之感。布景与表演风格不够统一，设计上有的比较草率。

1983—1984年度北京市专业剧院（团）新编优秀剧目评奖工作简报（第九期）

（1985年1月28日）

京剧《萍踪侠影》的评议情况

一月二十一日，评议组评议了风雷京剧团根据小说改编、演出的历史传奇剧《萍踪侠影》。

大家认为，同市属剧团相比，该团条件较差，但全体演职员演出严肃认真、锐意创新，让人兴奋、感到新鲜，因此，应给予鼓励。

对于剧本，大家认为，改编的路子是可取的：重视娱乐性，努力用情节和武打抓人，同时又不忘写人、写情。如山洞一场是感人的，对小说的删改也是恰当的，唱词也不错。不足是情节仍过于复杂、太挤，不好明白，也难以刻画人物。山川地形图是戏中的重要道具，但交待不甚清楚，强调不够。

关于表演，大家认为，扮演云蕾的青年演员邢双喜几年来进步显著，文武双全，表演有光彩。扮演张丹枫的张平同志能唱能打，表演利落干净，也难能可贵。演师傅的同志武功很突出。武打的设计也是成功的。

导演对一些精彩的表演、武打、绝活，没处理好。如跳坐下棋、三级跳，功夫很地道，但没有“撕边”、没给信号，使观众印象不深。舞美有的地方过于凑合，景换了几次，可山片子老是一块。服装有革新，但比较乱。字幕写得好。乐队应提高，应规范化，有的乐器音还不太准。

1983—1984年度北京市专业剧院（团）新编剧目评奖获奖名单

（1985年2月）

演出一等奖：

《高山下的花环》中国评剧院一团演出

《女儿行》北京人民艺术剧院演出

演出二等奖：

《评剧皇后》中国评剧院二团演出

《吴王金戈越王剑》北京人民艺术剧院演出

《三夫人》北方昆曲剧院演出

《三姑闹婚》北京京剧院三团演出

演出三等奖：

《长生殿》北方昆曲剧院演出

《杨七娘与杨七郎》北京市河北梆子剧团演出

《奥赛罗》北京实验京剧团演出

《三请美猴王》北京京剧院二团演出

《阵痛的时刻》北京人民艺术剧院演出

《萍踪侠影》北京风雷京剧团演出

创作二等奖：

《评剧皇后》〔编剧〕郭启宏

《女儿行》〔编剧〕刘锦云、王梓夫

《吴王金戈越王剑》〔编剧〕白桦

《高山下的花环》（改编）胡沙、高琛

创作三等奖：

《杨七娘与杨七郎》〔编剧〕朱行言

《长生殿》（整理改编）秦瑾、丛兆桓、习诚

《三姑闹婚》〔编剧〕王亘、臧里、刘智

《阵痛的时刻》〔编剧〕梁秉堃

《萍踪侠影》（改编）关韶华、焦风岐

《三请美猴王》（改编）陈奔、王亘、臧里

《草莽儿女》（改编）锋戈

荣誉导演奖：

《三夫人》导演：阿甲

优秀导演奖：

《吴王金戈越王剑》导演：蓝天野

《女儿行》导演：金犁

《高山下的花环》导演：张玮、李新民

导演奖：

《评剧皇后》导演：金犁、冯霞

《三姑闹婚》导演：小王玉蓉

《长生殿》导演：丛兆桓

《三请美猴王》导演：茹绍瑞、常保全

《萍踪侠影》导演：徐东来、关韶华

优秀表演奖：

杨淑蕊《平阳公主》中平阳公主扮演者

洪雪飞《长生殿》中杨贵妃扮演者

李　翔《女儿行》中薛老根扮演者

孙毓敏《三姑闹婚》中程三姑扮演者
刘　萍《评剧皇后》中白玉霜扮演者
齐建波《高山下的花环》中薛凯华扮演者
李二娥《杨七娘与杨七郎》中杜金娥扮演者
吕　齐《阵痛的时刻》中哈经理扮演者
邢双喜《萍踪侠影》中云蕾扮演者

表演奖：

王　岭《女儿行》中薛亚珍扮演者
尚丽娟《女儿行》中薛二月扮演者
童　弟《吴王金戈越王剑》中文种扮演者
修宗迪《吴王金戈越王剑》中范蠡扮演者
罗历歌《吴王金戈越王剑》中西施扮演者
王　姬《秋天的旋律》中丁丽扮演者
马永安《奥赛罗》中奥赛罗扮演者
洪雪飞《三夫人》中岳夫人扮演者
董瑶琴《三夫人》中柴夫人扮演者
张玉文《三夫人》中梁红玉扮演者
韩建成《三夫人》中张继祖扮演者
张福延《杨七娘与杨七郎》中丁香扮演者
钱　波《阵痛的时刻》中汤元扮演者
郎石昌《萍踪侠影》中叶兴扮演者
张　平《萍踪侠影》中张丹枫扮演者
陈秀华《草莽儿女》中桑木扁担扮演者
李鸣岩《草莽儿女》中陶大娘扮演者
甄　莹《公主的女儿》中叶明珠扮演者
王风朝《冒名顶替》中王厂长扮演者
滕　腾《三下五除一》中小宝扮演者
李绪良《三下五除一》中徐明扮演者
侯宪政《长寿草》中徐福扮演者

安子明《长寿草》中鬼谷扮演者
何玉琴《长寿草》辰姑娘扮演者
邢韶英《海棠红》中海棠红扮演者
李国齐《海棠红》中陈师兄扮演者
花月仙《高山下的花环》中梁大娘扮演者
李维铨《高山下的花环》中赵蒙生扮演者
张德福《高山下的花环》中雷军长扮演者
张彦春《高山下的花环》中梁三喜扮演者
谷文月《高山下的花环》中玉秀扮演者
刘淑萍《评剧皇后》中老太太扮演者
马　泰《评剧皇后》中李长生扮演者
茹绍荃《百花公主》中江六云扮演者
王玉珍《百花公主》中江花佑扮演者
赵乃华《百花公主》中百花公主扮演者
马玉森《长生殿》中李隆基扮演者
韩建成《长生殿》中高力士扮演者
赵俊良《公主的女儿》中张铁腿扮演者
赵国来《冒名顶替》中外商代办扮演者
吕金花《三打白骨精》白骨精操纵者
常胜利《三打白骨精》白骨精操纵者
张宏芝《三打白骨精》孙悟空操纵者
路联达《三打白骨精》孙悟空操纵者
蒋弘翔《奥赛罗》中伊阿古扮演者
罗长德《三请美猴王》中沙僧
郎石林《三请美猴王》中猪八戒扮演者
刘润林《三请美猴王》中孙悟空扮演者
梁月军《阵痛的时刻》中慕容文华扮演者
胡宗温《秋天的旋律》中老杜妻扮演者
马　群《秋天的旋律》中老杜扮演者

狄　辛《吴王金戈越王剑》中王后扮演者

优秀音乐唱腔设计奖：

《高山下的花环》编曲、配器：贺飞、韩振华、黄平

音乐唱腔设计奖：

《评剧皇后》音乐设计：刘文田、赵甲申、李琦、刘庆棠、刘德士

《百花公主》唱腔设计：李荣岩、聂福岭

音乐设计：聂福岭

《杨七娘与杨七郎》唱腔设计：常维敬、朱维英

音乐设计：朱维英

《长生殿》编曲：陆放

《公主的女儿》音乐设计：戴颐生

伴奏奖：

《高山下的花环》中国评剧院一团混合乐队

《评剧皇后》中国评剧院二团本团乐队

《草莽儿女》北京风雷京剧团乐队

《长生殿》北方昆曲剧院本团乐队

舞美设计奖：

《吴王金戈越王剑》（布景、灯光、服装）韩西宇、钱斌、李玉华

《三请美猴王》（布景）张仲武

《女儿行》（布景、灯光）韩西宇、钱斌、李玉华

《三夫人》（布景）王培森

《奥赛罗》（服装）李克瑜

《长寿草》舞美灯光：张学濂

舞台艺术专项奖：

《高山下的花环》激光：刘金铭、张金玲、陈永亮

《长生殿》字幕：杨沛

《杨七娘与杨七郎》字幕

《萍踪侠影》武打设计：孟卫东、郎石昌、曾庆荣、于荣光

《草莽儿女》字幕：刘禧林

《长寿草》木偶造型：张世华、刘雾、李聪、武俊德、索万今

《三打白骨精》皮影制作

《三请美猴王》布景制作

《三下五除一》布景制作

北京京剧院艺术处关于准备参加市文化局举办1985—1986年度评奖剧目及有关问题的报告

（1986年11月14日）

一、根据文化局通知明年1月份将对市属各演出团体1985—1986年上演的新创作剧目、改编剧目、推陈出新剧目，进行评奖活动。我院六个团、一个中心，上报剧目如下：

	剧　　目	类　　别	编导、主　演	进 展 情 况
一团	《情痴》	新编古典戏	编剧：郭启宏 导演：周仲春 主演：阎桂祥等	接近合成，86年12月上旬彩排演出
	《黑水国》	推陈出新，谭派剧目	整理、复排指导：阎元靖 主演：谭元寿	85年上演
二团	《梁红玉》	新编古典戏	编剧：汪曾琪〔祺〕 导演：周仲春 副导演：宋捷、徐玉川 主演：杨淑蕊等	已投入排练，86年12月下旬演出

续表

三团	《坐轿记》	移植改编古典戏	改编：臧里 导演：姚玉成、张少华 主演：冯万奎等	85年上演剧目
	《通天河》	新编古典神化〔话〕戏	编剧：刘辛元 导演组：李元春、凯庆泉、侯连明 主演：赵慧英等	
	《霍小玉》	推陈出新，荀派剧目	整理：徐凌云 主演：孙毓敏	86年上演剧目
四团	《八珍汤》	改编整理剧目	改编：吴江 艺术顾问：周仲春、李金泉 导演：徐玉川 主演：赵葆秀等	接近合成，86年12月中旬彩排上演
	《红娘子》	新编古典戏	编剧：吴祖光 导演：夏淳、李静媛、刘德培 主演：王玉珍等	已投入排练，86年12月下旬彩排上演
五团	《盘丝洞》	新编古典神话戏	编剧：吴一平 导演：施〔石〕宏图 主演：张四全、叶红珠等	84年开始上演（未参加上年度评奖），86年恢复加工演出
	《东方夫人》	改编整理剧目	改编、导演：张云溪 主演：李玉芙	同上
	《三气周瑜》	改编整理剧目	改编：马仲骥 导演：李紫贵、施〔石〕宏图 主演：李宏图	已投入排练，争取86年12月下旬彩排演出
六团	《高夫人》	重新整理新编古典戏	原编剧：程云 改编、导演：迟金声 主演：赵燕侠等	已完成排练，86年12月中旬演出
艺术辅导交流中心	《火烧纪信》	改编整理古典剧目	改编：王雁 导演：王雁、赵炳啸、孙玉祥 主演：蒋宏祥等	已开始排练，争取12月下旬演出
	《未了缘》	改编古典剧目	编剧：张觉非、徐凌云 导演：徐凌云、殷金振 主演：温如华等	同上
注：新剧目的唱腔、音乐设计、舞美设计、技导等创作人员限于篇幅未列表中。				

二、目前，我院六个团、一个中心，共计十三台剧目，都投入了紧张的排练，各团积极性高，体制整改后的考勤、奖惩等项制度对排戏的确起到了保证作用，反映出改革中的成绩。

三、根据局《通知》中提出的“质量好”“起点要高”的要求和文化局艺术处关于“北京京剧院的剧目数量最好限于6—7台左右的意见”，我院、团需要对目前13台戏做一定的筛选工作，意见如下：

1. 凡报两台以上剧目的团，应以《通知》中提出的高质量、高起点为衡量尺度，既不要挫伤群众踊跃排戏的积极性，又应推出确实达到一定艺术水准的参加评奖剧目，避免出现为赶排参加评奖忽略质量的现象。要求各团做到，能够达到质量好、起点高，则拿，否则不拿。

2. 一团的《黑水国》和三团的《霍小玉》是在谭派、荀派代表性剧目的基础上，经过整理推陈出新的剧目。在演出的实践中，均收到较好的效果。《黑水国》在85年北京振兴京昆汇演中被肯定为近期京剧舞台上的优秀剧目的代表。《霍小玉》亦准备参加全国纪念汤显祖演出活动。这两出戏，准备以推陈出新剧目的名义参加评奖演出。(关于由剧本——表、导演方面的改动，均有报告附后〈略〉)。

3. 所有参加评奖剧目，凡没上演过的，必须在12月20日前演出。请各团与经理处协调安排好剧场。

4. 参加评奖剧目，院级领导应予审查批准。

5. 由于社会经济方面的几次物价调整，各团创新剧目的实际制作经费，远超出文化局原来关于创新剧目的经济补贴。该问题直接影响新剧目的生产，故请文化局与院领导协商，给予解决。

北京京剧院艺术处

一九八六年十一月十四日

北京人民艺术剧院关于报送参加评奖剧目材料的报告

（1987年4月8日）

（87）人艺办字第003号

文化局：

接文化局艺术处通知，现将我院参加评奖演出的《狗儿爷涅槃》《小井胡同》两个戏的有关材料报上请阅。

《狗儿爷涅槃》

一、对剧本的认识及观众反映：

《狗儿爷》的剧作者是从生产力不可阻挡的发展、工业社会必将代替农业社会这一角度，从坚实的生活基础上提炼、创造了狗儿爷这一个典型的中国农民形象。他一生坎坷，他的命运是我们几十年曲折历史的反射，但作者并没有直白地发几句牢骚，咒骂几句极“左”路线对农民的坑害，而力图从狗儿爷这样的土地的真正主人，始终摆脱不了小生产者的狭隘、短视和传统文化心理积淀的局限，冲不破旧的生产关系的束缚，写出了我们这个农业大国经济改革过程之艰难和沉重。

演出117场，上座率平均达85%以上。

不同文化层次，不同年龄的观众及持不同戏剧观念的同行都称赞这出戏是近年来写农村、写改革的一部好作品。认为演出也是高质量的。较普遍的看法是这出戏体现了现实主义的发展，人艺风格的发展。人物形象生动、鲜明，语言文学性强，有丰富的内涵。这出戏广泛地吸收传统的和现代的手法与形式，但都围绕着人物深层心理的开掘，是以真实反映生活、揭示人物为目的，这也是它可以吸引不同层次、众多观众的重要原因。

二、意见：

1. 陈大虎、祁小亮写得弱了一些。

2. 陈大虎要办工厂那一段戏有些概念，台词也流于一般，没有与狗儿爷纠葛起来，感到有些游离，可删减一点。

3. 门楼是作为大背景，狗儿爷一生的奋斗目标，所以应更实一些，不会与前景的虚矛盾。最后的放火烧门楼的戏现在也简单了，没有对人产生更大的震撼力量。

《小井胡同》

一、对剧本的认识及观众反映：

《小井胡同》通过反映北京南城一个小院，描写了形形色色的一群普通市民，从解放前夕到八十年代初，近卅年的生活变迁。刻划〔画〕了一个个小人物命运的衍变，人们相互关系的变化，从一个侧面反映出历史的变革、社会振荡在人们的心灵上所引起的反响，揭示了必须彻底否定“文化大革命”和肃清“左”的影响这样一个重大命题。此剧以其浓郁的北京地方色彩，风趣、幽默的语言，生动的人物性格，以及那种带有民族传统的普通劳动人民的勤劳善良和朴实，引起观众强烈反响，认为是一出好戏。

演出105场，观众上座率平均80%。

二、对此剧不足之处观众也提出一些意见：

1. 较多的观众认为，结尾三中全会以后的戏没有翻上去，影响了全剧的亮度和暖色调。

2. 有的观众认为，“大跃进”“文革”是在一种极庄严的形式下搞的一些荒唐可笑的事情，作者以喜剧色彩将它表现出来，但又未伤害人物对党的真诚信念，分寸把握得是好的。但第四幕火葬场拉小媳妇一段戏，有些闹剧的味道，不十分统一。也有的观众认为这是老街坊们没办法的办法，逼急了，也可以。

3. 个别观众提出，小媳妇是否典型的问题，她似乎是极“左”路线的代表人物，分量是不是太重了。

两个戏的演员们的精神状态，都是相当好的。喜欢所演的戏和角色，基本上坚持了体验生活，从生活出发的做法，创造态度是严肃的、认真的。

我院初步考虑推荐获奖人员名单附后〈略〉。

北京人民艺术剧院（印）

1987.4.8

抄报：市委宣传部文化处、市政府文教办。

1985—1986年北京市新编剧目评奖和1986年度艺术评论评奖活动情况（稿）

（1987年6月）

一、此次85—86年新编剧目评奖于87年4月15日至5月15日进行，共有16台剧目参加了评奖。

二、评奖是在由文化局、文联共同邀请有关领导同志和专家组成的评奖委员会领导下进行的，最后报经六月份第一次文化局、文联联合办公会议批准。

三、共评出八项七十二个奖。

四、举行了86年度艺术评论评奖，共八〔九〕篇文章获奖。

附件：评奖结果

一、85—86年度新剧目评奖获奖名单：

北京市儿童艺术剧团：

《和月亮交谈的六个晚上》

演出二等奖

创作二等奖：欧阳逸冰
导演奖：李丁
优秀表演奖：李若君（饰冯二马）
表演奖：陈良友（饰吴世化）
李洁（饰徐一磊）

北京京剧院二团：
《梁红玉》
演出二等奖
创作二等奖：汪曾祺
导演奖：周仲春
音乐唱腔设计奖：陆松龄
舞美设计奖：张仲武
优秀主演奖：杨淑蕊（饰梁红玉）
配演奖：叶金援（饰韩世忠）
罗长德（饰金兀术）

北京京剧院五团：
《盘丝洞》
演出二等奖
导演奖：石宏图
优秀主演奖：张四全（饰孙悟空）
主演奖：叶红珠（饰黛珠）
配演奖：贾士铭（饰猪八戒）

北京京剧院四团：
《八珍汤》
演出三等奖
导演奖：徐玉川
优秀唱腔设计奖：李金根〔泉〕、孙殿国
优秀主演奖：赵葆秀（饰孙淑临）
优秀配演奖：赵乃华（饰春兰）

配演奖：李英俊（饰秋菊）

北京京剧院一团：

《情痴》

唱腔设计奖：何顺信、聂福玲

主演奖：闫桂祥（饰霍小玉）

配演奖：何金龙（饰黄衫客）

北京京剧院中心：

《婵娟误》

主演奖：温如华（饰吴彩凤）

配演奖：秦雪珍〔玲〕（饰袁镜花）

河北梆子剧团：

《一夜皇后》

演出三等奖

创作三等奖：李华

唱腔设计奖：张玉照、苏继宗、李作海、刘玉玲

舞美设计奖：穆舜君

优秀主演奖：刘玉玲（饰李凤）

配演奖：胡志成（饰李龙）

丁立树（饰朱厚照）

河北梆子剧团：

《羞月残花》

唱腔设计奖：陈晓芬、单志才、王晓一

主演奖：王凤芝（饰韦妃）

配演奖：付〔傅〕忆茹（饰柔福）

王淑惠（饰成珠）

李竹涵（饰田似总管）

北方昆曲剧院：

《活捉》

学习继承优秀主演奖：洪雪飞（饰阎婆惜）

学习继承优秀配演奖：韩建成（饰张文远）
《吕布》
学习继承主演奖：李〔刘〕国庆（饰吕布）
《窦娥冤》
主演奖：蔡瑶铣（饰窦娥）
配演奖：王小瑞（饰蔡婆）
《三上西天》
主演奖：张敦义（饰孙悟空）
配演奖：杨凤一（饰红鱼）
曹颖（饰黑鱼）

中国评剧院：
《凤仪亭》
主演奖：齐建波（饰吕布）
戴月琴（饰貂蝉）

北京曲剧团：
《夜与昼》
导演奖：周葆珍
作曲奖：戴一生
灯光设计奖：黄维妮
表演奖：甄莹（饰范丹妮）
海燕（饰文倩岚）
音乐伴奏奖：曲剧团乐队

中国木偶艺术剧团：
《八仙过海》
演出二等奖
导演奖：王子斌
舞美设计奖：张学濂
木偶设计奖：李宝芬、李聪、满书香、刘霁
表演奖：侯宪政（饰吕洞宾）

章泽民（饰蛇龙精）

北京皮影剧团：

《蚌壳姑娘》

舞美造型奖：王毅

表演奖：路联达（操纵明珠）

崔永平（操纵黄龙怪）

群声梆子剧团：

《宫女泪》

主演奖：宗桂芬（饰冯香罗）

配演奖：张巧云（饰石弘娇）

海淀评剧团：

《帝女花》

主演奖：张淑桂（饰长平公主）

配演奖：李金铭（饰周世显）

共八类七十二项奖。

二、八六年度艺术评论评奖

《塑造人物灵魂的艺术》 徐晓钟

《用韵文想》 汪曾祺

《社会主义戏曲艺术审美特征的发展趋向》 王蕴明

《反省》 林兆华

《新编历史剧的思考》 郭启宏

《一代人的思索和追求》 孙克

《如饮甘醇》 育生、宏韬

《戏曲需要“工程师”》 杨晓雄

《我对“玉堂春”的修改》 孙毓敏

共九篇

北京市文化局、北京市文联关于召开发奖大会情况的报告（稿）

（1987年6月）

繁荣创作　活跃评论
——北京市文化局、北京文联召开发奖大会

六月十七日，北京市文化局、文联召开发奖大会，为北京市85—86年度新剧目调演和86年度艺术评论评奖活动中获奖的集体和个人颁发奖状、获奖证书和奖金。同时，文化局分别对《红白喜事》《狗儿爷涅槃》《和月亮交谈的六个晚上》等演出超过百场的剧目，第四届梅花奖获得者王凤芝、李二娥、梁冠华和在工作中成绩显著的北京儿童艺术剧团团领导集体、北京曲剧团团长戴一生同志等进行了表彰。

这次评奖演出坚持了优质重奖、严格掌握、实事求是的原则，演出一等奖、创作一等奖空缺。儿童剧《和月亮交谈的六个晚上》、京剧《梁红玉》获演出、创作二等奖；京剧《盘丝洞》、木偶戏《八仙过海》、河北梆子《一夜皇后》、京剧《八珍汤》等分别获创作奖、演出奖；李丁、周仲春、石宏图、徐玉川、周葆珍、王子斌等获导演奖；李若君获优秀表演奖，杨淑蕊、赵葆秀、刘玉玲、洪雪飞等获优秀主演奖，赵乃华、韩建成获优秀配演奖；阎桂祥、王凤芝等三十五人获表演奖；此【外】，还评出音乐唱腔设计奖、舞美设计奖、音乐伴奏奖和舞台美术专项奖若干个。

参加调演的剧目有如下一些特点：在创作上以唯物史观和现代审美意识去观照历史，透视历史人物和生活，力求全方位、多视角地反映现实题材，深入开掘社会变革中人物的内心。在艺术上从综合艺术

的标准要求，重视导演的工作，演员注意突破程式，向人物性格贴近，编导演结合、音乐舞美协同，得到了文学性与舞台性、思想性与艺术性较和谐统一的舞台效果。

为了促进评论和理论队伍的建设，北京市举办了八六年度艺术评论评奖。徐晓钟《塑造人物灵魂的艺术》、汪曾祺《用韵文想》等九篇文章获评论奖。在评奖中特别提倡在理论与艺术实践之间、艺术品与欣赏者之间架起“桥梁”的文章，特别鼓励艺术家、作家的艺术总结和理论探讨。

1998年北京市
青年演员评奖演出史料

青年演员是艺术表演团体的新鲜血液，代表着艺术行业的未来，是艺术传承和持续吸引观众的关键力量。为检阅全市专业艺术表演团体各门类的跨世纪青年演员队伍，鼓励艺术竞争，激励青年演员奋发向上，推动表演艺术人才的培训工作，提高表演艺术水平，为首都舞台艺术的繁荣发展打下坚实基础，1998年1月2日至12日，北京市文化局和北京戏曲艺术发展基金会联合举办了“'98北京市青年演员评奖演出”活动。此次评奖演出共分为戏剧、器乐、舞蹈、杂技、声乐曲艺5个艺术大类，包括了京剧、昆曲、评剧、河北梆子、曲剧、儿童剧、木偶剧、民乐、管弦乐、现代舞、民族舞、杂技、马戏、声乐、鼓曲、快板等艺术形式，在15台剧（节）目中，汇集了市属剧院（团）、戏校、区属剧团、社会力量兴办的艺术表演团体的132名青年演员，反映出北京市专业艺术表演团体青年演员队伍的整体艺术水平和蓬勃向上的精神面貌。这次评奖演出活动也反映出了当时存在的一些问题，如有些艺术门类和剧种具有一定实力的青年演员严重短缺，或存在行当不齐、尖子演员不够的问题，有些青年演员的表演基本功不够坚实，有些单位对青年演员的培养工作不够重视，等等，这也为全市的艺术工作指明了方向。在这次评奖演出中获奖的青年演员，有很多都在此后的艺术道路上进一步成长，如北京京剧院的尚伟、杨少彭等，北方昆曲剧院的王振义、史红梅等，都已是当今舞台上的中坚力量。

本组史料包括北京市文化局关于举办青年演员评奖演出的

通知、活动方案、评奖细则、日程表、获奖名单、工作简报等，较为全面地反映了此次评奖活动的情况。

北京市档案馆藏，档号：164-3-2849。

——选编者　王海燕

北京市文化局
关于举办青年演员评奖演出的通知

（1997年10月10日）

京文艺［1997］621号

市属各剧院（团）、市各区县社会力量主办的艺术表演团体：

为提高我市专业艺术表演团体青年演员的艺术水平，检阅青年演员队伍，激励艺术竞争，推动青年演员培训工作，鼓励优秀青年演员奋发向上，我局决定于1998年1月上旬举办’97〔98〕北京市青年演员评奖演出。现将有关事项通知如下：

一、演出时间：1998年1月上旬。

二、演出方式：结合元旦、春节活动，以剧场公演的形式演出。

三、参赛条件：符合下列条件的青年演员均可报名参赛：

（一）凡市属专业表演团体和市各社会力量主办艺术表演团体中1962年2月1日以后出生的，正式调入聘用该单位的青年演员（演奏员）以及1997年内毕业并被剧院（团）正式聘用为演员的；

（二）职业道德良好，具有相当的业务水平；

（三）能够较好地完成演唱、演奏、舞蹈、曲艺等艺术形式的表演任务；

（四）能够在戏剧剧目（含折子戏、片断）中较好地完成主要角色的表演任务。

四、报名时间：1997年10月20日—11月20日止。

五、以剧院（团）为单位，报名参赛。

（一）报名所需材料：

1. 参赛者的自然情况及艺术简历；

2. 参赛剧（节）目及参赛演员所饰角色；

3. 所在单位推荐意见。

（二）凡本人曾经获奖的剧（节）目，此次评奖演出不得作为参赛剧（节）目。

六、参赛剧（节）目演出形式：

（一）戏曲、话剧、儿童剧、木偶剧以折子戏、片断或同时有多名青年演员担任主要角色的剧目参加演出；

（二）曲艺、杂技、马戏，以单项节目或集体节目参加演出；

（三）歌舞以独唱、重唱、独舞、双人舞、三人舞参加演出；

（四）器乐以独奏、重奏、协奏参加演出。参赛的声乐演员要演唱两支或两支以上的歌曲，演奏员要演奏两支以上的曲目。

七、此次评奖演出共分十三台举行，分配如下：

艺术品种台数：京剧三台 评剧两台 话剧两台（人艺、儿艺、木偶）歌舞曲艺一台 器乐一台 杂技马戏一台 昆曲一台 梆子一台 曲剧一台

八、此次评奖演出设青年演员、演奏员优秀表演奖；青年演员、演奏员表演奖；青年演员配角表演角〔奖〕；青年演员、演奏员集体表演奖；并在毕业未满三年的年轻演员、演奏员中择优设立“新人奖”。

九、此次评奖设立评奖委员会，由在表演（演奏）艺术方面有突出成就的专家及主管部门有关领导组成。根据“宁缺勿滥”的原则，制定评奖条例，以保证权威性、公平性、严肃性。

十、各单位应严格选拔，组台不得突破规定的演出台数，鼓励以创作剧（节）目参赛。

十一、市各社会力量主办的艺术表演团体申报的参赛人员及剧（节）目，由北京市文化局统一组织选拔赛，时间、地点、办法另行通知。

望各单位认真落实，在此次评奖演出中创造优异成绩。

北京市文化局（印）

一九九七年十月八日

’98 北京市青年演员评奖演出活动方案（稿）

（1997 年 12 月 1 日）

一、目的：为提高我市专业艺术表演团体青年演员的艺术水平，检阅青年演员队伍，激励艺术竞争，推动青年演员培训工作，鼓励青年演员奋发向上，培养跨世纪艺术人才，我局决定 1998 年元月 8 日举办’98 北京市青年演员评奖演出。

二、时间：1998 年元月 8 日至 1 月 16 日。

三、演出地点：长安大戏院、木偶剧场、青年宫。

四、组台形式：

A. 组台演出 9 台：京剧 2 台　京剧昆曲 1 台　昆曲 1 台　评剧 1 台　梆子 1 台　杂技 1 台　歌舞 1 台　器乐 1 台

B. 整台演出 4 台：《红与黑》《雪童》《海的女儿》《贬官记》

共 13 台。

C. 参加人数：京剧院 27 人　青年团 11 人　评剧院 9 人　梆子团 4 人　昆曲 8 人　木偶 7 人　歌舞曲艺 22 人　交响乐 9 人　现代舞 10 人　社办团 26 人（爱乐女、华云、海淀、燕山、首钢）杂技 30 人

预计 130 人。共计 163 人。

社会办团由选拔后参赛。

五、评奖方式及奖项：

分三个组进行评选：戏曲组　歌舞器乐组　曲杂木偶组

奖项：优秀表演奖 10 个　表演奖 10 个　组织奖 2 个

由中央及北京市各艺术门类的专家组成评奖委员会，评奖办公室设在局艺术处。

六、文化局根据剧（节）目组台，拟登演出广告，组织新闻单位

宣传。剧（节）目由局审核后，通知各剧院（团）向评奖演出办公室报送参赛剧（节）目单。

北京市文化局

一九九七年十二月一日

冯庆华拟

’98北京市青年演员评奖演出评奖细则

（1997年12月21日）

一、奖项设置

（一）奖项设置及数目

设立青年演员优秀表演奖：10名；

设立青年演员表演奖：10名；

设立组织奖：2名。

（二）奖项名额分配

此次活动共有各艺术门类的160余名青年演员参赛，根据各艺术门类参评青年演员的实力和数量比例，本着“宁缺毋滥”和选拔一流人才的原则，拟将“青年演员优秀表演奖”“青年演员表演奖”的名额分配如下：

“青年演员优秀表演奖”：戏剧6名；器乐2名；舞蹈1名；杂技1名。

“青年演员表演奖”：戏剧4名；器乐1名；舞蹈2名；声乐曲艺2名；杂技1名。

以上奖项的名额在某艺术门类中可以空缺，空缺的名额可补到其他门类中。

二、评奖委员会

拟设“’97〔98〕北京市青年演员评奖演出”各艺术门类分评奖委员会；

拟设“’97〔98〕北京市青年演员评奖演出”评奖终审委员会。

（一）两级评委会的构成

1. 各艺术门类分评委会

A. 戏剧评委会：由9名专家组成，工作范围包括：京剧、昆曲、评剧、河北梆子、曲剧、儿童剧、木偶剧；

B. 器乐评委会：由7名专家组成，工作范围包括：民乐、管弦乐；

C. 舞蹈评委会：由5名专家组成，工作范围包括：现代舞、民族舞；

D. 杂技评委会：由5名专家组成，工作范围包括：杂技、马戏；

E. 声乐曲艺评委会：由5名专家组成，工作范围包括：民族唱法、通俗唱法、鼓曲、快板等。

局机关、市属艺术表演团体的领导及演职员不担任评委，以上各艺术门类分评委会人员名单另附。

2. 评奖终审委员会

由北京市文化局主管局长及五个分评委会组长组成，共7人；由主管局长吴江同志任主任。评奖终审委员会名单另附。

（二）两级评委会的职权

1. 各分评委会按照评奖标准负责在工作范围内全部评选过程：打分、评议、投票；提出获奖者名单上报评奖终审委员会。

分评委会组长负责召集组织评委会的评选工作，并将本评委会的评奖意见向评奖终审委员会阐明。

2. 评奖终审委员会对各分评奖委员会的评选结果进行审议，并根据各艺术门类在“青年演员优秀表演奖”“青年演员表演奖”两个奖项的数目比例进行综合评议，最后决出此次评奖的结果。

评奖终审委员会对评奖办公室提出的“组织奖”名单进行评议，最后认定。

（三）评奖办公室

评奖办公室负责整个评奖活动的组织协调工作；负责两级评委会的服务、协调、文字处理、统计等工作；负责提出组织奖候选单位名单。

评奖办公室设在文化局艺术处。

三、评奖标准

（一）青年演员优秀表演奖

1. 具备成为本艺术门类全国一流人才的条件和素质（包括舞台形象、表演气质、个性、修养等），有一定的成熟度和发展潜力。

2. 对表演作品的思想、感情、风格、意蕴、韵律等有准确的理解、把握能力，有较高的塑造人物的表现力。

3. 有扎实的表演基本功，有娴熟的表演技巧，有本门类表演艺术特有的技术技巧质量。

（二）青年演员表演奖

1. 具备成为本艺术门类市级尖子人才的条件和素质（包括舞台形象、舞台气质），有一定的发展潜力。

2. 对表演作品的思想、感情、风格、意蕴、韵律等有一定的理解、把握能力，有一定的塑造人物表现力。

3. 有扎实的表演基本功，有较高的表演技巧，有本门类表演艺术特有的技术技巧质量。

（三）组织奖：该单位对组织工作重视、认真、严肃、规范、及时；获奖人员比例较大。

四、评奖程序、方法

（一）初评

由各分评委会评委根据评奖标准在观看剧场时为参评演员现场打分，打分办法如下：

1. 实行 10 分制，分数打到小数点后两位，最高分为 9.99 分，最低分为 9.00 分。

2. 参评演员平均得分在 9.70 分以上，可以进入分评委会的复评范围。

（二）复评

1. 分评委会在评议会上对平均得分 9.70 分以上的参评演员，参照舞台演出情况，在充分评议讨论的基础上，在奖项名额范围内，投票进行差额提名（预选）。

2. 在差额提名的基础上，以无记名投票的方式，评选出“青年演员优秀表演奖”“青年演员表演奖”。

3. 投票时以到会评委实有人数为准，票数过半者有效。

（三）议决

各分评委会将复评结果报评奖终审委员会议决、生效。

如遇某门类奖项名额空缺，由评奖终审委员会根据其他门类参评演员分数及得票情况综合评议，将空缺名额递补给其他门类参评演员。

（四）公布

评奖结果由评奖终审委员会通过文化局正式下发通知及新闻媒介公布。公布获奖名次的排列，以得票多少为序，得票相同者，以再次表决的数为序。

五、关于评委纪律

全体评委应本着严肃、公正、平等的原则，认真进行评选，维护此次评奖活动的权威性、严肃性，杜绝一切不正之风，对青年演员负责、对整个活动负责。

北京市文化局

一九九七年十二月二十一日

“’98北京市青年演员评奖演出”评委会日程表

（1998年1月2日至12日）

日期	时间	地点	演出剧目（节目）	评委会安排
2日	下午	青年宫剧场	儿童剧《雪童》	戏剧组审看
3日	上午	木偶剧场	木偶剧《鱼美人》	戏剧组审看
3日	上午	木偶剧场		戏剧组评议会
3日	晚上	朝阳剧场	杂技晚会	杂技组审看
4日	上午	青年宫小厅	民乐专场	器乐组审看
4日	下午	青年宫小厅	管弦乐专场	器乐组审看
4日	晚上	天地剧场	杂技晚会	杂技组审看
5日	上午	青年宫剧场（□□□或四楼会议室）		杂技组评议会
5日	上午	青年宫剧场（贵宾室）		器乐组评议会
5日	下午	青年宫剧场	现代舞专场《红与黑》	舞蹈组审看
5日	下午	青年宫剧场		舞蹈组评议会
5日	晚上	青年宫剧场	声乐、曲艺专场	声乐曲艺组审看，评议会
7日	下午	长安大戏院	昆曲折子戏专场	戏剧组审看
8日	下午	长安大戏院	评剧折子戏专场	戏剧组审看
8日	晚上	长安大戏院		戏剧组评议会
9日	上午	长安大戏院	梆子、曲剧折子戏专场	戏剧组审看
9日	下午	长安大戏院	评剧《贬官记》	戏剧组审看
10日	上午	局403会议室		戏剧组评议会
11日	上午	长安大戏院	京剧折子戏专场	戏剧组审看
11日	下午	长安大戏院	京剧折子戏专场	戏剧组审看
12日	上午	长安大戏院	京剧折子戏专场	戏剧组审看
12日	下午	长安大戏院		戏剧组评议会
12日	晚上	长安大戏院		戏剧组总评会

注：(1) 评议会时间：上午9：00，下午2：00；(2) 演出时间：上午9：00，下午1：30，晚19：00（青年宫），晚19：30（长安大戏院）；(3) 5日声乐曲艺组评议会、舞蹈组评议会在演出之后举行。

“'98青年演员评奖演出”参评演员名单

（1998年1月）

姓名	年龄	单位	学历	专业	剧目（曲目）
郭伟	19	京剧院	中专	京剧、青衣	锁麟囊
包飞	26	京剧院	大本	京剧、小生	忆十八
翟墨	19	京剧院	中专	京剧、老旦	八珍汤
张淑景	19	京剧院	中专	京剧、武旦	盗库银
吴燕	19	京剧院	大专	京剧、刀马旦	失子惊疯
刘涛	26	京剧院	大本	京剧、武生	界牌关
常秋月	18	京剧院	中专	京剧、花旦	活捉三郎
周璞	20	京剧院	中专	京剧、丑	活捉三郎
杨少彭	20	京剧院	大专	京剧、武老生	观阵
李剑	20	京剧院	大本	京剧、老生	吴汉杀妻
张丽媛	23	京剧院	大本	京剧、青衣	吴汉杀妻
曹曼	21	京剧院	中专	京剧、青衣	武昭关
韩冬柏	21	京剧院	大专	京剧、青衣	廉锦枫
康静	20	京剧院	中专	京剧、老旦	哭灵
孟蕊	19	京剧院	中专	京剧、武旦	火烧余洪
李红艳	30	京剧院	中专	京剧、武旦	梁红玉
王怡	28	京剧院	中专	京剧、刀马旦	黛玉葬花
徐小刚	26	京剧院	大专	京剧、武生	挑滑车
李冬杰	29	京剧院	大专	京剧、武丑	时迁盗甲
张大环	29	京剧院	大专	京剧、老旦	风雨同仁堂
李洪斌	28	京剧院	中专	京剧、武生	挑滑车
高彤	28	京剧院	中专	京剧、老生	南天门

续表

尚伟	27	京剧院	中专	京剧、青衣	廉锦枫
沈文丽	30	京剧院	中专	京剧、老旦	遇皇后
曾宝玉	30	京剧院	中专	京剧、小生	借赵云
和志莉	28	京剧院	中专	京剧、花旦	挡马
孙鹏	20	京剧院	中专	京剧、武丑	挡马
宋扬	26	戏校	大本	京剧、武旦	女杀四门
哈冬雪	24	梆子团	中专	河北梆子、武旦	扈家庄
蒋林燕	31	梆子团	中专	河北梆子、青衣	杜十娘
刘凤香	32	梆子团	中专	河北梆子、青衣	窦娥冤
白慧欣	31	梆子团	中专	河北梆子、武旦	昭君出塞
曹喜来	30	华云	中专	河北梆子、老生	徐策跑城
杨秀琴	30	华云	中专	河北梆子、青衣	三娘教子
赵贵臣	33	梆子团	中专	河北梆子、武生	小商河
朱明月	31	曲剧团	中专	曲剧、表演	夜与昼
卢雪文	31	曲剧团	中专	曲剧、表演	珍妃泪
韩剑英	28	评剧院	中专	评剧、武丑	闯关
安凤英	30	评剧院	中专	评剧、武旦	闯关
刘惠欣	34	评剧院	中专	评剧、青衣	拜月
王丽京	22	评剧院	中专	评剧、闺门旦	拜月
李春梅	28	评剧院	中专	评剧、青衣	斩娥
艾丽玲	30	海评	中专	评剧、青衣	谢瑶环
韩剑光	30	评剧院	中专	评剧、武丑	贬官记（边一笑）
王平	27	评剧院	中专	评剧、青衣	贬官记（张岫玉）
李妮	24	评剧院	中专	评剧、彩旦	贬官记（艾春兰）
刚毅	25	评剧院	中专	评剧、文丑	贬官记（王虚）
罗宁	32	评剧院	中专	评剧、武生	贬官记（李实）
丁晨元	22	北昆	大专	昆曲、武生	火烧裴元庆
王瑾	26	北昆	中专	昆曲、花旦	西厢记•佳期
马宝旺	35	北昆	中专	昆曲、文丑	扫秦
刘巍	26	北昆	中专	昆曲、武旦〔生〕	林冲夜奔
王振义	27	北昆	中专	昆曲、小生	哭像
史红梅	28	北昆	大本	昆曲、青衣	游园惊梦
邵峥	26	北昆	中专	昆曲、小生	游园惊梦

续表

温宇航	26	北昆	中专	昆曲、小生	拾画幽会
魏春荣	25	北昆	中专	昆曲、青衣	拾画幽会
王磊	24	木偶团	中专	木偶剧、表演	海的女儿：王子
李雅茹	23	木偶团	中专	木偶剧、表演	海的女儿：小人鱼
王镭	27	木偶团	中专	木偶剧、表演	海的女儿：海巫
沈萍	34	木偶团	中专	木偶剧、表演	海的女儿：小人鱼
关虎	34	木偶团	中专	木偶剧、表演	海的女儿：蛤蟆
蒋金芬	34	木偶团	中专	木偶剧、表演	海的女儿：四姐等
辛育生	35	木偶团	中专	木偶剧、表演	海的女儿：小海马
牛万鑫	33	儿艺	中专	儿童剧、表演	雪童：姥姥
恽桨峥	29	儿艺	中专	儿童剧、表演	雪童：雪童
张璐	31	儿艺	中专	儿童剧、表演	雪童：花籽
徐小莉	29	儿艺	中专	儿童剧、表演	雪童：小兔
张立新	30	儿艺	中专	儿童剧、表演	雪童：刺猬、姥爷
张晓君	33	儿艺	中专	儿童剧、表演	雪童：喜鹊
白卫红	29	北歌	大专	民族舞、独舞	版纳三色
杨维莉	29	北歌	大专	民族舞、独舞	雀之灵
林臻宇	24	现代舞	大本	现代舞、双人舞	小岛
王枚	20	现代舞	大本	现代舞、双人舞	圣母玛利亚
周俊乐	24	现代舞	大本	现代舞、双人舞	圣母玛利亚
滕爱民	33	现代舞	中专	现代舞、三人舞	谁看谁
施懿	28	现代舞	大本	现代舞、双人舞	神秘园的爱
汪洋	22	现代舞	中专	现代舞、双人舞	神秘园的爱
高艳津子	21	现代舞	大本	现代舞、群舞	红与黑
张媛媛	19	现代舞	中专	现代舞、四人舞	四喜
张少勇	32	曲剧团	中专	男声独唱、民族	唰啦啦的小雨、祖国知道我
杨茜	35	曲剧团	中专	女声独唱、民族	父老乡亲、在希望的田野上
袁迪	35	曲剧团	高中	女声独唱、通俗	爱江山更爱美人、白天不懂夜的黑
吴盈	26	曲剧团	中专	女声独唱、通俗	寂寞让我如此美丽、天空
梅丽	26	北歌	中专	女声独唱、通俗	五彩路、不能没有你
常宝	24	北歌	大本	女声独唱、通俗	青藏高原、昆仑
金山	28	北歌	中专	男声独唱、通俗	人鬼情未了、花街
王建华	29	燕化	大专	女声独唱、民族	海风阵阵愁煞人、欢欢喜喜过个年

续表

高靖	25	首钢	高中	女声独唱、通俗	青藏高原、说唱脸谱
兰琦	28	燕化	中专	女声独唱、通俗	青藏高原
刘燕	26	北歌	大专	女声独唱、民族	走进新时代、白毛女选段
韩小彤	24	北歌	大本	男声独唱、美声	祖国、慈祥的母亲、我爱五指山、我爱万泉河
李伟建	28	北歌	中专	相声	调个儿
武宾	29	北歌	中专	相声	调个儿
沈洋	30	北歌	中专	河南坠子	借迪迪
艾兵	31	京剧院	中专	京胡、独奏	正反西皮小开门、反二簧唱段
吴泽奇	22	曲剧团	高中	唢呐、独奏	打枣、一枝花
蒋文华	25	北歌	大本	二胡、独奏	秦腔主题随想曲、影调
赵太生	32	北歌	大本	三弦、独奏	十八板、边寨之夜
王建生	30	海评	高中	笙、独奏	
李孟蕃	27	北歌	大本	古筝、独奏	将军令、月儿高
高海洋	25	首钢	大本	管子、独奏	放驴、我的家乡沂蒙山
秦琅	25	交响乐	大本	小提琴、独奏	勃拉姆斯小提琴协奏曲
赵建平	25	交响乐	大本	玛林巴、独奏	圣歌
张韵	29	交响乐	大本	小提琴、独奏	莫扎特 D 大调协奏曲
熊国艺	24	交响乐	大本	小提琴、独奏	康戈尔德协奏曲一乐章
苑琪	25	交响乐	大本	大提琴、独奏	弗兰克大提琴奏鸣曲 A 大调
刘钢	17	中杂	中专	杂技、表演	耍花坛
姜丹	20	中杂	中专	杂技、表演	蹬伞
国勋	16	中杂	中专	杂技、表演	顶碗
梁峰	17	中杂	中专	杂技、表演	顶碗
王珏	14	中杂	中专	杂技、表演	顶碗
丁雷	27	燕化	中专	杂技、表演	鞭技
马伟燕	20	中杂	中专	杂技、表演	立绳
赵艺	21	中杂	中专	杂技、表演	立绳
王珏	14	中杂	中专	杂技、表演	滚杯
王迎	29	中杂	中专	杂技、表演	单车手技
刘钢	17	中杂	中专	杂技、表演	桌圈
吴勇	16	中杂	中专	杂技、表演	桌圈
杨洋	16	中杂	中专	杂技、表演	桌圈

续表

李小林	16	中杂	中专	杂技、表演	桌圈
顾海涛	18	中杂	中专	杂技、表演	桌圈
梁峰	17	中杂	中专	杂技、表演	桌圈
陈鹤	13	中杂	中专	杂技、表演	桌圈
伍正光	16	中杂	中专	杂技、表演	耍花坛
张杰	16	中杂	中专	杂技、表演	耍花坛
陈萌	16	中杂	中专	杂技、表演	耍花坛
石颖	18	中杂	中专	杂技、表演	蹬伞
石磊	33	中杂	中专	杂技、表演	隔壁戏
赵小飞	21	中杂	中专	杂技、表演	车技
罗欧	20	中杂	中专	杂技、表演	车技
张婉	17	北杂	中专	杂技、表演	晨练

一九九八年一月　　文化局艺术处

’98北京市青年演员评奖演出简报（第七期）

（1998年1月）

评奖办公室编

1月8日，戏剧组评委就昆曲折子戏和评剧折子戏两场演出进行了评议。参加评议的评委有朱文相、龚和德、安志强、苏移、逯兴才、梁倩、胡芝风、程式茹。

评委们认为，此次评剧折子戏的演出，在剧本改编、导演等方面存在问题突出，在一定程度上限制了演员的表演。评委们指出，以改编传统剧目参评的精神是好的，但应保留原剧目内容、形式等方面的精华，要充分发挥本剧种的优势，更应注意情理和基本常识。

评剧折子戏专场一个普遍而突出的问题是，表演技术和塑造人物以及内容不能很好地结合起来。这里有导演的问题，亦有演员自身文化修养和艺术实践的问题。另外，戏剧细节的合理化，也应引起编导、演员的重视，如《谢瑶环》服装的处理很不妥当，违背了“宁穿破、不穿错”的戏理；《斩娥送饭》法场上窦婆婆拿下窦娥的斩牌，这一情节是明显不合理的，违背了生活真实。演员在小节上亦应严格规范，如《闯关》中演员居然露出尼龙袜子。有些演员的化妆也要认真讲究些，水平也有待于提高。这些现象反映出艺术上的不够严谨。

评委们指出，此次参评的评剧演员今后不仅要注意舞台规范、人物形象塑造等的问题，还要在唱、做等基本功上进一步下功夫。有评委建议在演唱发音等方面，剧院可外请一些教师进行科学的发声训练，在表演、身段等方面可以向昆曲、京剧等剧种学习。

评委们认为，此次昆曲折子戏专场的演出相对较好，就整体而言，生行较之旦行更为突出，尤其是小生王振义进步显著，令人瞩目。邵峥与温宇航，前者扮相较好，表演也到位，演唱略逊后者；后者表演沉稳，演唱细腻，气质扮相稍逊前者。刘巍的表演生气勃勃，感情始终贯彻投入，但在表演上还须再琢磨。

此次昆曲折子戏反映出的问题是，演唱南昆的痕迹较重，自己的风格没有很好的保存和体现。有的演员欠深刻细腻，表演失准确，如史红梅在表现杜丽娘“伤春”与“怨春”时，忽略了二者微妙差异，艺术处理还应再细致些。评委们强调，昆曲青年演员应充分感悟体现出昆曲的古典意韵和特有的表现手段，并加强学习和舞台实践，以进一步提高演出的水平和质量。

北京市文化局艺术处关于推荐北京京剧院、河北梆子剧团荣获'98青年演员评奖演出组织奖的请示

（1998年2月24日）

局领导：

在我局和北京市戏曲艺术发展基金会共同举办的'98青年演员评奖演出活动中，北京京剧院和市河北梆子剧团在组织工作中表现突出：

北京京剧院对此次活动非常重视，专门成立了领导小组，书记院长挂帅，在赛前，认真地进行了青年演员选拔赛，并周密细致地做了组织宣传工作，节目单制作考究；在演出中认真组织观众，演出结束后组织院内评委进行赛后讲评。由于他们的高度重视，在评奖演出中成绩突出，获奖人数名列前茅，四名获优秀表演奖，一名获表演奖，四名获提名奖。

北京市河北梆子剧团，在演员短缺、经费困难的情况下，认真对待青年演员评奖演出工作。他们精心安排剧目，并在赛前组织了选拔赛，虽然经费有限，但该团自己制作节目单，上报演员参赛的有关材料及报表规范及时。在此活动中，一名获表演奖，一名获提名奖。

北京京剧院与北京市河北梆子剧团，在'98青年演员评奖演出活动中，认真执行北京市文化局[1997]（第621号）通知精神，在组织工作中，表现突出，根据北京市文化局"关于'98北京市青年演员评奖演出评奖细则"中规定的"组织奖"的评奖条件，我处特推荐以上两个单位荣获'98北京市青年演员评奖演出组织奖。

妥否，请领导批示。

艺术处

一九九八年二月二十四日

关于召开北京市1997年度艺术生产表彰会暨“’98北京市青年演员评奖演出”颁奖会的通知

（1998年3月3日）

市属各艺术表演团体：

1997年我市的艺术生产取得了显著成绩，一批新剧（节）目、电影作品、主创人员、演员在国内外大型艺术类赛事上获奖，为北京市争得了荣誉。于元月中旬举办的“’98北京市青年演员评奖演出”推出了一批青年表演艺术人才，评出优秀表演奖10名、表演奖10名、提名奖10名。为了促进市属单位在艺术生产方面再上新台阶，鼓励艺术工作者再创新成果，经研究决定，拟召开北京市1997年度艺术生产表彰会暨“’98北京市青年演员评奖演出”颁奖会。现将有关事宜通知如下：

一、时间：1998年3月10日（周二）14：00

二、地点：市青年宫小剧场（西城区南小街68号中国少儿活动中心东侧）

三、参加会议人员

1. 市委、市政府、文化部艺术局、局领导、北京市戏曲艺术发展基金会领导。

2.1997年在“文华奖”“华表奖”“金鸡奖”“曹禺文学奖”和在国际杂技比赛中获奖的单位及个人，1997年度新剧（节）目演出超百场的单位，'98 北京市青年演员评奖演出中获奖的演员。

3. 市属院团党政一把手、业务负责人、主创人员、演职员代表。

四、要求

1. 请获奖单位和个人于当日 13：15 准时到达会场。

2. 其他参会人员须于当日下午 13：45 到会，凭票入场，不对号。

五、其他事项

1. 为保障颁奖大会顺利进行，请各单位领导接本通知后按分发的票数认真组织安排本单位人员参加。

2. 获奖单位的颁奖代表和个人持请柬入场；获奖人员因特殊情况不能出席颁奖大会，该单位领导应派人代领并须提前向局艺术处说明原因。

3. 会后观摩电影：《爱情麻辣烫》（国产）、《好事成双》（美国）

附：1.1997 年度北京市艺术生产获奖名单〈略〉

2.1998 年北京市青年演员评奖演出获奖名单

北京市文化局

一九九八年三月三日

附："'98 北京市青年演员评奖演出"获奖名单

（共三十人）

优秀表演奖：王　枚（现代舞）　刘　涛（京剧院）

赵太生（北歌）　尚　伟（京剧院）

国　勋（中杂）　杨少彭（京剧院）

韩剑光（评剧院）　张大环（京剧院）

王振义（北昆）　宋　扬（戏校）

表演奖名单：高艳津子（现代舞）　汪　洋（现代舞）

蒋文华（北歌）　刘　燕（北歌）

姜　丹（中杂）　艾　兵（京剧院）

赵贵臣（梆子团）　　史红梅（北昆）
恽桨铮〔峥〕（儿艺）　　刘惠欣（评剧院）

提名奖名单：周俊乐（现代舞）　　张　璐（儿艺）
刘凤香（梆子团）　　杨秀琴（华云）
温宇航（北昆）　　刘　巍（北昆）
王　怡（京剧院）　　张立媛（京剧院）
包　飞（京剧院）　　韩冬柏（京剧院）

组织奖名单：北京京剧院
市河北梆子剧团

北京市文化局文化工作简报（第2期）

（1998年3月3日）

文化局举办“’98北京市青年演员评奖演出”

为检阅我市专业艺术表演团体各门类的跨世纪青年演员队伍，鼓励艺术竞争，激励青年演员奋发向上，推动表演艺术人才的培训工作，提高表演艺术水平，为首都舞台艺术的繁荣发展打下坚实的基础，由北京市文化局和北京戏曲艺术发展基金会举办的“’98北京市青年演员评奖演出”于1月2日至12日举行。

举办青年演员评奖演出，是我局推出表演艺术尖子人才，促进青年演员培养工作的重要举措。在历次青年演员评奖演出中涌现出的优秀表演艺术人才，经过进一步的培养和舞台艺术的实践，大多成为本单位的艺术生产和演出的中坚力量，有的在新剧（节）目中担任主演，有的荣获“梅花奖”“文华表演奖”“梅兰芳金奖”等国家级最高表演奖，在全国产生影响。距上一届评奖演出四年之后，面临世纪之交，在深化艺术表演团体改革、呼唤艺术人才大批涌现和尖子人才脱颖而出的形势下，针对35岁以下的、特别是近年来从各艺术院校毕业走上舞台的青年演员，举办这项活动，有着重要的现实意义。

此次青年演员评奖演出，得到了局党组、基金会和各剧院（团）领导的重视和支持，在岁末年初经费紧张的情况下，局里挤出专款为演出支付场租和评奖的工作费用，局领导亲自到演出现场看望鼓励参评演员。作为评奖办公室的局艺术处，在吴江副局长的带领下，在整个活动的组织协调工作中努力做到精心组织、周密安排、认真服务。为了保证青年演员在演出中发挥出应有的水平，许多剧院（团）在繁忙的演出中，调集人力物力专门为青年演员参评安排剧（节）目，组织排练和选拔。北京京剧院还由院长、书记亲自挂帅成立了领导小组，对参评演员和剧目进行反复筛选，对每一个环节严格把关。广大青年演员更是把参加评奖演出看做是一次机遇和挑战，精神振奋，积极参与。

此次评奖演出是历次活动参加人数最多、艺术门类最多的一次。在15台剧（节）目中，汇集了市属剧院（团）、戏校、区属剧团、社会力量兴办的艺术表演团体的132名青年演员。其中戏剧演员（含戏曲、儿童剧、木偶剧）70名，器乐演员12名，舞蹈演员10名，杂技演员25名，声乐曲艺演员15名。参评演员平均年龄25.4岁，大专以上学历的有33名，占全部参评演员的25%，中专学历的有95名，占参评演员的72%。演出的剧（节）目既有整台由青年演员主演的新剧（节）目，有各剧种传统的代表性剧目，有经演出的反复磨炼深受观众欢迎的保留剧（节）目，还有在国际赛事上获奖的节目。这些参评的青年演员和他们表演的剧（节）目，反映出北京市专业艺术表演团体青年演员队伍的整体艺术水平和蓬勃向上的精神面貌。

此次评奖演出具有广泛的参与性。从深化艺术表演团体改革的形势出发，从实际出发，改变观念，打破惯例，除11个市属剧院（团）正式在编的青年演员参评外，聘用的演员、区办剧团、社会力量办团的青年演员也被吸纳进来，给了他们一次与国有剧团、正式在编人员公平竞争、学习提高的机会。经过局艺术处组织有关专家进行预选，来自北京杂技团、海淀评剧团、首钢艺术团、燕化艺术团、华云艺术团的10名演员参加了戏剧、杂技、声乐、器乐的组台演出；北京现代舞团、北京歌舞曲艺中心、北京河北梆子剧团、北京曲剧团的外聘演员也参加了评奖演出。其中有的演员在评奖中脱颖而出，显示出一定的艺术实力。

严格选拔各艺术门类具有全面素质和艺术实力的跨世纪的尖子表演人才，推动今后青年演员培训工作的开展，是此次评奖工作的主旨。为使评奖活动具有权威性、严肃性、公正性，文化局特聘请中央有关单位的专家、教授组成各艺术门类的评奖委员会。在评奖过程中，全体评委本着严肃、公正、平等的原则，本着“宁缺毋滥”和选拔一流人才的原则，从具备成为本艺术门类全国尖子人才的条件和素质，对表演作品有较强的理解、把握能力和表现力，有扎实的表演基本功及有本门类表演艺术特有的技术技巧质量这三个方面的要求，认真进行了评选。经过现场打分、复议、议决，评委会评出“青年演员优秀表演奖”10名，“青年演员表演奖”10名，“青年演员提名奖”10名。(获奖名单另附。）评委们以对青年演员负责、对整个活动负责的精神，不仅评奖，而且每场演出之后进行认真的“讲评”，从素质培养、剧目选择、艺术表现等众多方面指出参评演员的优长和不足，以及今后努力的方向。评委们在“讲评”中还对文化局及各剧院培养青年演员的工作提出了许多中肯的建议，这些“讲评”意见和建议由艺术处整理成评奖简报传达到各单位。

通过举办“’98北京市青年演员评奖演出”，检阅了北京市专业艺术表演团体中各艺术门类青年演员的艺术实力，使人看到二十一世纪首都舞台艺术的希望，取得了可喜的成果。主要表现在以下三个方面：首先，在戏剧、舞蹈（现代舞)、杂技等门类不仅人才济济，而且涌现出刘涛、宋扬、王枚、国勋【等】一批具有表演功底扎实、艺术素质较全面，在全国同类演员中具有相当竞争实力的尖子人才；其二，有些四年前获过奖的青年演员，如北昆的王振义、京剧院的尚伟等，在表演艺术水平上有较大的提高，在学习和演出实践中逐渐成熟起来；其三，近年来市属剧院（团）在《贬官记》《风雨同仁堂》《雪童》等新剧目的创作演出中，由于大胆启用像韩剑光、张大环、恽浆〔桨〕峥等一批青年演员担纲主演，培养锻炼了他们塑造艺术形象的能力，在“出人出戏”方面取得明显的成绩；其四，在青年演员队伍中，增添了许多新人，呈现出一个新的梯队，不仅使市属剧院（团）的表演人才后备队伍有了后劲，也为人才的培养和使用提供了选择性、连续性。

此次评奖演出，同时暴露出我市青年演员队伍和剧院（团）在培养人才中存在的问题。一、有些艺术门类和剧种具有一定实力的青年演员严重短缺，甚至出现断档，现有人员水平亟待提高，如声乐、曲艺、民族舞、器乐、曲剧等，这种状况如不改变，将严重制约剧院（团）的生存和发展，应引起各级领导的高度重视。二、有些戏剧院（团）虽然【现】在能够展示出一批青年演员的阵容，但普遍存在行当不齐、尖子演员不够的问题。三、尽管有些青年演员的表演基本功不够坚实，“重技轻艺”的现象仍是参评青年演员中普遍存在的问题，反映了在人才培养方面的偏颇。四、有些单位对青年演员的培养工作不够重视，排练演出管理不严，艺术上没有质量要求，演员表演台风稀松、随意，反映出平时领导对青年演员的思想教育、业务训练等工作抓得不够。

此次评奖演出的最终目的是推动我市市属艺术表演团体青年演员的培训工作，为此，局艺术处将针对此次活动展示的人才状况、暴露出的培养人才方面的问题，会同各剧院（团）切合实际、有的放矢地制定出下一步人才培养计划，并当做 1998 年全局艺术工作的重点去实施，以完成举办此次评奖演出的根本任务。

附：“’98 北京市青年演员评奖演出”获奖名单〈略〉

艺术创作　传承创新

1949—1959 年
北京市曲艺创作十年工作总结

曲艺是中华民族的传统艺术形式，由民间口头文学和歌唱艺术长期发展演变而成，主要说唱历代英雄故事、人民的生活和斗争，深受劳动人民喜爱。北京地区流行的曲艺形式主要有评书、相声、京韵大鼓、北京琴书、单弦等，在清末民初曾极为繁盛，但民国时期曲艺艺术日趋衰落。1949 年后，在中国共产党领导下，北京曲艺进入了一个全新的时代，学唱新曲艺，改革旧曲艺，使北京曲艺焕发新生。

本件档案是北京市文联关于 1949 ~ 1959 年市曲艺创作十年工作总结，反映了新中国成立后的十年间，北京市的曲艺创作蒸蒸日上、日益繁荣，出现了不少好作品，发挥了为社会主义革命和建设服务的作用。

北京市档案馆藏，档号：164-1-39。

——选编者　王　星

北京市文联关于1949～1959年市曲艺创作十年工作总结

（1959年）

一、曲艺从衰落到新生

曲艺是一种具有悠久传统的说唱艺术，是从农村中的叙事民歌的基础上发展起来的，说唱历代英雄故事、人民的生活和斗争，所以深受劳动人民喜爱。北京市流行的曲艺形式就有评书、相声、京韵大鼓、单弦和河北、河南各地流传来的各种大鼓、坠子等十几种，在清末民初期间曾经极为繁盛，出现过不少有创造性的曲艺演员，提高了曲艺演唱艺术。

在旧社会里，曲艺是被统治阶级歧视的，曲艺演员是最低下的职业。同时，曲艺演唱的内容也是精华与糟粕并存。有一些封建文人借编写曲艺唱词为消遣，传播封建道德观念。这些作品也曾流入曲艺演出场所。曲艺演员也多半是市民阶层出身，熏染着市民意识和趣味，使很多富有人民性的曲艺节目如《蓝桥会》《独占花魁》等，蒙上了低级趣味、色情的灰尘，相声里更有不少公开诲淫和嘲弄劳动人民的节目，在天桥一带演出，评书里也出现献媚敌伪的《雍正剑侠图》等节目。

抗战胜利后，国民党卷土重来统治北京，他们带来了美国的颓靡文化和黄色歌曲，来麻醉人民。有些曲艺演员为了趋鹜时尚，深受这种半殖民地文化的影响，把黄色歌曲和嗲声嗲气的话剧腔带进相声里来，引人一笑。荒诞的用美国电影和黄色影片名字穿插起来的《影迷离婚记》这样的相声节目竟然风行一时，就是这种半殖民地文化影响下的标准作品。

封建文化、半殖民地文化不断腐蚀、败坏着曲艺艺术，使它日益脱离劳动人民，成为资产阶级、小市民的娱乐品。虽然曲艺中间还保留着一些优秀的传统节目，有一些正直的演员也利用曲艺形式讽刺、打击过敌人，但是，瑕瑜混杂，糟粕充斥，在北京解放以前，曲艺艺术终于日趋衰堕，不少著名演员改了行，或是流落外地。

1949 年 2 月，北京和平解放，成为人民的城市。第一次全国文学艺术界代表大会在北京召开以后，有不少解放区作家留在北京工作，他们带来了解放区曲艺改革工作的经验和解放区的新曲艺作品，象《考神婆》《大生产》等革命内容的唱词，给曲艺演唱内容增加了革命血液。这些新节目经曲艺演员演唱出去以后，都很受工农群众的欢迎。

由作家赵树理、王亚平、马烽、苗培时等倡导，在中国文联的指导和中国共产党北京市委员会直接帮助下，于 1949 年 10 月建立了一个群众性文艺团体“北京市大众文艺创作研究会”，团结了北京从事大众文艺活动的新旧文艺工作者和演员，促使文艺为人民服务。这个会深切地关心了曲艺的改革和创作，与中国曲艺改进协会筹备会共同在新民报上编辑《新曲艺》周刊。这个周刊从 1949 年 10 月到 1952 年 9 月出版了 149 期，发表了 300 多篇新曲艺作品和一些评论文章，还共同组织了“新曲艺广播小组”，每天在广播电台播送新曲艺节目，并创办了以发表曲艺作品为主的《说说唱唱》月刊。这些活动，在北京解放初期，都促进了曲艺改革工作，发动了文艺工作者和工农业余作者参加曲艺创作。同时，北京市文教局文艺处举办了“戏曲艺人讲习班”，组织演员学习革命的道理，树立新人生观，帮助演员学文化，学政治，曲艺演员的政治觉悟逐步提高，认识到自己是新社会的文艺工作者。多数都热情地学唱新曲艺，改革旧曲艺，封建、买办文化盘踞曲艺阵地的现象才逐渐消失。

1950 年，毛主席对戏曲工作提出了“百花齐放、推陈出新”的方针，使曲艺改革工作得到更为明确的方向，促进了曲艺创作的日益繁荣，使曲艺成为为工农兵服务的文艺形式之一种。

二、十年来曲艺创作的收获

建国十年来，北京市的曲艺创作是蒸蒸日上、日益繁荣的。尤其是解放初期历次社会改革、政治运动中间，都出现过不少好的作品，起到了文艺的宣传作用。人们把曲艺称为文艺尖兵，称道它反映现实迅速及时，善于配合当前的政治斗争和生产斗争，鼓舞、教育人们不断前进。

1. 北京解放初期的曲艺创作

北京解放初期，不少解放区作家来到北京。他们创作了不少反映共产党领导人民对敌人进行英勇斗争的革命事迹的曲艺作品。如史若虚写的《飞夺沪〔泸〕定桥》《三勇士推船渡江》、王尊三写的《女儿英雄王桂香》、马烽写的《周支队大闹平川》、苗培时写的《董存瑞舍身炸碉堡》《王银生带路取北峰》、马紫笙写的《二十斤米》等，描写了从长征时代到抗日战争、解放战争中间的英雄事迹；王亚平的用寓言体写的《百鸟朝凤》《打黄狼》，表现了人民团结一致，提高警惕来进行对敌斗争的声势。这些作品当时经常演唱，接近了广大的城市人民，启发了人们的觉悟，鼓舞了人们解放全中国的信心。这些作品继承发展了曲艺的歌颂英雄人物的传统，有的运用了民间文学的素材加以创造，内容又都是人们喜欢听的革命故事，所以很受群众喜爱。

赵树理写的《石不烂赶车》是这时期的一篇优秀的说唱作品。它描写了一个老农民向地主斗争而历尽苦难，终于在党的领导下得到反〔翻〕身的故事，反映了解放区农民反对封建主义的斗争。故事情节凄楚壮丽，感人深切。作品以它结构的严整、情节剪裁的简练、人物形象的钩勒鲜明、语言的简洁明快见长。可以看出，赵树理同志把他特有的纯朴的艺术风格带到曲艺作品里来，而且对曲艺的艺术特征有深刻的理解，善于根据作品主题本身的要求来处理结构，选择富于表现力的情节，使作品在艺术上具有独特的风格。这篇作品给曲艺创作开辟了一个新的境界，足以说明曲艺不是低级艺术，作家的艺术才能在这种艺术形式里同样可以找到广阔的表现场所。同时，这篇作品对于以后的曲艺创作也起着相当深远的影响，不少业余曲艺作者从中得到不少启发，学习到了怎样创造性地运用曲艺形式表现新人新事的艺术方法。

北京成为人民的首都以后，党和政府提出了“变消费城市为生产城市”的号召，城市的社会风气和城市人民对生产劳动的认识，都在经历着根本性的变革，北京开始进入一个新的人民的时代。曲艺创作在这方面也有不少作品，反映了城市人民建设首都的生产斗争和精神面貌的变化，如老舍写的《生产就业》、杜澎写的《双改行》，反映了一些旧社会从事寄生职业的算卦先生、三轮车夫走上生产岗位的故事。有不少作品直接描写了工人、农民在生产斗争上的主人翁的精神，如王彭寿写的《测量拒马河》《老侯哥》、沈彭年写的《百辆电车英雄赞》、杜澎写的《小两口下地》等，歌颂了工农当家作主以后，努力生产劳动，不怕困难的精神面貌。这中间一些作品，第一次把工人阶级的形象写进曲艺作品里去，反映了解放初期工人阶级站在阶级斗争、生产斗争最前列的英雄面貌，到今天读起来仍然是新鲜、生动的。

在这时期里，杜澎在曲艺创作上是最努力的，他的作品曾经受到广泛的欢迎，流传到全国各地。他的作品，如《小两口下地》《双改行》《城乡乐》等，生动地勾画出人民翻身作主以后的精神面貌，具有鲜明的时代色彩和新颖的艺术风格。在艺术特色上，可以看出他继承了曲艺艺术传统中健康的幽默、乐观的情感。这种情感在传统曲艺作品里，是以人民的对生活、斗争的执着的胜利信心，对统治阶级卑视的优越感为根柢而表现出的现实主义精神。杜澎的曲艺创作，抓住了它，又以新的现实生活内容给以充实，表现了人民建设新生活、改变旧思想的健康愉快的精神面貌；他的幽默的笔致，渲染了人民的乐观精神，给人以轻松活泼的感染。他的作品所表现的内容和富于风□的艺术手法，都是和人民的感受、情绪合拍的，所以深受群众的欢迎。

在反对封建婚姻制度、配合新婚姻法的宣传方面，也有不少好的作品出现，如王尊三写的《两情愿》，表现了农村妇女对民主的婚姻制度的追求和斗争；侯宝林、孙玉奎写的相声《婚姻与迷信》、孙玉奎等集体创作的相声《结婚与离婚》，彻底批判、嘲笑了封建婚姻制度的落后、迷信与蛮野的行为。王亚平以诗人笔触改写的神话故事《张生煮海》，发挥了诗意的想象和夸张，使作品罩上一层优美的抒情气氛，使人从这个神话故事中认识了中国人民追求自由婚姻的愿望。他改写的《蓝桥恨》《黑姑娘》，也从不同角度，表达了同样的主题，具有强烈的艺术力量。

曲艺改革工作在演唱方面出现一些新的优秀节目，取得一些成就以后，也刺激了相声的改进。相声是属于“说”的曲艺艺术，虽然有不少传统节目，但是在内容上，多半受着市民意识和趣味的影响，有不少侮弄劳动人民的噱头和低级趣味。为了改进相声艺术，使它为工农兵服务，曲艺演员组织了“相声改进小组”，做了不少有益的工作。他们对相声传统节目做了分析研究，选择了一些基础较好的作品进行整理、重写，并广泛联系曲艺作者和工农业余爱好者和他们合作，创作、改编了一些相声作品，开始改变了相声演出的面貌。

老舍以作家特有的幽默风格，扶植了相声改进工作。他编写的相声《假博士》《维生素》等，发展了相声的幽默题材，开了后来歌颂题材的相声作品的先声。

2. 抗美援朝运动期间曲艺创作的丰收

抗美援朝运动，在人民对帝国主义的斗争和阶级斗争的觉悟方面，有深刻的教育作用，动员组织了各阶层人民投入了斗争的前方和后方的工作。在这个运动里，曲艺工作者进行了积极的活动，掀起了一个曲艺创作的高潮，运用艺术武器打击敌人、教育自己。北京市文联组织了创作队伍，写出了大量的宣传作品，向各报刊推荐了抗美援朝宣传材料，其中曲艺作品占很大比重，如推荐在《人民日报》发表的王明希的唱词《渔夫恨》，起了很大影响。这篇作品以诗的激情表达了中朝边境渔民对美帝挑起战争的控诉和憎恨，歌唱了人民正义的气概，曾被各地改编成各种戏曲形式来演唱。杜澎的牌子曲《四枝枪》，借寓言形式表达了人民对美帝国主义的仇视，和战胜敌人的信心。席香远等写的相声《如此美国》，运用讽刺的笔法，揭露了美帝外强中干的窘相。老舍的相声《家庭会议》，使人从群众的日常生活里，看到人民对反击美帝的乐观态度和保卫和平生活的信心。另外，如杜澎、宋哲生写的《一封挂号信》《九婿拜寿》等，反映了人民支援前线、加紧建设的心情。有些根据朝鲜通讯改写的志愿军英雄事迹的曲艺作品，如《杨国强坚守飞虎山》等，也使人得到一定的鼓舞。

1951年3月至6月间，北京市一部分曲艺演员参加了中国人民赴朝慰问团的工作，到朝鲜前线慰问了志愿军和朝鲜人民军，为他们在前沿演出，使演员受到很大教育。演员们也在志愿军、人民军中收集了不少素材，着手创作了不少歌颂中朝人民抗击侵略的英雄事迹的曲艺作品，如顾荣甫、尹福来写的《金胜云打飞机》，魏喜奎写的《女功臣王颖》《朝鲜女英雄赵玉姬》，关学曾写的《共产党员姜士福》，侯宝林、孙玉奎写的《飞虎山》等，都受到前线战士和后方人民的欢迎。

留在北京的曲艺演员，也以积极行动进行抗美援朝宣传工作，下街头，下农村、工厂去演出；在电台演播曲艺的一些演员互相挑战，连续演唱了二十多天反映抗美援朝运动的新曲艺作品。著名演员荣剑尘还亲自写了《鸭绿江上仇》《志愿军赞》等作品经常演唱，谭凤元编写了《四个活饭桶》《二勇士打坦克》等作品，都受到听众的欢迎。

不少反映志愿军英雄事迹的曲艺作品，由于内容感人至深，而流传到现在，成为群众喜爱的保留节目，如经过中央广播说唱团整理的京韵大鼓《黄继光》《罗盛教》和西河大鼓《邱少云》等仍然经常演出，使听众不断从这些英雄故事里得到鼓舞。这些保留节目里，尤以王桂山、刘学智写的山东快书《一车高粱米》和梅门造、杜澎写的牌子曲《青年英雄潘天炎》两篇，是其中坚实的力作。这两篇都是部队文艺工作者与曲艺作者合作的优秀作品，比较深刻地描绘了志愿军战士的英雄形象。《一车高粱米》塑造了两个英勇、机智的战士形象，同时描画出美帝侵略军官兵的怯懦无能。作品通过巧妙的结构，表现了部队司机在极为危险的处境中，运用机智，以一车高粱米俘回一车美国官兵的传奇般的故事。《青年英雄潘天炎》描绘了一个青年战士坚守阵地数次打退敌兵的英勇豪迈的气概，在刻画人物精神面貌上鲜明生动。这两篇作品，在思想性、艺术性方面都有优异的成就。

侯宝林、孙玉奎写的相声《一贯道》，也是这时期创作的一篇优秀作品。它配合了镇压反革命、反动会道门的政治运动，揭露了反动的“一贯道”利用人们的迷信心里〔理〕进行反革命活动的恶毒手段，同时，对落后人物的迷信心里〔理〕，进行了恰当的讽刺。作品充分发挥了相声的艺术特征，和相声语言的准确、简练，富于表现力的特点。

3. 社会主义建设时期的曲艺创作

随着我国经济建设的飞跃发展，工农群众物质、文化生活的提高，曲艺日渐深入群众中去，受到广泛的热爱，同时，人们要求它能更为迅速及时地反映现实生活，鼓舞他们斗争、建设的热情。这种要求，激励着曲艺作者熟悉群众的生活，提高思想认识和艺术技巧，写出了不少优秀作品。在进入社会主义建设时期以后，曲艺创作在反映现实生活的广泛和深刻，以及艺术技巧上都有了普遍的提高。

农业合作化运动，在农民生活中引起了深刻的变化。杨学凡写的《陈玉娥入社》、王决写的《火老鼠》，都写出了农民对农业合作化的认识和积极入社的行动。王澍、章明、赵兴堡写的《三换春联》，比较深刻地反映了农业合作化的深远影响。它描写了一个单干的老中农，由于自己是生产的老把式，不相信农业合作化的优越性，要在生产上和新建立的农业社竞赛，在三年中由胜到败，终于参加了合作社。作品描写人物性格鲜明突出，故事情节也富于说服力，时代气息极为强烈。左邻写的《金铃段》反映了农业合作化以后人们新的思想和精神面貌。它描写了一个农村姑娘想到城市里去找对象，成立了高级社以后，改变了认识，热爱上新的农村。作品通过爱情的波折，细腻生动地描画了人物的性格和心理状态，语言结构清新活泼，显示了作者寻求新颖的艺术手法的努力。这两篇不同的作品，给新的农村面貌勾画出一幅时代的轮廓。

反映工人阶级在建设社会主义劳动中间的精神面貌的作品多起来了。反映他们在生产斗争中的忘我劳动、先进与落后的矛盾斗争等题材，出现了不少优秀作品。

沈彭年写的《宋秋菊学徒》《一匹布》、许多写的《老杨开车》《陈工长与老八千》、李士勤写的《车场相会》等，都表现了工人对生产劳动的严肃认真态度，他们努力学习先进，克服落后，勇于负责，绝不苟且，而且互相教育、帮助的品质。

杜澎写的《双窝车》、许多写的《娘儿俩到工地》，都反映了工农关系的密切。《双窝车》写一个有狭隘的本位思想的老农民，从一个支援农村建设的司机工人得到教育，认识了自己的错误。《娘俩儿到工地》写母女到工地里探望未婚的女婿，从中表现了工农联盟的重要，描写了正确的爱情关系。这两篇在表现社会主义的新人的精神品质上，都描写得丰满、细致，而且故事情节曲折多姿，引人入胜。

讽刺题材的相声作品，在这时期得到很大的发展。由于劳动人民建设社会主义的热情洋溢，他们不能容忍落后事物的危害。相声作者体会到人们的心理，从生活中挖掘出各种残存的旧思想意识，加以讽刺批判，创造了不少具有一定的社会意义的相声作品。

侯宝林写的《医生》讽刺了粗心大意的医生，不顾病人的安全。作品结构简练，富于夸张的艺术想象力，为群众所乐闻。冯不异、孙秀汶的《住医院》讽刺了一个损公利己的干部，利用公费医疗制度，冒领贵重药品，损害国家资财的行为。工人王国祥写的《飞油壶》，批判了一个经常违犯劳动纪律的工人，《壶、鸡蛋》描写了一个工业工人从单干到参加合作社的遭遇。他的作品是对落后人物的一剂纯朴温和的苦口良药。他挖掘人们身上和新的生活不相协调的旧思想意识，用启发、诱导他们摆脱这种影响的方法，鞭策他们前进。

另外，如郎德丰等集体创作的《夜行记》讽刺了不遵守交通规则、肆意闯祸的行为；刘一凡写的《南来北往》批判了铁路上对乘客不便的规章制度；冯不异、孙秀汶的《打百分》和贺雅贤、高剑平的《扑克迷》都批判了一些迷于游戏而妨害工作的行为。这些作品讽刺了各种各样落后人物思想和社会现象，把这些形象从各个生活角落里揭露出来，在相声里照出了他们的真实面目，成为被人嘲笑的对象。

曲艺日渐深入群众，在工人文化生活中植了根。从解放初期，北京市业余艺术学校就培养了不少工人业余曲艺作者；其后，劳动人民文化宫成立了“工人业余曲艺团”，在专业演员的辅导帮助下，培养了不少业余曲艺演员，使曲艺在厂矿中能积极配合政治运动和生产斗争，起到宣传鼓舞作用，并为广大工人所热爱。1956 年 2 月，北京市工会联合会举办了一次职工业余曲艺观摩演出，展示了几年来工人业余曲艺活动的成绩。观摩演出中有不少工人自己的创作，博得好评，如邮电工会吴震写的《办食堂》，工人孟宪尧、董凤桐写的《全不怨我》，工人王德全写的《来二两》等三篇相声，都写得很形象、生动，给人印象深刻。这次观摩演出使各厂矿交流了曲艺活动的经验，推动了以后的活动更为活跃。

4. 大跃进以来的曲艺创作

1958 年的生产“大跃进”、文化“大跃进”的到来，使曲艺艺术更进一步地发挥了教育群众和满足群众日益增长的文化娱乐要求的作用。业余曲艺作者的队伍日益扩大，使创作更为繁荣了。不少曲艺作者参加了劳动锻炼，拜劳动人民为师，使自己的创作在思想、艺术上都有了显著的提高。

“整风运动”中双反、整改阶段，在厂矿企业中出现了很多歌颂整改以后的新气象、批判落后事物的曲艺作品，如兴平机械厂的相声剧《排戏》，批判了对待群众意见的推诿责任的作风；百货大楼的相声《学天桥》，批判了服务态度不好的营业员，歌颂了天桥商场的先进的工作态度。这两篇作品在工农业余文艺会演中都得到职工的喜爱。其他歌颂新人新事的快板、相声，在当时几乎每天都有新的创作，在厂矿企业中起到积极的宣传鼓动作用。

不少曲艺作者热情地歌颂了生产“大跃进”的形势：老舍的相声《试验田》表现了整风以后的社会新风气；赵连甲、李士勤写的山东快书《下放的第一天》，沈彭年写的相声《上大学》，反映了干部下放参加劳动锻炼的收获；工人马金福、尤广珍写的《破除迷信、力争上游》；许多写的《革新的火花》《新发明家》等唱词，反映了工人敢想、敢说、敢做，进行技术革命的精神；焦乃积写的《关公夜走大王庄》反映了农村中土法炼钢的冲天干劲；许多写的《礼拜天》、赵连甲写的《推土机上传家信》，写出了工人的新的爱情关系；王贵甫写的《夫妻换筐》表现了农民为争取大丰收而进行的忘我劳动热情。这些作品反映了"大跃进"形势下各个方面的意志昂扬生活面貌，给人以深刻的感染。

1958 年 6 月，北京市举行了专业曲艺团体的曲艺会演，检查了曲艺工作的成绩和经验。会演中，不少反映生产"大跃进"的新作品得到推广，演员自己创作、改编的《活动之家》《神仙的末日》《一锅粥》等得到群众的好评。

通过"整风运动"和曲艺会演的激励，评书艺人有了很大的改变。整风以前，说含有毒素的旧评书的占评书演员的十分之四。"整风运动"以后，经过演员的鸣放辩论，提高了认识，大部分演员放弃了有毒的旧书，竞演新书。演员经过集体研究，推广了《铁道游击队》《林海雪原》《保卫延安》等 18 部新书，如曲艺会演中刘田利说的《铁道游击队》中的《小春下书》、陶湘九说的《林海雪原》中的《杨子荣舌战小炉匠》等都很动人。演员对原作进行了必要的艺术加工，使它更适于评书的艺术特点，有些情节是根据原来的人物性格加以丰富发展的，发挥了演员的艺术创造力，使听众更为喜爱。

1959 年春节前后，北京市举行了"厂矿企业及高等学校文艺会演"和"各区、县文艺会演"，显示了群众文化活动广泛开展以来的成绩，交流了群众文化活动的经验。会演中出现了大量群众创作的曲艺作品，内容都紧密结合了政治中心和生产中心，如工人董风〔凤〕桐、李文贵的相声《东风颂》歌颂了技术革新中的新人物、新思想；陈学坤的相声《伸手派》讽刺了不依靠群众进行技术革命的工地主任的伸手派作风；其它的如工人关维平写的《一个服务员》、李国柱的快板《红旗》、刘文林的相声《龙王爷改造》、人民大学文工团创作的山东快书《遍开体育跃进花》等，歌颂了新人新事，反映了大跃进中间的工人、学生的生活面貌。通过这些会演，鼓励了工农群众的创作活动，使曲艺更为深入群众。

三、吸取经验，推动创作

展〔回〕望一下十年来北京市的曲艺创作，可以看出，它确实发挥了本身具有的文艺尖兵作用，在各个时期都能积极配合政治斗争、生产斗争的中心，出现不少优秀作品，有力地为工农兵服务、为社会主义革命和社会主义建设服务，但是，在创作的数量和质量上，发展是不平衡的。在重大的政治运动中间创作显得旺盛，政治运动过去以后就显得有些衰落。这一方面说明曲艺作者对紧密配合政治宣传任务热情极高，这是好的；而另一方面，也可以看出，不少作者经常是在重大的政治运动的影响之下，得到启发，依照政策精神去观察生活、收集材料来进行创作的，反映现实生活迅速及时，却往往不够深刻。为了使曲艺创作真正地繁荣、旺盛，就应该既强调发挥曲艺的尖兵作用，迅速反映现实，配合当前政治任务，又要要求它能深刻地反映时代的本质。这就应该要求作者努力掌握先进的世界观，深入地体验人民的思想感情，培养敏锐、细致地察观生活的能力，才能创作出动人心弦的艺术形象来。曲艺创作的题材范围，也应该更使其广泛多样，既反映现实斗争，也反映革命历史斗争。

曲艺创作在继承、发扬传统、进行艺术革新方面，都还做得不够。解放初期，为了夺取封建文化阵地，大力地提倡新曲艺创作的同时，曾经忽略了批判地继承曲艺传统的精华，对传统曲艺作品有一笔抹杀的情绪存在过，甚至对曲艺创作存在过“以量胜质”的看法，以致出现不少公式化、概念化的作品，泛滥一时。以后在文艺整风中间有过纠正，得到不少改变。但是不少作者对继承、发扬曲艺传统仍有片面的看法，仅注意了学习曲艺传统的艺术手法、语言等技巧方面，很少注意到优秀曲艺传统作品的那种观察生活、表现人民鲜明的爱憎情绪的现实主义精神，以及它善于从隐蔽的、细微的生活现象里发掘生活的内在矛盾和本质的创作方法。认真地学习继承这一方面，无疑会取得更多的营养。

从曲艺创作里是可以看出，不少作品在表现新事物时，对新生的事物的社会意义都还认识、理解得不够，以致只是朴素地把它们表现出来，缺少热情的音调，缺少崇高的理想，这样，对新事物的肯定和评价都不高，给人的感染也就缺乏艺术力量。还极需帮助作者提高思想、艺术水平，提倡革命的现实主义和革命的浪漫主义相结合的创作方法，把它贯彻到曲艺创作中去。

从“大跃进”以来，不少曲艺工作者参加了比较长期的劳动锻炼，和劳动人民打成一片，向劳动人民学习，有了积累生活经验、提高思想水平的条件，对今后曲艺创作质量的提高会有很大的好处。同时，出现了不少新的业余曲艺作者。他们熟悉群众生活，有一定的创作才能，但还需要帮助和支持，才能逐步提高创作水平。为了繁荣曲艺创作，应该帮助曲艺演员、曲艺作者深入工农兵，同时也要辅导工农群众自己掌握曲艺艺术，使曲艺得到更大的普及、深入。

国家大剧院原创民族歌剧《山海情》与原创话剧《林则徐》艺术档案选编

国家大剧院作为大型公益性文化艺术机构和国家级表演艺术中心，自 2007 年建院以来，在北京市委、市政府的坚强领导下，一直秉承“人民性、艺术性、国际性”办院宗旨，坚持“引领、传承、创新、开放、包容”发展理念，持续打造并充分发挥六大平台作用，在演出运营、艺术生产、人文交流、科技赋能等方面探索创新，取得了丰硕成果，实现了高质量发展。自建院以来，国家大剧院始终坚持以人民为中心的创作导向，努力讲述中国故事，聚焦中国文化的世界表达，传播中国声音，深耕世界经典的中国诠释。截至 2024 年底，共制作 112 部剧目，涵盖歌剧、京剧、话剧、舞剧、音乐戏剧、音乐剧等多种艺术门类，为繁荣社会主义文化、丰富人民精神文化生活做出了积极贡献。

国家大剧院的艺术档案是大剧院艺术生产创作、演出及各类艺术活动的真实记录，是研究大剧院文化发展的重要史料，也是国家文化事业发展的宝贵财富。经过十七年的累积，目前院藏艺术档案总量已超过 14 万件，按照载体类型可分为文字、照片、图谱、光盘、录像带、实物六大类。完备的艺术档案为剧院的艺术传承、发展、创新提供了最丰富、最直接的参考依据，对保存剧院历史、促进文化发展发挥着不可替代的作用。

本组档案选编了国家大剧院出品的原创民族歌剧《山海情》与原创话剧《林则徐》，通过展示其创作、制作、排演和宣传总结四个阶段的艺术档案，全方位、多维度地呈现一部舞台艺术作品的诞生。这些艺术档案讲述了“以人民为中心”的创作故事，从一个侧面反映出北京作为全国文化中心在着力打造“演艺之都”方面结成的累累硕果。大戏纷呈的北京，一幕幕精彩接续上演，于润物无声中提升起市民的文明素养，传播着新时代的价值观念，体现了传统的文化精神，映射出当代中国人的审美追求。

——选编者　国家大剧院艺术资料中心

〈一〉国家大剧院原创民族歌剧《山海情》艺术档案选编

剧目介绍

为反映自党的十八大以来脱贫攻坚、乡村振兴战略取得的历史性成果，书写生生不息的人民史诗，国家大剧院根据同名电视剧改编，策划推出原创民族歌剧《山海情》。歌剧《山海情》得到国家广播电视总局电视剧司的大力支持，由东阳正午阳光影视有限公司荣誉出品，由中共北京市委宣传部、中共福建省委宣传部、中共宁夏回族自治区委员会宣传部、国家大剧院联合出品，向党的二十大献礼。

歌剧《山海情》2022 年演出海报

民族歌剧《山海情》根据 2021 年热播的同名电视剧改编，再现了上世纪 90 年代以涌泉村为代表的宁夏西海固人民搬迁至银川近郊永宁县境内，从无到有建立经济开发区的移民史，纪实呈现了中国脱贫攻坚事业的伟大成就，分享中国特色扶贫开发道路的宝贵经验，弘扬脱贫攻坚、携手合作的精神。本剧剧本创作在电视剧的基础上充分融入歌剧艺术特点，在凝练的故事中塑造出真实可感的人物，音乐创作更充分吸收宁夏“花儿”等优秀民族民间音乐，颇具鲜明地域特点与民族音乐风貌。

主创 / 主演

世界首演：2022 年 9 月 30 日　国家大剧院 • 歌剧院
作　曲：孟卫东
编　剧：易　茗
指　挥：吕　嘉
导　演：王筱頔
首演主演：得　福（男高音）：王宏伟 / 马小明
　　　　　水　花（女高音）：龚　爽 / 徐晶晶
　　　　　陈金山（男高音）：金郑建 •/ 陈大帅
　　　　　得　宝（男高音）：梁羽丰 ▲ / 马　腾
　　　　　麦　苗（女高音）：吴梦雪 / 陈滢竹
　　　　　李太奶奶（女中音）：刘　珊
　　　　　喊水爹（男低音）：关致京 •

注：• 国家大剧院歌剧演员队演员 ▲ 国家大剧院合唱团团员

剧情简介

上世纪 90 年代，县移民办青年干部得福，回家乡涌泉村劝返逃离吊庄移民村的李大有等村民，遇上心中爱恋的姑娘水花。水花正准备随得福弟弟得宝等几个村里青年出走，躲避其父为她定下的婚事。最终水花还是迫嫁苦水村，得福心中苦闷。

三年后，新一批吊庄移民户在荒滩上跋涉，途遇福建援宁干部陈金山。得福为移民村的用电问题，与变电所刘所长发生争执。水花携残疾丈夫及时赶到，使新村得以供电的居民户数达标。

1997 年 7 月，移民村正式命名为“闽宁村”。来自福建的扶贫团队，由挂职副县长陈金山和农科专家凌一农带队进村，发展庭院经济，组织劳务输出，并提出扬黄灌溉的长远规划。得宝和水花栽培双孢菇，麦苗等年轻姐妹决意去沿海地区打工挣钱。得福成为第一任村支书。

随着新世纪的到来，闽宁村发展为闽宁镇，昔日的涌泉村将整村迁徙到平原地区，告别山居生活，建立共同富裕的新家园。

创作阶段

作曲的话：孟卫东

民族歌剧《山海情》的剧本写法沿袭了《小二黑结婚》等中国传统歌剧的样式，即所谓话剧加唱。我的音乐主要以西北民歌为素材，包括宁夏的“花儿”及陕北民歌、山西民歌等。这个创作对我来说是个挑战，既要考虑这个戏的特殊历史背景、民族音调、人物性格及音乐的戏剧性和地域性，又要顾及大多数观众对民族歌剧的欣赏习惯，挺难的。我的原则是：好听是第一位的！观众爱不爱听，演员爱不爱唱？这对我来说至关重要。至于是不是好听那要由观众朋友们来评说。

编剧的话：易茗

民族歌剧《山海情》根据同名电视剧改编而成，内容描述的是我国西北地区一项时间长达二十多年、跨世纪的扶贫工程。原著以其弘大的思想格局和鲜明的人物塑造为特色，一经播出就获得广泛称赞。国家大剧院决定将这部电视剧改编成歌剧，通过音乐和舞台艺术，再一次展现出原著积极的现实意义、深远的历史影响和风格独具的艺术魅力，并在讲好中国故事、弘扬民族精神、坚持文化自信的道路上，对新时期的歌剧艺术进行不懈的探索。

我有幸接受了国家大剧院的委约，改编、创作歌剧的文学剧本，主要的任务是把长达 23 集的电视剧，改编成两个小时的舞台剧本，并需创作三、四十段唱段歌词。舞台剧篇幅有限，但我还是希望能够尽可能地保留住原著的故事主线和主要人物设置。观看原著时，我多次受到感动，所以我也希望，歌剧至少应部分地保留住原著的温度，能够同样温暖人们心中的四季。在剧本落笔之前，曾随手写了几句话抒发感受，是当时的心情，也是此刻的感慨，希望能与观众朋友们共勉——“深沉有所爱，所爱在边关。情归大西北，踏歌贺兰山！”

导演的话：王筱頔

感谢《山海情》！让我认识了那个被大山包围着的小小村落，认识了活在那里的生命，认识了贫困……见到了生命从贫困之中挣脱出来的激情！

贺兰山下那一望无际的大戈壁，黄沙漫天……生命在这里吟诵出希望，奋斗出勃勃生机。感谢《山海情》！让我见到了朴实，见到了情义，见到了乐观，见到了力量……或许各位还能够从歌剧的舞台呈现中见到更多，我期待着！

歌剧《山海情》导演阐述，导演王筱頔。摄影高尚。

国家大剧院原创民族歌剧《山海情》

山海情

文学剧本（排练修订稿）

编剧：易茗

国家大剧院出品制作
2022 年 9 月 20 日

时　间：　1990 年——2016 年
地　点：　宁夏西海固干沟乡涌泉村
宁夏吊庄移民村、后来的闽宁村

人　物：
得　福——男高音（青年、县移民办干部、后为闽宁村支书）
水　花——女高音（青年、村民、得福中学同学、曾相恋）
陈金山——男高音（中年、福建援宁干部、挂职副县长）
得　宝——男高音（青年、村民、得福之弟）
麦　苗——女高音（青年、村民、白校长之女）
李太奶奶——女中音（老年、村民）
喊水爹——男低音（中老年、得福之父、涌泉村代主任）

凌一农——男中音（中老年、福建援宁科技扶贫团队专家）
白校长——男中音（中老年、原涌泉村小学校长）
大有叔——男低音（中老年、村民）
刘所长——男中音（中年、移民区变电所所长）
安永富——男高音（青年、苦水村民、水花之夫 ）

杨　三——（男、中年、村民、无个人唱段）
秀　儿——（女、青年、村民、无个人唱段）
李老栓——（男、中老年、水花之父、无个人唱段）
苦水村民甲——（男、中年、无个人唱段）
苦水村民乙——（男、中青年、无个人唱段）

其他：涌泉村民、苦水村民、地方干部若干

剧目制作部
Production and Artistic Administration　《山海情》会议纪要 001 号

国家大剧院原创民族歌剧《山海情》主创见面会 会议纪要

时间： 2022 年 1 月 18 日（周二）14:00-16:00
地点： 4-1 会议室
议题： 原创民族歌剧《山海情》主创见面会

为打造新时代民族歌剧精品佳作，向党的二十大献礼，国家大剧院拟于 2022 年 10 月推出原创民族歌剧《山海情》，该剧以闽宁镇的发展史记录中国脱贫攻坚事业的伟大成就，分享中国特色扶贫开发道路的宝贵经验。1 月 18 日，王宁院长主持召开主创见面会，作曲孟卫东、编剧易茗、国家大剧院赵铁春副院长及剧目制作部相关人员参会。

一、剧目制作部韦兰芬介绍项目筹备情况

1、国家大剧院自建院以来在歌剧制作上始终发挥着示范引领作用，至今共创排歌剧 71 部。将于今年推出的现实题材原创民族歌剧《山海情》改编自同名电视剧，该剧有良好的群众基础，在扶贫题材中视角鲜明，为歌剧创作奠定了良好的改编基础。

2、民族歌剧创作方法与西方经典不同，对戏剧和民族声乐演唱

剧目制作部
Production and Artistic Administration　《山海情》会议纪要 002 号

国家大剧院原创民族歌剧《山海情》剧本大纲讨论 会议纪要

时间： 2022 年 1 月 29 日（周六）16:00-18:30
地点： 内环廊东侧会议室
议题： 原创民族歌剧《山海情》剧本大纲、创作风格讨论

依照我部制定的原创民族歌剧《山海情》（以下简称“《山》剧”）创作进程表，编剧易茗于 2022 年 1 月 26 日提交剧本大纲及相关改编说明。考虑春节假期临近，为争取有效创作时间，我部于 1 月 29 日组织召开《山》剧剧本大纲讨论会，会议由赵铁春副院长主持，作曲孟卫东、编剧易茗、剧目制作部相关人员参加。

一、编剧易茗介绍现有创作成果

现有剧本大纲创作忠于电视剧，综合考虑歌剧容量，对电视剧人物进行了精简，集中了主要故事线。主要完成了确立思想主旨、人物设定、制定故事框架及主要唱段设计等功能，可从中初步感受歌剧全貌。

二、作曲孟卫东发言

1、基于个人对电视剧剧情掌握有限，充分信任和尊重编剧对剧情的取舍和框架安排。从音乐色彩的丰富性考虑，现有人物列表中明

剧目制作部
Production and Artistic Administration　《山海情》会议纪要 004

国家大剧院原创民族歌剧《山海情》二度创作讨论会（第 1 次） 会议纪要

时间： 2022 年 5 月 26 日（周四）15:00-16:30
地点： 线上会议
议题： 原创民族歌剧《山海情》舞台呈现风格讨论

根据原创民族歌剧《山海情》（以下简称“《山》剧”）工作计划，我部结合本剧创作目标并上报剧院确认，于 5 月 13 日完成二度创作团队搭建，相关主创随即投入工作。为夯实创作进度，我部于 5 月 26 日组织召开《山》剧二度创作讨论会，针对舞台美术视觉创作风格开展讨论，会议由剧目制作部韦兰芬主持，导演王筱頔、舞美设计季乔、服装设计阿宽、多媒体设计胡天骥、项目组、排演组相关人员参会。

一、导演王筱頔阐述初步构思

从剧本和现阶段的第一幕音乐中可以看出，《山》剧作为扶贫题材具有明确指向性。舞台美术的整体视觉表达应是浪漫的，在变化中、出走中、迁徙中，展现出群体的生命力量。具体到舞美，不会太写实，比如舞台黄沙环境的处理与构建；但服装、造型、道具是需要形象坚

剧目制作部
Production and Artistic Administration　《山海情》会议纪要 005 号

国家大剧院原创民族歌剧《山海情》导演阐述暨方案汇报 会议纪要

时间： 2022 年 7 月 11 日（周一）15:30-18:00
地点： 国家大剧院 4-1 会议室
议题： 原创民族歌剧《山海情》导演阐述暨方案汇报

7 月 11 日下午，王宁院长主持召开国家大剧院原创民族歌剧《山海情》（新制作首轮）导演阐述暨方案汇报会，赵铁春副院长、剧目制作部、舞台技术部相关参加，导演王筱頔、舞美设计季乔、服装设计阿宽参加会议。

剧目制作部韦兰芬汇报《山海情》总体筹备情况：《山》剧于 2021 年 10 月在广电总局电视剧司的支持下启动筹备，院领导与全院上下与诸位主创艺术家高度重视，现已完成剧本、全剧上半场音乐等一度创作工作。二度主创于 5 月中旬搭建完成后，导演携主创团队与剧院方多次开会研讨，期间舞美设计季乔赴宁夏采风，进一步完善舞台视觉呈现，夯实舞台美术方案。现有的舞美方案呈大写意风格，不仅与电视剧的写实拉开距离，更展现了歌剧舞台的独特审美：作品既是扶贫题材、又是现实题材，虽然是歌剧院的大体量，但方案并未带给人奢华铺张之感，符合剧院策划立意的初衷。随后导演、舞美设计、服装设计依次做方案汇报，具体内容如下：

歌剧《山海情》剧本和创作过程会议纪要

歌剧《山海情》舞美设计效果图（第一幕）

歌剧《山海情》服装设计效果图（村民群像）

歌剧《山海情》服装设计效果图（得福）

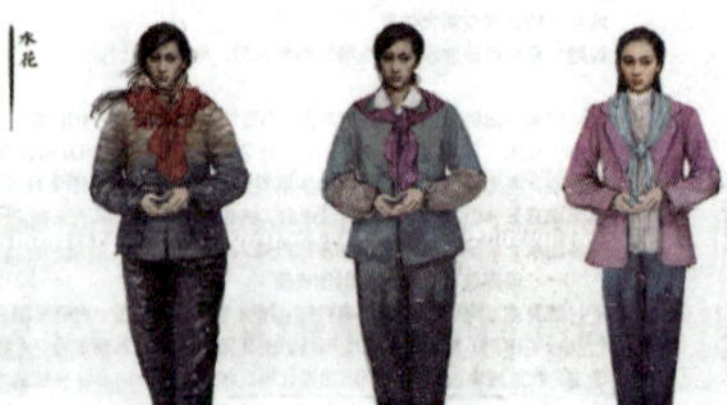

歌剧《山海情》服装设计效果图（水花）

制作阶段

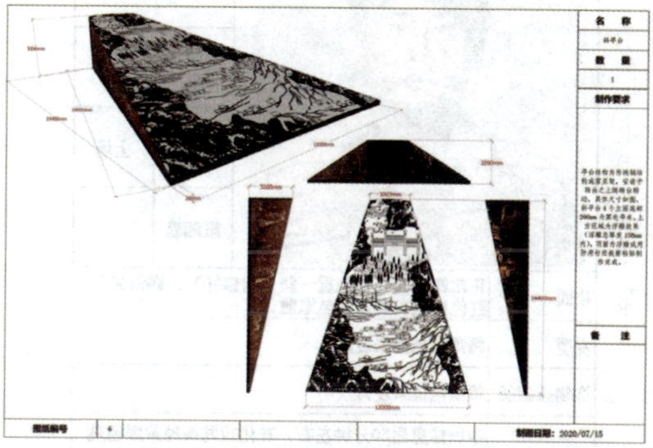

歌剧《山海情》布景（斜平台）制作图

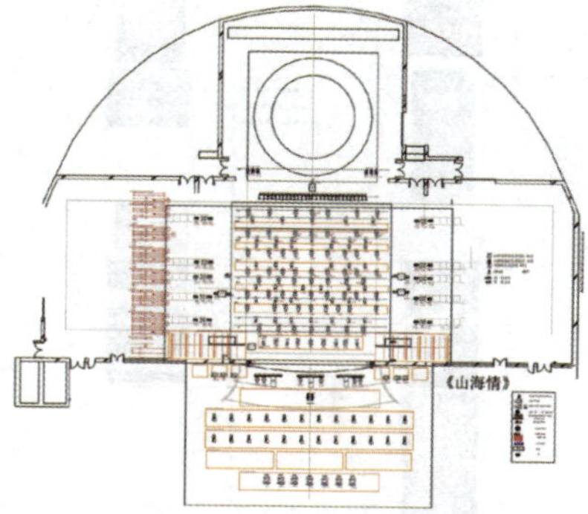

歌剧《山海情》灯位图

歌剧《山海情》定装照，王宏伟饰得福。摄影高尚。

歌剧《山海情》定装照，龚爽饰水花。摄影高尚。

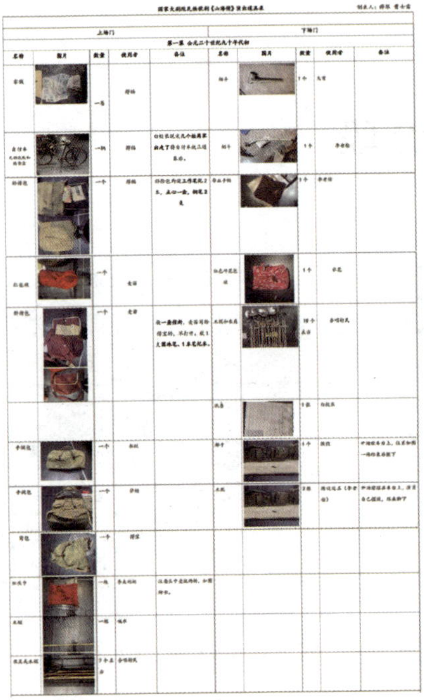

歌剧《山海情》道具清单（节选）

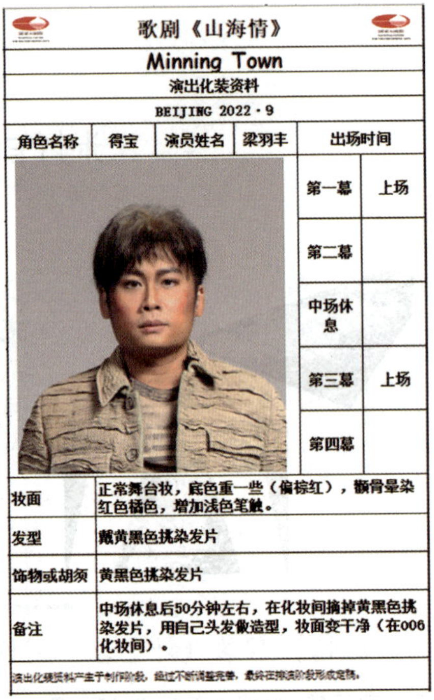

歌剧《山海情》

Minning Town

演出化装资料

BEIJING 2022·9

角色名称	得宝	演员姓名	梁羽丰	出场时间	
				第一幕	上场
				第二幕	
				中场休息	
				第三幕	上场
				第四幕	
妆面	正常舞台妆，底色重一些（偏棕红），颧骨晕染红色橘色，增加浅色笔触。				
发型	戴黄黑色挑染发片				
饰物或胡须	黄黑色挑染发片				
备注	中场休息后50分钟左右，在化妆间摘掉黄黑色挑染发片，用自己头发做造型，妆面变干净（在006化妆间）。				

演出化装资料产生于制作阶段，经过不断调整完善，最终在排练阶段形成定稿。

歌剧《山海情》演出化装资料（得宝）

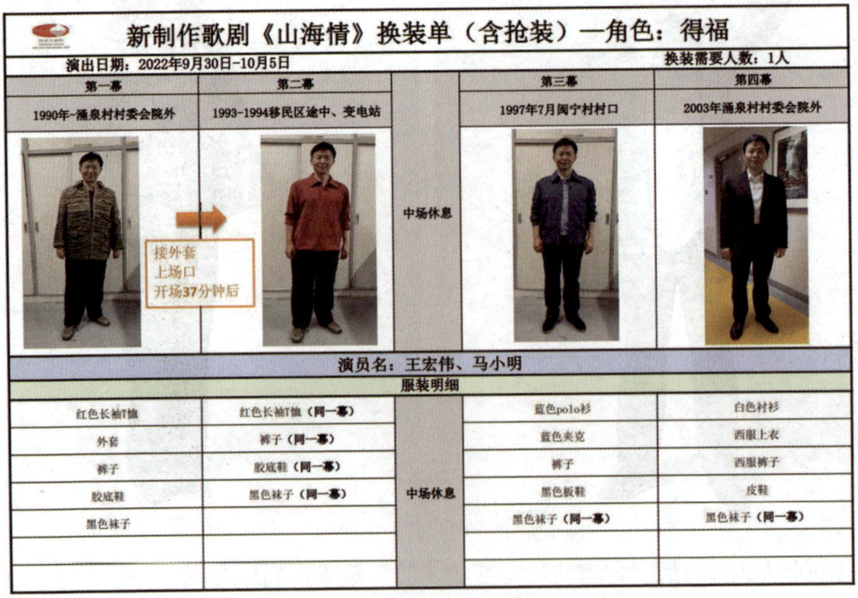

新制作歌剧《山海情》换装单（含抢装）一角色：得福

演出日期：2022年9月30日-10月5日　　换装需要人数：1人

第一幕	第二幕		第三幕	第四幕
1990年-涌泉村村委会院外	1993-1994移民区途中、变电站		1997年7月闽宁村村口	2003年涌泉村村委会院外
接外套 上场口 开场37分钟后		中场休息		
演员名：王宏伟、马小明				
服装明细				
红色长袖T恤	红色长袖T恤（同一幕）	中场休息	蓝色polo衫	白色衬衫
外套	裤子（同一幕）		蓝色夹克	西服上衣
裤子	胶底鞋（同一幕）		裤子	西服裤子
胶底鞋	黑色袜子（同一幕）		黑色板鞋	皮鞋
黑色袜子			黑色袜子（同一幕）	黑色袜子（同一幕）

歌剧《山海情》换装单（得福）

排演阶段

分幕剧情

第一幕 /1990 年——涌泉村村委会院外

上世纪 90 年代，成长在涌泉村的青年得福与水花一起长大，互生情意，然而水花父亲却把水花许配给苦水村的安永富。得福从农机站借调到县里移民办，父亲马喊水协助得福多方劝说村民吊庄移民。

歌剧《山海情》第一幕剧照，左起：龚爽饰水花、于昊彤饰李老栓。摄影凌风。

得福的弟弟得宝带着麦苗、水旺、尕娃几个村里的孩子离家出走，留下字条说要去外面打工赚钱，还带跑了要嫁人的水花。得福寻回了想要扒火车逃家的孩子们，放不下父亲李老栓的水花放弃逃婚回了家，同意嫁给安永富，放弃了青梅竹马的得福。

歌剧《山海情》第二幕剧照，左起：王宏伟饰得福、李昀初饰小燕、刘广琨饰安永富、龚爽饰水花。摄影凌风。

第二幕 /1993—1994 年间——移民区途中、变电站

得福迎接新一批移民去往安置点金滩村的途中遭遇沙尘暴，几户村民畏难打道回府，导致金滩村现有户数差一户不达标，无法通电。

福建来援宁的干部陈金山在火车上遇到了扒手，会普通话的得福被叫来与他沟通。陈金山知道得福的工作之后告诉他自己会再次回来，成为移民村真正的一户。供电问题一筹莫展之际，水花用板车拖着残疾的丈夫和年幼的女儿，跨越戈壁来到金滩村，补上了最后一户的空缺，西海固吊庄移民村亮起了灯光。

第三幕 /1997 年 7 月——闽宁村村口

歌剧《山海情》第三幕剧照，前左起：杨广萌饰杨三、于昊彤饰李老栓、陈雷饰大有叔、佟子杨饰凌一农。摄影凌风。

陈金山、凌一农和团队们约十几人来到闽宁村，陈金山谈到了劳务输出、庭院经济、建立三级扬水站扶贫三举措。得宝、水花跟凌一农学习种植双孢菇。陈金山与得福谈及扬黄工程，认为从根本上脱贫还是要彻底改善干沙滩自然环境，扬黄灌溉，改良土壤，让干沙滩变成金沙滩。麦苗和十几个村里的姐妹来到村口，报名赴闽。

第四幕 /2003 年——涌泉村村委会院外

整村搬迁工程遇到了瓶颈，得福回涌泉村去攻坚。涌泉村的老人们不走，他们的儿孙就不会抛下他们走，连马喊水也无计可施。得福对村民们真情流露，告诉他们：搬出去不是要断根，根在心中是断不了的。去平原地区只会发展得更好，故乡的生态环境也会得到保护和改善。最终，涌泉村整体迁移到银川平原

歌剧《山海情》第四幕剧照，左起：金郑建饰陈金山、王宏伟饰得福。摄影凌风。

上的闽宁镇，全体村民从此摆脱了生计的艰难和心灵的困锁，创建共同富裕的新家园。

8K 歌剧电影《山海情》录制现场

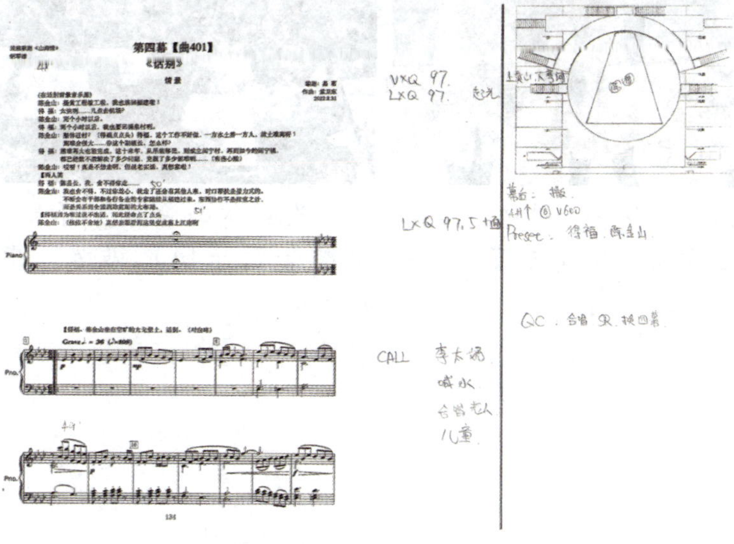

歌剧《山海情》执行舞台监督提示本

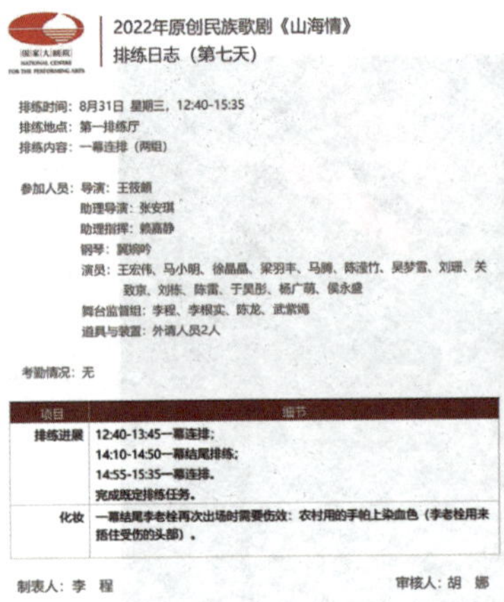

国家大剧院 NATIONAL CENTRE FOR THE PERFORMING ARTS

2022年原创民族歌剧《山海情》
排练日志（第七天）

排练时间：8月31日 星期三，12:40-15:35
排练地点：第一排练厅
排练内容：一幕连排（两组）

参加人员：导演：王筱頔
助理导演：张安琪
助理指挥：赖嘉静
钢琴：冀婉吟
演员：王宏伟、马小明、徐晶晶、梁羽丰、马腾、陈滢竹、吴梦雪、刘珊、关致京、刘栋、陈雷、于昊彤、杨广萌、侯永盛
舞台监督组：李程、李根实、陈龙、武紫嫣
道具与装置：外请人员2人

考勤情况：无

项目	细节
排练进展	12:40-13:45一幕连排； 14:10-14:50一幕结尾排练； 14:55-15:35一幕连排。 完成既定排练任务。
化妆	一幕结尾李老栓再次出场时需要伤效：农村用的手帕上染血色（李老栓用来捂住受伤的头部）。

制表人：李　程　　　审核人：胡　娜

歌剧《山海情》排练日志

歌剧《山海情》排练，左起：男高音王宏伟、导演王筱頔、男低音关致京。摄影牛小北。

歌剧《山海情》排练，左起：男高音王宏伟、导演王筱頔、女高音龚爽。摄影高尚。

歌剧《山海情》乐队（国家大剧院管弦乐团）排练，指挥吕嘉。摄影高尚。

国家大剧院原创民族歌剧《山海情》演出轮次表

截至 2024 年 12 月统计

剧目名称	剧目类别	演出轮次	演出时间	演出场所	演出场次
《山海情》	中国原创	首轮	2022 年 9 月 30 日 -10 月 5 日	国家大剧院歌剧院	6
		二轮	2023 年 3 月 8 日 -12 日	国家大剧院歌剧院	5
		三轮	2023 年 9 月 28 日 -10 月 3 日	国家大剧院歌剧院	6
		四轮	2024 年 3 月 6 日 -9 日	国家大剧院歌剧院	4
		五轮	2024 年 3 月 22 日 -24 日	宁夏人民剧院大剧场	3
		六轮	2024 年 3 月 27 日 -4 月 5 日	北京邮电大学科学会堂 清华大学蒙民伟音乐厅 天津大剧院	5
		七轮	2024 年 4 月 7 日	青岛人民会堂	1

宣传总结阶段

首轮演出排演情况小结

2022 年 8 月 23 日—10 月 5 日由国家大剧院制作原创民族歌剧《山海情》进行首轮在大剧院的排练、演出。该剧首轮又是原创，整体工作量比较大，得益于大家充分的准备以及积极应对，排练演出情况相对较顺利，现将部分排演情况小结如下：

1. 台词量大在排练前期给主演们带来一定的困扰。本剧约有 1/3 的部分为话剧台词，且用陕西方言进行对话。因此在排练前期阶段的确给主演们的表演增加了一定的难度。

2. 安全防范工作提前介入。此次《山海情》的舞美布景虽然简约，但安全方面的隐患依然存在，尤其是车转台以及后区高平台。在导演方案汇报阶段，我就与技术管理开始商讨安全方面的相关防范工作。舞台各专业也积极配合，将安全风险控制在可控范围内，整体演出未发生安全事故。

3. 导演合成工作方式向歌剧靠拢。由于导演此次是第一次进行歌剧执导工作，在舞台合成阶段的工作方式更偏向于话剧，初期不太合适歌剧的舞台钢琴排练方式。在第一天合成与导演沟通后，导演的工作方式逐渐向歌剧靠拢。原创歌剧的工作体量无疑是巨大的，在有限的时间里完成工作是对导演及所有工作人员的考验。从第二天合成开始，导演及主创团队工作中相对的抓大放小，整个排练进度和顺畅度也明显得到提升。

最后进入到演出阶段时，进行的比较成功。6 场演出都进行得安全、顺利，观众整体反响也非常好。总体来说，这一轮演出很成功。

首轮演出项目总结（节选）

歌剧《山海情》节目册、折页

为反映党自十八大以来脱贫攻坚、乡村振兴战略取得的历史性成果，国家大剧院根据电视剧改编，策划推出原创民族歌剧《山海情》。该剧得到国家广电总局电视剧司的大力支持，由中共北京市委宣传部、中共福建省委宣传部、中共宁夏回族自治区委员会宣传部、国家大剧院联合出品，东阳正午阳光影视有限公司荣誉出品，被列入文化和旅游部 2022—2023 年度“中国民族歌剧传承发展工程”重点扶持剧目。在 2022 年国庆档期重磅亮相，向党的二十大献礼，获得广泛的社会反响与好评。首轮制作亮点如下：

一、选题策划紧随时代，扎根人民

2021年初，脱贫攻坚题材电视剧《山海情》热播出圈，引发出“主旋律也可这样好看”的业内外呼声无数。该剧再现了上世纪90年代以涌泉村为代表的宁夏西海固人民搬迁至银川近郊永宁县境内，从无到有建立经济开发区的移民史，纪实呈现了中国脱贫攻坚事业的伟大成就。国家大剧院秉持“人民性、艺术性、国际性”的建院宗旨，部门紧随时代步伐，随即开展了歌剧《山海情》选题策划，以艺术创作情系人民、胸怀祖国，以文艺实务反映新时代新面貌。透过歌剧的舞台呈现和高雅艺术的舞台魅力，分享中国特色扶贫开发道路的宝贵经验，弘扬脱贫攻坚、携手合作的精神，抒写生生不息为人民史诗，为人民塑像、为时代树碑、为民族立传。

二、剧本改编提纲挈领，抓大放小

歌剧《山海情》围绕电视剧的主要人物和情节，以重大事件与重要冲突串联出剧情发展的脉络，既保留了电视剧的剧情主干，又兼顾了歌剧体裁的戏剧性与抒情性，更为音乐的创作和发展留下了充分的表达空间，有效解决了改编创作中将电视剧的“长”篇幅叙述凝练为歌剧“短”时长演出的内容剪裁困难，将这部现代中国的移民迁徙史诗，有情节、有人物、有生活的展现在歌剧舞台，让观众在观演中看懂戏剧、理解人物，在身临其境的剧场体验中收获满满感动。

三、音乐民族特点鲜明，深耕西北

歌剧的创作手法回归中国民族歌剧“话剧加唱”的传统样式，全剧既无音乐全覆盖，也无宣叙调段落，而是继承了我国传统戏曲艺术的创作和欣赏习惯，唱白兼有，融会贯通。同时，唱腔设计以歌谣体为主，旋律写作吸纳了花儿、信天游等西北地区民族民间音乐，声乐与器乐交织丰沛，音乐的抒情性、戏剧性、交响性兼备合一，张弛有度。如开场合唱曲《苦瘠甲天下》，在唱段中形象勾勒出西海固地区“十年九干旱，路远沟连连”的地理环境，音乐中形象刻画出生活悲苦、出路难寻的百姓群像。

四、戏剧表达贴近生活，大胆创新

除了以细节揣摩人物、以真实打动人心，该剧在二度创排中全程使用陕西关中方言和闽普进行对白贯穿，大胆将方言搬上歌剧舞台，被专家评论为“大胆尝试以地方方言说台词，用普通话来歌唱的演绎方式，既提升了生活质感，又增添了作品的意境”，更以其浓烈的“烟火气息”，深切拨动了观众的心弦。例如该剧每演至下半场，当西海固的姑娘们初到福建、初见大海时，以西北方言由心底 呐喊出“海，是咸的……”，此一句肺腑之言，常引发出观众席中掌声与叫好频频。

〈二〉国家大剧院与广州话剧艺术中心联合制作原创话剧《林则徐》艺术档案选编

剧目介绍

为弘扬民族精神、打造文化精品，国家大剧院与广州话剧艺术中心联合制作推出庆祝中华人民共和国成立七十周年的原创话剧《林则徐》。

林则徐（1785—1850），中国杰出的政治家、民族英雄、诗人。字少穆，晚号竢村老人、竢村退叟，室名云左山房，福建侯官（今福州）人。习近平总书记对林则徐精神做出过重要论述：“继承、发扬林则徐坚贞不渝的爱国主义精神和气贯长虹的民族正气，学习他清廉刚正的高尚风范，学习他‘睁眼看世界’的开拓精神。”本剧根据林则徐从虎门销烟、鸦片战争到被诬罢官、思索图强的史实与历程，围绕林则徐与妻子、道光帝、王鼎、琦善等重要人物的矛盾冲突，用戏剧的手段塑造一个“数百年始得一出”的伟人林则徐。

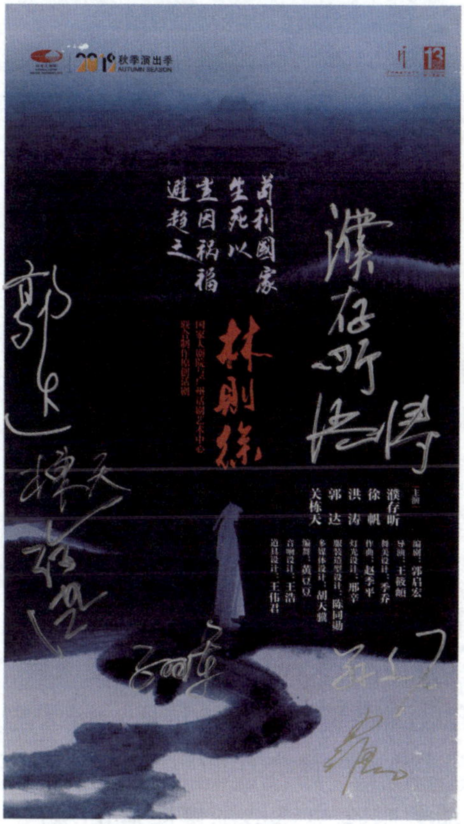

话剧《林则徐》2019 年签名海报

为了创作这部作品，国家大剧院与广州话剧艺术中心精心组织筹划，创作团队先后赴林则徐工作和生活过的虎门、伊犁、北京、福州、蒲城多地采风，收集和查阅了丰富的史料，采访了众多专家学者。主创主演团队汇聚了一批国内优秀创作人才，编剧郭启宏、导演王筱頔、舞美设计季乔、作曲赵季平、灯光设计邢辛、服装造型设计陈同勋、多媒体设计胡天骥以及编舞黄豆豆等，著名演员濮存昕、徐帆、洪涛、郭达、关栋天担任主演，国家大剧院戏剧演员队、广州话剧艺术中心戏剧演员们也将在剧中精彩出演，共筑那段蹒跚却又充满力量的历史时代。

“一个有希望的民族不能没有英雄，一个有前途的国家不能没有先锋。”记叙历史、弘扬英雄是为了不忘初心、继续前进。在当今我们比历史上任何时期都更接近中华民族伟大复兴目标的新时代，我们希望通过这部作品，与观众们一同回望1840 那个民族百年苦难与抗争的始点，弘扬爱国情怀、启迪历史哲思。

主创 / 主演

世界首演：2019 年 12 月 14 日　国家大剧院 • 戏剧场

编　　剧：郭启宏

导　　演：王筱頔

作　　曲：赵季平

编　　舞：黄豆豆

首演主演：林则徐：濮存昕
　　　　　郑淑卿：徐　帆
　　　　　道　光：洪　涛
　　　　　王　鼎：郭　达
　　　　　琦　善：关栋天

剧情简介

清道光年间，鸦片流毒，国力日衰，就在朝中严禁派和弛禁派相持不下之时，一纸奏折震动朝野：林则徐受命钦差、赴粤禁烟。

“鸦片一日不绝，则徐一日不回”，面对着野心勃勃的洋人，唯利是图的烟贩，徇私腐化的官场，风云诡谲的朝堂，他以无畏的勇气力图挽狂澜于既倒……

西方的坚船利炮将国门洞开，中国开始沦为半殖民地半封建社会。面对这场猝不及防的历史剧变，那些左右着国家民族命运的重要人物，在历史舞台上展现着各自的心理变化、认识发展与精神特质。孱弱与力量在此交锋，怯懦与勇气在此对比，渺小与伟大在此立判！

从踌躇满志到痛苦反思，如何于满目疮痍中建造国家民族的尊严，林则徐从虎门销烟时人民眼中闪烁的自豪感中找到了生机——“广州之前我只知中国，广州之后我看到了世界！”

“苟利国家生死以，岂因祸福避趋之。”百年图强，由此而始！

创作阶段

编剧的话：郭启宏

林则徐是中国乃至世界千百年始得一出的伟人，他在民族危难之际，在体制桎梏之下，能够修明政治，惩腐除恶，更着力于国计民生，使民心有所依归。在鸦片战争中，他面对英军的炮舰，手中只有落后的武器，却一次次打败了来犯之敌，他的业绩彪炳史册，一如粤人赠匾，“民沾其惠，夷畏其威”。便是罢官流放之后，他仍然为国为民，不敢有丝毫的懈怠，伊犁百姓把坎儿井称作林公井，坎儿渠称作林公渠，便是对他人格魅力的彰显，他倡导“用夷之技以制夷”，其眼光超越了历史，至今被国人称作第一个睁眼看世界的人。在他身后，一位帝国主义分子、第二次鸦片战争始作俑者，也是政治家、学者和诗人——包令（John Bowring），指着伦敦蜡像馆的林则徐塑像对观众说：少穆则徐林，没有用带防腐剂的精神盐水把不朽的念头腌制起来，他是百分百的圣人，且是万圣之圣！

面对这样一位圣人，如何塑造他的形象，我只觉得自己渺小，而崇仰和敬畏不能替代艺术创造。当初团队决策人邀我任职编剧，说了句“不二人选”，我都蒙了。银幕上有过《林则徐》，舞台上有过同名京剧，似都不甚理想。我反复考虑，只说声“试试看”。经过二载有余的研究、构思和写作，涉猎所及，四百部书，数千万字，举凡社会制度、意识形态、史地人文、战争实录、人物百态，乃至典章文物、异俗奇风，更实地考察访问了京、粤、闽、陕，远及伊犁。不才年逾古稀，犹燃余热。文本初就，复几番改削。导演接手，重行改写，欲以舞台手段，统御全剧，我以包容之心态期望二度再造，在此不赘。

终于推上舞台。本次创作演出，究竟粗疏，我既感激团队的努力，又憾憾于不尽如人意之处。希望我们这个团队能够在今后的艺术劳作中不断地修改、加工、创新，乃至于不留余憾而尽可能地完美。

导演阐述：王筱頔

《林则徐》的创作重点是试图解剖国家民族在经历一场异乎寻常的、亘古未有的命运巨变当中，不同个性的人，不同精神特质的人，为君者，为臣者，为民者，在这样的境遇面前的心理变化、认识发展和他们的精神特质，在冲突中着力展现孱弱与力量的对比、伟大与渺小的对比，怯懦与勇气的对比，从而揭示出主人公林则徐这位民族英雄独特的精神世界。

戏剧的主要矛盾是闭关锁国孱弱的清王朝与国家民族建造尊严之间的矛盾，最高任务和贯穿动作就是在满目疮痍中建造尊严。

林则徐对中华民族最大的贡献最有价值的贡献是开眼看世界，他的最大的不俗就是在国家遭遇衰败屈辱之时、个人的政治抱负遭遇挫折，最应该失意消沉的时候，选择了忠于自己的民族，并且发现了民族图强的生机——师夷长技以制夷，所以戏剧的结尾即定为全剧的高潮。

一、戏剧空间的解释

戏剧的空间原则是心理空间，这个原则规定了戏的舞台调度语汇，是根据人物心理的变化发展而进行的。

鸦片战争在中国历史上，是国家民族命运重要的转折点，它既是中华民族屈辱史的开始，也是中华民族求索图强建造尊严的开始。《林则徐》展现的是能够左右国家民族命运的人物之间的冲突，所有的人都将站在中华版图上完成戏剧动作——个人选择与国家民族命运的关系成为这个戏形象的切入点。在这样一个空间形象的制约下，许多过于写实的单纯推动情节发展的戏剧线索和冲突以及与之关联的人物便要舍弃，留出笔墨在主要人物的选择以及思想认识的变化发展上做文章。

整个戏剧的氛围是在迷雾中寻找生机，包括灯光、多媒体的创作也是传递了这样一种像被蒙蔽着裹足蹒跚地极力寻找方向与出口的氛围，特别是多媒体的表现，所有的形象（如：英国工业革命的形象、人物的心象等等）都是在迷雾中逐渐推进的感觉。

二、对主要人物的解读

这位数百年才出一个的林则徐乃非常之人，乃不俗之人，于芸芸众生之中对比出的不俗的才能、不俗的思维见解、不俗的忠诚、甚至不俗的无私等等，共同构成他不俗的、高洁的人格魅力。他的这些精神特质就是在闭关锁国孱弱的清王朝和国家民族尊严的戏剧矛盾的冲突中，得以突出表现的。这所有的不俗存在于现实、存在于俗世，“不俗”存在于俗世的矛盾是主要冲突，这“不俗”与“俗”之间的冲突、对比、较量，贯穿于戏剧始终。

凡存在都合理，俗世间的一切人和事都有它合理的存在因素，我们的注意力不在于评判俗世的是非对错，因为无论何时，无论对错，它们总是在那里，甚至经常是冷酷的在那里！我们的注意力在于：这“不俗”是怎样的存在于俗世的，这看上去极其自然合理的俗世，林则徐如何在这闭塞的俗世的桎梏中寻找精神独立意志的安身立命之所，我想这也许是他贯穿的戏剧动作。这个冲突有时是针锋相对、剑拔弩张的，有时是痛苦寂寞的，有时是一笑了之的……在冲突中表现“明知不可为而为之”的激情，同时也应表现“有可为而不为”的理性。有些瞬间制造激情，是为了刻画理性……在俗世的对比之下，显露出“不俗”的悲剧精神和人文力量！

因此林则徐内心常常是伴随着寂寞感的，我们在创作中要极力寻找到林则徐内心寂寞的瞬间，加以表现。

道光这个人物最重要的戏剧动作就是从要踌躇满志地做一件历代皇帝都没有做到的事，到遭遇了历代皇帝都没有遭遇到的尴尬和悲哀。

三、几个人物形象的象征性

（一）姚怀祥：大清的愚昧、恐惧、无能的象征。

（二）义律：两次工业革命的英吉利国强烈的扩张欲望的象征，多媒体会用强大的英国工业革命的许多影像资料去表现这一象征性。

（三）红顶子大臣：与紫禁城的屋顶共同构成封建王权的象征，闭关锁国的象征。

（四）百姓群像——是中华民族尊严的象征：贯穿的戏剧动作：强烈的想要站起来，却被桎梏着、被拖拽着。同时他又是林则徐贯穿始终的心像，这一组形象是用舞剧的方式表现。第一次是同林则徐禁烟奏折同时出现的，毫无尊严

话剧《林则徐》主创主演赴福州林则徐纪念馆采风

的、孱弱的形象；第二次出现是与广州禁烟条例的画外音同时，孱弱的百姓看到希望；第三次虎门销烟，孱弱的百姓群象体会到尊严的自豪，到尊严被外辱的枪炮践踏；最后一次出现是全剧结尾，是一百年的中华民族建造尊严之路。

话剧《林则徐》舞美设计效果图（第二幕2场）

话剧《林则徐》服装设计效果图（林则徐官服）

话剧《林则徐》服装设计效果图（林夫人）

制作阶段

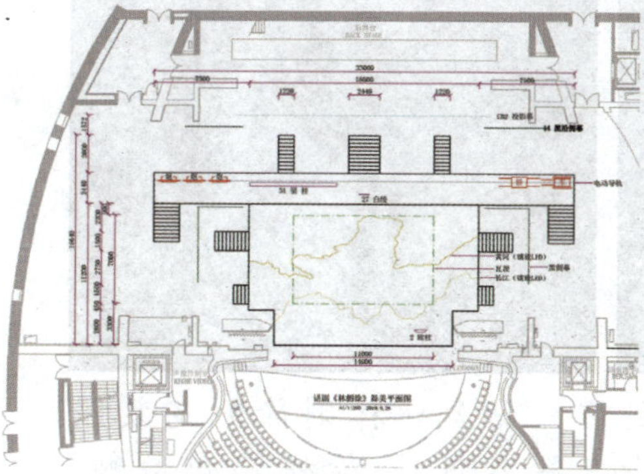

话剧《林则徐》舞美平面图

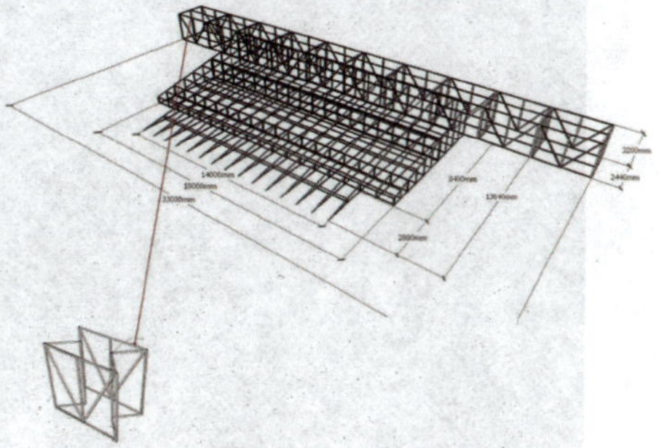

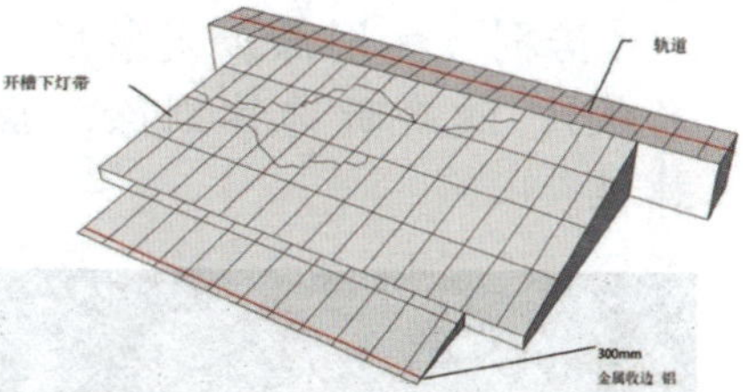

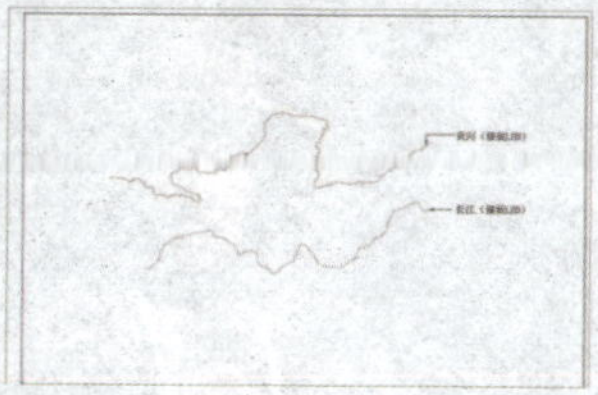

话剧《林则徐》布景（斜平台）制作图→

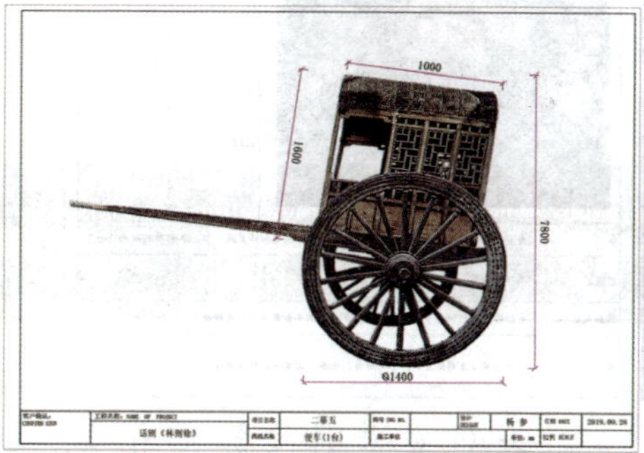

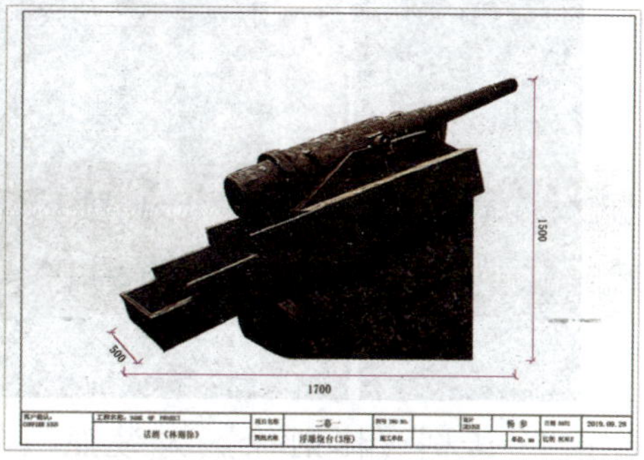

话剧《林则徐》道具制作图

话剧《林则徐》定装照（签名版），濮存昕饰林则徐。摄影韩振。

话剧《林则徐》定装照（签名版），徐帆饰郑淑卿。摄影韩振。

话剧《林则徐》定装照（签名版），洪涛饰道光帝。摄影韩振。

话剧《林则徐》					
Linzexu					
演出化装资料					
BEIJING 2019 • 12 • 14					
角色名称	关天培	演员姓名	朴立石	出场时间	
				第1幕	
				第2幕	出场
				第3幕	
妆面	舞台老年妆，用胡茬棒在额骨处做略伤效果，眉毛画得英武一些，眼影用棕红色扶一下				
发型	马蹄盖头套				
饰物或胡须	先把演员自己的胡子刷白，然后粘上、下胡子和鬓角。红色辫穗				
备注	演员在舞台上剃断发辫，下场后自己保管，谢幕时再把发辫接上。				

话剧《林则徐》演出化装资料（关天培）

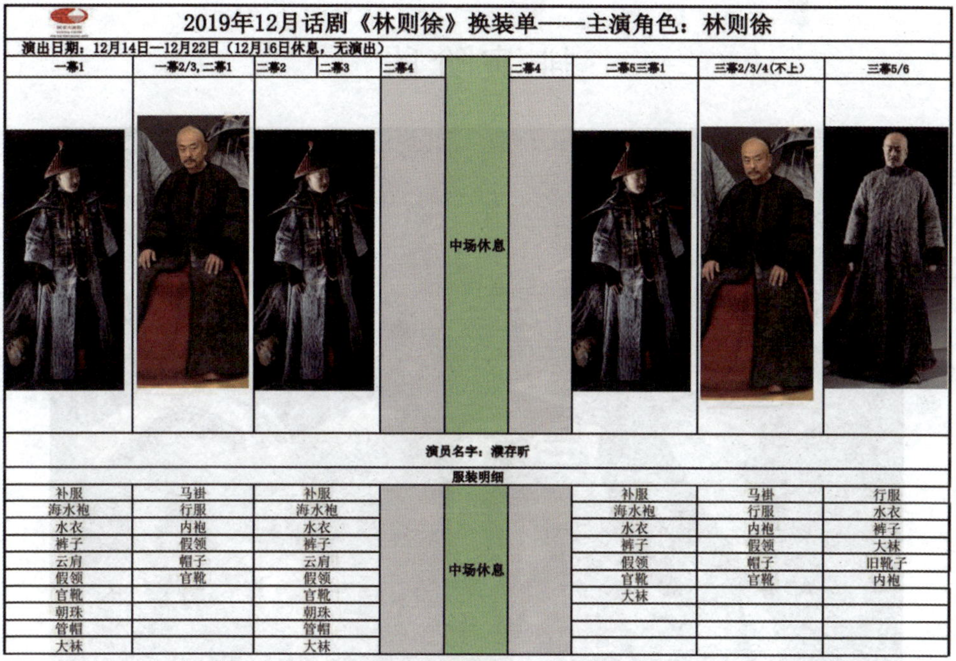

2019年12月话剧《林则徐》换装单——主演角色：林则徐

演出日期：12月14日—12月22日（12月16日休息，无演出）

一幕1	一幕2/3，二幕1	二幕2 二幕3	二幕4		二幕4	二幕5三幕1	三幕2/3/4（不上）	三幕5/6
				中场休息				
演员名字：濮存昕								
服装明细								
补服	马褂	补服		中场休息		补服	马褂	行服
海水袍	行服	海水袍				海水袍	行服	水衣
水衣	内袍	水衣				水衣	内袍	裤子
裤子	假领	裤子				裤子	假领	大袜
云肩	帽子	云肩				假领	帽子	旧靴子
假领	官靴	假领				官靴	官靴	内袍
官靴		官靴				大袜		
朝珠		朝珠						
管帽		管帽						
大袜		大袜						

话剧《林则徐》换装单（林则徐）

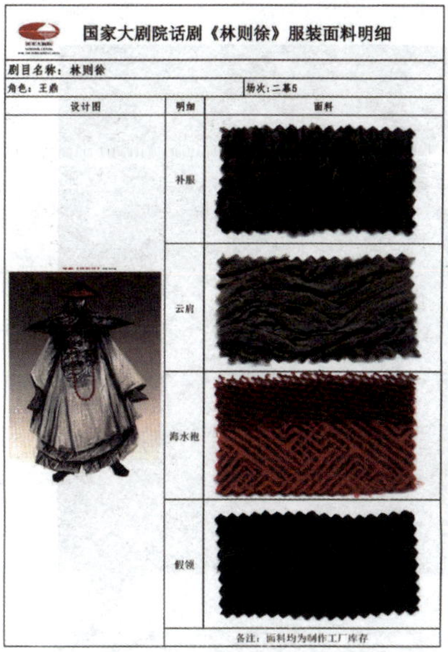

国家大剧院话剧《林则徐》服装面料明细

剧目名称：林则徐

角色：王鼎		场次：二幕5
设计图	明细	面料
	补服	
	云肩	
	海水袍	
	假领	

备注：面料均为制作工厂库存

话剧《林则徐》服装面料（王鼎）

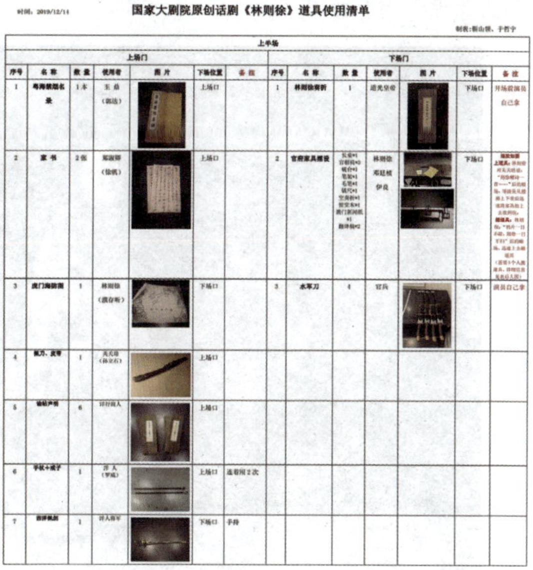

时间：2019/12/14

国家大剧院原创话剧《林则徐》道具使用清单

制表：靳山镇、于哲宁

上半场													
上场门							下场门						
序号	名称	数量	使用者	图片	下场位置	备注	序号	名称	数量	使用者	图片	下场位置	备注
1	粤海禁烟名录	1本	王鼎（郭达）		上场口		1	林则徐奏折	1	道光皇帝		下场口	开场前演员自己拿
2	家书	2张	郑淑卿（徐帆）		上场口		2	官府家具摆设	长桌*1 官帽椅*3 砚台*1 笔架*1 毛笔*1 镇尺*1 ……*1 ……*1 澳门新闻纸*1 翻译稿*2	林则徐 邓廷桢 伊良		下场口	[illegible]
3	虎门海防图	1	林则徐（濮存昕）		下场口		3	水军刀	4	官兵		下场口	演员自己拿
4	佩刀、皮带	1	关天培（林立石）		上场口								
5	铺粘声明	6	洋行商人		上场口								
6	手杖+瓶子	1	洋人（罗威）		上场口	连着用2次							
7	西洋佩剑	1	洋人将军		下场口	手持							

话剧《林则徐》道具清单（节选）

排演阶段

话剧《林则徐》剧照，左起：濮存昕饰林则徐、洪涛饰道光帝。摄影高尚。

话剧《林则徐》剧照，左起：郭达饰王鼎、濮存昕饰林则徐。摄影王小京。

话剧《林则徐》剧照，左起：关栋天饰琦善、濮存昕饰林则徐。摄影高尚。

话剧《林则徐》剧照，左起：徐帆饰郑淑卿、濮存昕饰林则徐。摄影高尚。

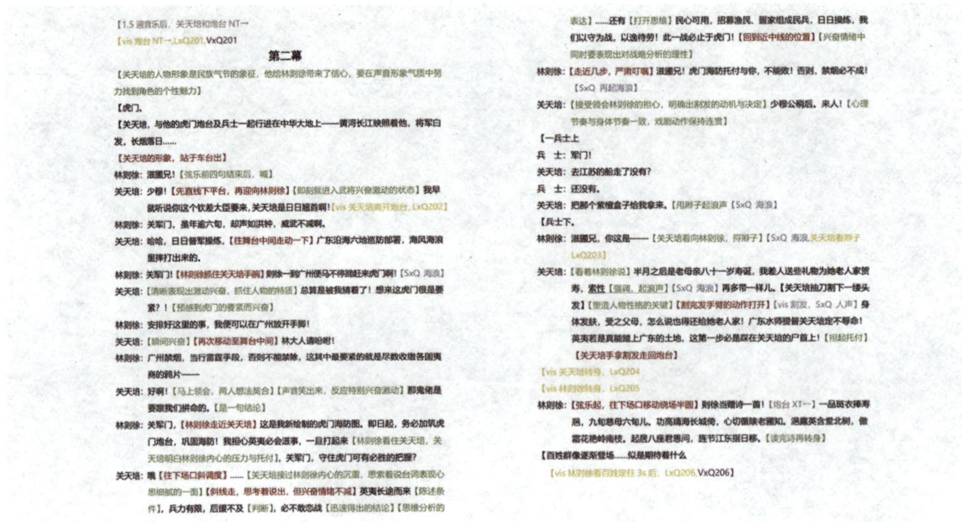

【1.5 随音乐后，关天培和炮台 NT→
【vis 炮台 NT→,LxQ201,VxQ201

第二幕

【关天培的人物形象是民族气节的象征，他给林则徐带来了信心，要在声音形象气质中努力找到角色的个性魅力】
【虎门。
【关天培，与他的虎门炮台及兵士一起行进在中华大地上——黄河长江映照着他，将军白发，长烟落日……
【关天培的形象，站于车台出】
林则徐：滋圃兄！【弦乐前四句结束后，喊】
关天培：少穆！【先直线下平台，再迎向林则徐】【即刻就进入武将兴奋激动的状态】我早就听说你这个钦差大臣要来，关天培是日日翘首啊！【vis 关天培离开炮台，LxQ202】
林则徐：关军门，虽年逾六旬，却声如洪钟，威武不减啊。
关天培：哈哈，日日督军操练，【往舞台中间走动一下】广东沿海六地巡防部署，海风海浪里摔打出来的。
林则徐：关军门！【林则徐抓住关天培手腕】则徐一到广州便马不停蹄赶来虎门啊！【SxQ 海浪】
关天培：【清晰表现出激动兴奋，抓住人物的特质】总算是被我猜着了！想来这虎门很是要紧？！【预感到虎门的要紧而兴奋】
林则徐：安排好这里的事，我便可以在广州放开手脚！
关天培：【瞬间兴奋】【再次移动至舞台中间】林大人请吩咐！
林则徐：广州禁烟，当行雷霆手段，否则不能禁除，这其中最要紧的就是尽数收缴各国夷商的鸦片——
关天培：好啊！【马上领会，两人想法契合】【声音笑出来，反应特别兴奋激动】那鬼佬是要跟我们拼命的。【是一句结论】
林则徐：关军门，【林则徐走近关天培】这是我新绘制的虎门海防图。即日起，务必加筑虎门炮台，巩固海防！我担心英夷必会滋事，一旦打起来【林则徐看住关天培，关天培明白林则徐内心的压力与托付】，关军门，守住虎门可有必胜的把握？
关天培：哦【往下场口斜调度】……【关天培接过林则徐内心的沉重，思索着说台词表现心思细腻的一面】【斜线走，思考着说出，但兴奋情绪不减】英夷长途而来【陈述条件】，兵力有限，后援不及【判断】，必不敢恋战【迅速得出的结论】【思维分析的表达】……还有【打开思维】民心可用，招募渔民、蛋家组成民兵，日日操练，我们以守为战，以逸待劳！此一战必止于虎门！【回到近中线的位置】【兴奋情绪中同时要表现出对战略分析的理性】
林则徐：【走近几步，严肃叮嘱】滋圃兄！虎门海防托付与你，不能败！否则，禁烟必不成！【SxQ 再起海浪】
关天培：【接受领会林则徐的担心，明确出割发的动机与决定】少穆公稍后。来人！【心理节奏与身体节奏一致，戏剧动作保持连贯】
【一兵士上
兵　士：军门！
关天培：去江苏的船走了没有？
兵　士：还没有。
关天培：把那个紫檀盒子给我拿来。【甩辫子起浪声【SxQ 海浪】
【兵士下。
林则徐：滋圃兄，你这是——【关天培看向林则徐，捋辫子】【SxQ 海浪,关天培看辫子 LxQ203】
关天培：【看着林则徐说】半月之后是老母亲八十一岁寿诞，我差人送些礼物为她老人家贺寿，索性【强调，起浪声】【SxQ 海浪】再多带一样儿。【关天培抽刀割下一缕头发】【塑造人物性格的关键】【割完发手臂的动作打开】【vis 割发，SxQ 人声】身体发肤，受之父母，怎么说也得还给她老人家！广东水师提督关天培定不辱命！英夷若是真能踏上广东的土地，这第一步必是踩在关天培的尸首上！【担起托付】【关天培手拿割发走回炮台】
【vis 关天培转身，LxQ204
【vis 林则徐转身，LxQ205
林则徐：【弦乐起，往下场口移动绕场半圆】则徐当赠诗一首！【炮台 XT←】一品斑衣捧寿卮，九旬慈母六旬儿。功高靖海长城倚，心切循陔老圃知。湛露英含萱北树，傲霜花艳岭南枝。起居八座君恩问，旌节江东指日移。【读完诗再转身】
【百姓群像逐渐登场……似是期待着什么
【vis 林则徐看百姓定住 3s 后，LxQ206,VxQ206】

话剧《林则徐》助理导演工作本（节选）

话剧《林则徐》排练，前左起：导演王筱頔、主演郭达。摄影肖翊。

话剧《林则徐》排练，主演濮存昕。摄影肖翊。

话剧《林则徐》排练，主演徐帆。摄影肖艳红。

《林则徐》话剧电影录制现场

国家大剧院与广州话剧艺术中心联合制作原创话剧《林则徐》演出轮次表

截至 2024 年 12 月统计

剧目名称	剧目类别	演出轮次	演出时间	演出场所	演出场次
《林则徐》	中国原创	首轮	2019 年 12 月 14-22 日	国家大剧院戏剧场	8
		二轮	2020 年 1 月 15-17 日	广州	3
		三轮	2020 年 12 月 11-22 日	国家大剧院戏剧场	10
		四轮	2020 年 12 月 30 日 -2021 年 1 月 17 日	福州、南京、苏州	9
		五轮	2021 年 6 月 19-27 日	国家大剧院戏剧场	7
		六轮	2022 年 8 月 5-19 日	西安、杭州、上海	7
		七轮	2024 年 1 月 25-28 日	北京艺术中心戏剧场	4

宣传总结阶段

首轮演出排演情况小结

《林则徐》作为为庆祝新中国成立 70 周年，纪念虎门销烟 180 周年的献礼作品，顺利完成了本轮排演。

首先，由于联合制作的形式，且导演即为广州话剧艺术中心领导，习惯于在自己剧院工作的模式，所以在排练初期，我就督促导演与各个主创之间的沟通；由于本剧众星云集，五大主演的排练时间不能很好整合，我也配合导演给出了排练日程的“唯一解”。这些工作可以说是“非常规”的工作，但是正是在与导演的磨合和每日日程的合理安排制订中，我和导演增进了了解，建立了信任。经过多次的话剧排演经历，我认为在话剧的排演过程中，确实有一些与歌剧等不同的地方，增进了解与建立信任可谓是最先要做到的。

其次，由于导演十分有经验，且工作模式简洁高效，使得排练气氛十分融洽，进展飞速，在距离首演还有一个月的时间（排练第 27 天），就进行了第一次全剧粗连。但在这个过程中，也因为导演在排练厅中对于每场与五大主演搭戏的演员或群演要求较高，对艺术质量的把握严苛，使得特别是在群演的选择和使用上出现了一些问题，具体表现为在二幕 3 场中的四位英商，由于群演的水平达不到导演要求，在和项目组协调后，最终使用广州话剧艺术中心的四位演员。在这个问题中，作为舞台监督能做到的，除了在外部积极配合导演，在内部与项目组进行积极沟通之外，还要平衡甚至安抚群演的情绪，化解矛盾，维持排练顺利有序的开展。

再次，在舞台排练阶段，由于整体简洁的舞美效果使得舞台周边空隙较多，通过吸取以往经验教训，我在排练初期就积极与舞美统筹和技术管理协商，在落差处要求增加海绵垫。在舞台技术合成阶段，又根据以往经验，使用灯光箱堆叠来制造相对的安全保护区域，大大降低了危险发生的可能性。同时，在排练厅阶段和演员上舞台前，反复强调安全问题，对各个风险点进行讲解说明，并要求演员充分体会斜平台的感觉，要求导演和编舞沟通进行舞蹈的部分动作更改。虽然按照时间顺序，舞台阶段在此排在了第三位，但安全问题一定是舞台监督关注的重中之重。对于斜平台及其边缘的安全保护措施，在经过本轮演出的考验后，我认为可以形成一个“常规打法”，也可以督促舞台技术部照此形成一个比较固定的思路。当然，每个戏还有每个戏不同之处，但是我相信经过检验的经验才是稳妥的解决之道。

最后我想说，本轮演出十分顺利，尽管排演时间为 2 个月，但紧张有序，轻松愉悦，团结向前的感觉，我相信是每位演职人员都能感受到的，这种排演气氛 的良好营造，是最难令我忘怀的。

首轮演出项目总结（节选）

《林则徐》是国家大剧院与广州话剧艺术中心联合制作的剧目，

话剧《林则徐》新闻发布会，左起：编舞黄豆豆、导演王筱頔、总制作/总监制赵铁春、主演濮存昕、徐帆、郭达、关栋天。摄影苟一戈。

话剧《林则徐》节目册

剧院为充分联动社会各界资源，与广话两地资源互补，强强联合，就是要将林则徐民族英雄的形象展示给世人。在这一过程中，大家调动了一切资源，包括邀请作曲赵季平、编舞黄豆豆，演员濮存昕、徐帆、洪涛、郭达、关栋天，为这部剧打造了神仙级别的阵容。《林则徐》的联合制作虽是两剧院的合作，也是剧院在国内联合制作剧目中的又一次探索和尝试。两家合作，工作方式、制度各不相同，从艺术创作到最终舞台呈现，中间有着无数需要沟通的工作，如果说《抉择》的最是来自舞台难度和人员众多，那《林则徐》的最就是来自大量的沟通和协调工作，两个剧院的初次合作，大量艺术家们的资源调配，合理的制作分工都是本剧中最重要的工作安排。为了让项目顺利进行，四组的所有人同时在进行着《抉择》的排演及《林则徐》的筹备工作，在《抉择》演出结束后仅休息一天就立即进入了《林则徐》排练前的工作中；同时部门内也调动了各组同事进行更专业的分工协作。所有人不计得失，不要求名誉，默默为这部戏贡献自己的力量。距离演出只有半个月的时间，票房销售一空，最终 8 场演出销售率为 100%。任何一次制作都需要从中吸取经验，查找不足之处，联合制作中因为涉及两家机构，因此问题会更为突出，通过这次的联合制作让我有了更多的思考和总结，现将情况总结如下：

一、在联合制作上的探索又进一步

二、项目中的收获

1. 剧目规划需要把握时机

2. 合作模式需要多方思考，合理安排

3. “腕”的力量不容小觑

4. 工作提前做，合理安排各项工作日程

三、项目中的困难

1. 原创作品中剧本是难点

2. 不熟悉的主创团队如何能尽快融合为一体

3. 在演员开发上还要继续努力

《林则徐》把剧院的话剧制作推向了又一个高峰，对于我个人而言，一个优秀的剧目最能让人成长，通过与优秀的艺术家们合作，通过与其他剧院团合作，通过与优秀的管理者工作，我的世界和视界都被拓宽了，也因此更坚信要做一个优秀的艺术管理者，把好的剧目带给观众，让精品留存于世。

2023 年 4 月，话剧电影《林则徐》在第十三届北京国际电影节隆重首映

2023 年中国金鸡百花电影节第 36 届中国电影金鸡奖系列活动“多彩中华”民族电影展映证书

北京人艺演剧学派的艺术实践

——经典剧目的创作、传承与创新

戴　晨

习近平总书记指出：“好的作品是以人民为出发，反映时代，关照现实，凝结了艺术美、思想性、时代性。”北京人民艺术剧院（以下简称北京人艺）在72年的发展中创造出多部经典剧目，这些作品每每上演都是京城的一大“文艺盛况”，造就了一批德艺双馨的艺术家，引领了一代又一代观众的审美。

北京人艺建院初期曾有“郭老曹”剧院的美称，老院长曹禺先生的《雷雨》《日出》等作品闪烁着人性之光；老舍、郭沫若两位先生则量身为北京人艺创作了《龙须沟》《茶馆》《蔡文姬》等作品，这些中国故事经由北京人艺二度创作搬上舞台，在深入生活、扎根人民的基础上，融入了高雅的民族文化，又突出了浓郁的京味特色，在不同时代都散发出独有的动人魅力，成为北京人艺演剧学派长期稳固的艺术实践载体。

创作：从生活中升华

北京人艺的建院大戏《龙须沟》，使老舍与北京人艺相互成就，相互奔赴。1949年10月，客居美国的老舍接到老友曹禺等文艺界三十余位友人的来信，称受周恩来总理嘱托请他速回国，参加新中国建设。老舍回国后，亲眼见到了广大市民在党和政府领导下建设新北京的巨大热情和干劲，深受感动。

“老人艺”[①]院长李伯钊受市政府委托，请老舍先生写一部关于

① 北京人艺的前身，原为综合性的艺术院团。

“龙须沟”的戏。龙须沟是北京南城的一条明沟，新中国成立前无人治理，成了臭水沟。这条沟的两岸住满了劳苦百姓，他们曾屡次自发捐款修沟，但钱款却被贪官吞吃了。新中国成立后，北京市在讨论都市建设规划时，决定首先替生产者、劳动者着想，要消灭这条肮脏的臭沟。基于对新政府的感恩之心，老舍满怀热忱地开始了创作。当时老舍腿脚不便，为了支持老舍创作《龙须沟》，“老人艺”做了大量细致的工作，还特为老舍安排助手每天去往龙须沟，将当天耳闻目睹的素材向老舍汇报。每当遇到自己特别感兴趣的素材场景，老舍就会亲自和助手一起去实地访问，在深入了解了当地的情况后，一口气写了三幕六场戏。

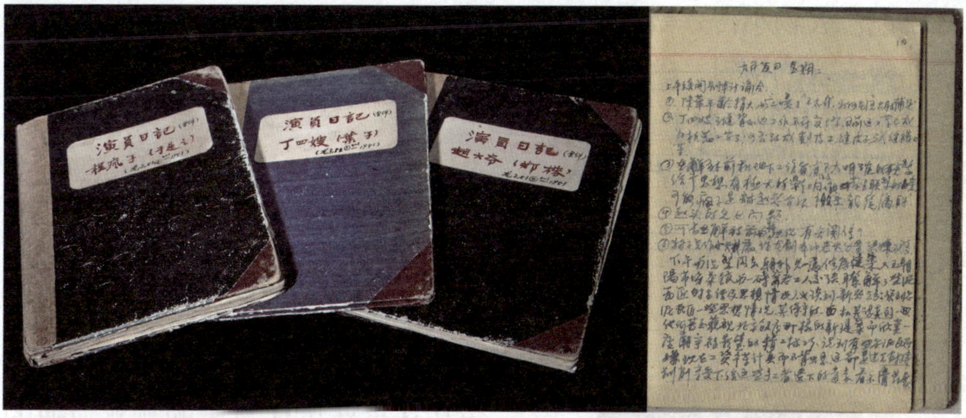

《龙须沟》演员郑榕（饰赵大爷）体验生活日记

焦菊隐当时还在北京师范大学任教，李伯钊邀请他担任《龙须沟》的导演。1951 年老舍在《文艺报》3 卷 9 期发表文章，谈到：“北京人艺现在演出的《龙须沟》，与我的剧本原稿是不完全一样的。我不十分懂舞台技巧，所以我写的剧本，一拿到舞台上去，就有些漏洞和转不过弯的地方。这次，焦菊隐先生导演《龙须沟》，就是发现了剧本的漏洞与欠缺，而设法略为加减台词，调动场次先后，好叫台上不空不乱，加强了效果。”

老舍曾多次在文章中写道：“这本戏很难写。多亏了人民艺术剧院的领导者与工作者给了我许多鼓励与帮助，才能写成。他们要去初稿，并决定试排。我和他们又讨论了多次，把初稿加以补充与修改。在排演期间，演员们不断地到龙须沟——那里奇臭——去体验生活。”[②]

焦菊隐非常重视演员对生活的体验，反复强调：“要从生活出发，从内容出发，从人物出发。”因此在排练前，全体演职人员先去龙须沟体验生活。他还要求演员写创作日记，并采取面谈或通讯的两种方式与演员沟通角色。比如于是之（饰演程疯子）写的《程疯子传》、韩冰（饰演程娘子）的演员日记、人物自传，郑榕等演员的艺术总结等。这些朴素的日记本、作文纸虽然已是斑驳，但被岁月浸润后，更像是一面镜子，不仅记载着演员揣摩人物的创作过程，还映射出他们当时的喜悦、困惑等种种心境。北京人艺的演员们也因此养成了写创作日记、人物小传，做艺术总结的习惯，为后人复排、研究剧目提供了非常丰富的资料。这也成为了北京人艺前辈艺术家们留下的优良创作传统。

50年代末，老舍先生在北京寓所

为庆祝北京解放两周年，《龙须沟》于1951年2月在北京剧场[③]首演。这是新中国建立初期的一曲颂歌，在当时是最新的现实题材话剧，紧紧围绕当前建设而创作，主角是从事新生活建设的普普通通的劳动者。当时龙须沟还没有全面竣工，剧就已经出来了。周总理看完后夸奖道：“帮了我们政府的大忙。”并热情推荐给毛主席观看。因此《龙须沟》也成为毛主席进城以后看的第一部话剧。《龙须沟》由排演到首演，从题材到舞台呈现，其

② 载1951年2月4日《人民日报》第五版。
③ 原真光电影院，现为中国儿童剧场。

自然的生活场景、生动的语言、真实鲜活的人物形象，深深打动了观众，轰动京城。年末，市领导彭真代表北京市政府授予老舍“人民艺术家”称号。在改革开放之前，全国被授予“人民艺术家”称号的仅此一人。

《龙须沟》的成功上演，促成了焦菊隐、老舍日后的长期合作，捧红了于是之等一代演员，奠定了北京人艺现实主义的演剧风格。1958年上演的《茶馆》，就是他们继《龙须沟》后再次创作出来的戏剧高峰。《茶馆》是如何诞生的呢？1956年8月，老舍将一个歌颂人民当家作主的剧本初稿（当时尚未定名）带到北京人艺。这个剧本从戊戌变法开始，一直写到中华人民共和国成立后的普选，主线是主张实业救国的秦仲义一家。曹禺、焦菊隐等人一致认为第一幕写清末一家茶馆里的戏非常生动精彩，后经他们仔细研究，认为可以以这场戏为基础，发展成一个通过茶馆的变迁，反映整个社会、整个时代风云变幻的剧目。隔了一两天，曹禺、焦菊隐、赵起扬带着这个想法到老舍家中与他商量，确定写作的方向，老舍听到后立刻说：“好！这个意见好！我三个月后给你们交剧本！”三个月后，剧本《茶馆》如约诞生了。

1957年7月，《收获》杂志创刊号首次刊登《茶馆》④，这是《茶馆》最初的文学剧本，与北京人艺最终搬上舞台的演出本还不太一样。《茶馆》剧中人物众多，跨越三个时代，给予主创发挥空间很大，但二度创作也充满了挑战。譬如，老舍最早发表的剧本中是没有“大傻杨”这个人物的。剧本一共三幕戏，每幕相隔二三十年，如何使观众在观看的时候很快适应这种时代的变化，更好地理解剧情？若用画外音解说，不适合全剧的风格；通过人物之口进行介绍，会损害老舍精美的语言。焦菊隐带领主创们集思广益，最后决定在幕间加一个“数来宝”的角色，这是从历史上“乐师”“说书先生”等人物身上得到的启发。老舍不但欣然接受这个建议，还很快创造出“大傻杨”和

④ 1957年7月24日出版，巴金、靳以主编。

《茶馆》剧照　左起：杨立新饰秦仲义　梁冠华饰王利发　濮存昕饰常四爷　冯远征饰松二爷

三段快板场词，他既是报幕者，又是剧中人，通过他把三幕戏的剧情串连起来。

第一幕上场人物众多，场面大，事情繁杂，剧情如何排布才能使观众看清脉络，有条不紊而又起伏变化、节奏鲜明？大幕拉开，茶客们热闹地闲聊、谈生意、下棋、写信；店小二忙着招呼生意……将观众一下子带入到老北京的茶馆中。为在群像戏中让每个人物分清层次，焦菊隐以“卖福音书”的演员作为“指向标”，让他有序地走到每一桌面前，将每桌茶客连贯了起来，引领着观众的目光。他还把京剧中的“亮相”用在了《茶馆》人物的出场中，让每一个人物在短时间内给观众留下鲜明的印象。配合各色人物的，还有精心设计的效果处理。第一幕中可以听到鸽哨声夹杂着惊闺声、叫卖声、炒菜声、敲打声等大量丰富的音效，此起彼伏地交织着。当宋恩子与吴祥子两个爪牙上场，茶客们立刻停止了谈论，形成一个静场，这时门外传来悠长的唤头声，像是通报他们的到来，也衬托出在场人物紧张的心情。随后，又在喧闹的声音中，唐铁嘴登场，继而常四爷、松二爷上场。诸如此类的细节处理，将生活中的音响与人物的舞台动作结合起来，烘托人物的思想感情，突出内心活动。舞台上设置了八张桌子，为了营造透视感，每张桌子腿高低错落。焦菊隐强调："舞台表演不仅要自然真实，但台上的生活并不等于艺术品，要经过集中、提炼、典型化了的生活。"因此，看似热腾腾乱哄哄的茶馆里，实则主次分明，动静相宜，张弛有度，宛如演奏了一曲抑扬顿挫的交响乐。《茶馆》营造出的真实氛围感，暗藏着高超的艺术技巧，调动了观众的观感，让人顺其自然地入戏，并被剧中人物紧紧牵动着。

舞台上的人物是如何鲜活起来的？遵循着焦菊隐一贯的艺术原则，演员们对典型的角色开始了观察与探寻，如饰演王利发的于是之认为，生活里的细节可以帮助演员获得角色可贵的自我修养："王掌柜贴东西手上难免黏上浆糊，就不能碰自己的衣服，于是我两只手只好摩挲着，这让我想起了小时候一位邻居，他身上的勤俭、麻利和虽贫穷、低微而又十分讲究整洁的各种特点，又回过来丰富了我的王掌柜。"饰演庞太监的童超，访问了旧鼓楼大街的太监庙，通过与一位老太监的谈话，找到了"庞太监要娶媳妇"的心理依据："这位太监不喜欢那些谈情说爱的文小生，他嫉恨那些有条件娶媳妇的，恨自己丧失了这个条件，惟有终身不娶的北侠欧阳春才是他最崇拜的对象。剧中庞太监非要娶个媳妇给旁人看看，那么在清末有钱有势的太监们纷纷要娶媳妇的奇观，便不足为奇了。"

1980 年，《茶馆》赴德国、法国、瑞士演出，登上了世界的舞台，赢得了外国观众的热烈掌声，圆满地实现了中国话剧的第一次"出海"，被西方称为"东方舞台上的奇迹"。

除了京味戏，北京人艺的历史剧也独有自己的风格。1959 年，郭沫若用七天时间写就了五幕历史大戏《蔡文姬》，焦菊隐拿到剧本后，兴奋地对他说："您写的剧本正是我想要的剧本。您放心，我一定可以排好这出戏！"20 世纪 50 年代，焦菊隐导演开始尝试"民族化"的戏剧探索和实践，他提出这部戏在表演的处理上，要有机地吸收、借鉴戏曲多种多样的丰富经验，创造一些既有戏曲形式又符合特定情景的动作和调度，使整个演出在精神面貌上更富有民族风格："要揭示人物的内心世界；在台词、身段、配音、帮腔、服装、化妆各方面，

郭沫若与焦菊隐等《蔡文姬》剧组人员谈论剧本

尽力创造出一种我国人民喜闻乐见的形式。”朱琳在回忆创作蔡文姬时说：“我试着在生活中平时走路的体态基础上，糅进青衣及扇子小生的步子，我每天用一定的时间练上数次，为的是习惯于人物的体态，一方面也从这些外部形态中获得人物的自我感觉。”饰演董祀的蓝天野借鉴戏曲表演的方法，丰富人物的语言：“不在抑扬顿挫上使力气，从人物出发，发挥人物在特定情境下的语言的作用。在第三幕文姬深夜在父亲墓台弹唱，我从‘听’开始，体会她半生颠沛流离、抛儿别女的遭遇。此时董祀既不能打扰，又不能不立即劝止，我选择轻轻说出台词。在反复劝说下，董祀下定决心直言不讳，说出来的台词痛快淋漓，如一剂猛药，使文姬清醒起来。”

在《蔡文姬》排练的日子里，郭沫若在繁忙的工作之余依然心系剧组，多次来到北京人艺排练场观看排练，在一旁推敲剧情、斟酌台词，与主创共同面对二度创作中出现的问题，回到家中整理成文后即将修改意见寄给剧院，与导演、演员保持及时的沟通。郭沫若不断调整、完善剧本，曾一天连发两封信探讨剧本的修改。这些宝贵的信件记录和见证了“经典”诞生过程中的千锤百炼与精雕细琢。

《蔡文姬》上演后，以其磅礴的诗情风靡北京，享誉全国，成为

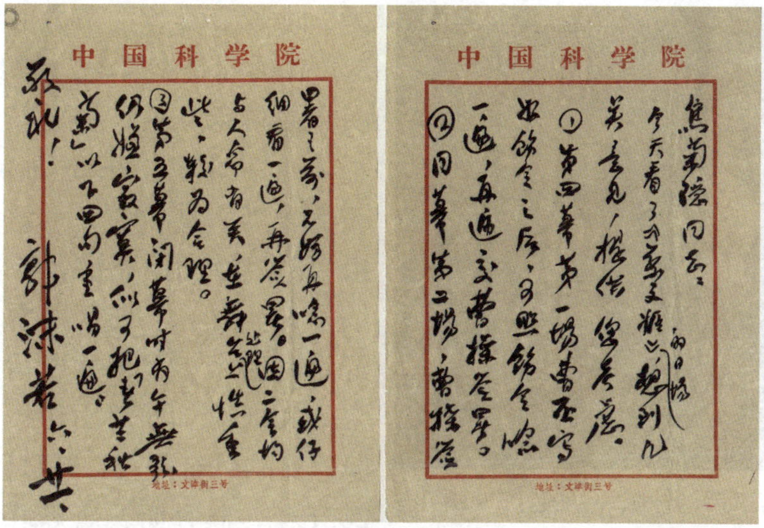
中国科学院

地址：文津街三号

中国科学院

地址：文津街三号

郭沫若关于《蔡文姬》剧本修改建议写给焦菊隐的信

当年中国剧坛的一大盛事。在看完《蔡文姬》的正式演出后，郭沫若十分激动地对焦菊隐说："你在我这盖茅草房的材料基础上，建起了一座艺术殿堂。"《蔡文姬》的创作为北京人艺在话剧民族化的艺术探索和实践上开拓了一片广阔的天地。

传承：在挑战中坚守

经典剧目的创作是基础，但一个作品要流传下来，在长期的传承中要克服诸多困难和挑战，在这背后需要的是人才培养的机制。面对前辈留下的艺术瑰宝，北京人艺的艺术家们稳扎稳打，修炼内功，有计划地培养接班人，传承艺术精神，为其舞台生命续航。

2024 年是《雷雨》剧本发表 90 周年以及北京人艺上演《雷雨》70 周年。1954 年《雷雨》首演时，夏淳作为第一代导演，苏民、郑榕、朱琳等老一辈艺术家在早期均出演过《雷雨》。1989 年《雷雨》面临新老演员的更替，顾威出演周朴园，濮存昕以及刚从北京人艺学员班毕业 2 年的吴刚饰演周萍，还在中戏学习的龚丽君饰演蘩漪。1997 年开始，顾威接过了导演的重任，遵循"尊重剧本，尊重导演"的原则，力求"把力气往剧本里使，不往外边使"。在人物表演、舞

《雷雨》剧照　左起：朱琳饰鲁侍萍　郑榕饰周朴园

美、时长节奏等细节方面精雕细琢。2004年，《雷雨》剧组再一次完成传承交接，杨立新出演周朴园这一角色，王斑饰演周萍，龚丽君则一直留在了《雷雨》剧组中，继续出演蘩漪，80后年轻演员开始加入。此版《雷雨》排练用时四个多月，并邀请老艺术家们和新演员面对面传授表演经验，目的只有一个："保证质量"。2021年，濮存昕、唐烨联合导演了新版《雷雨》，濮存昕"升级"为"老爷"，出演周朴园，还特邀曾经的"四凤"白荟出演新版"蘩漪"，而演出30余载"蘩漪"的龚丽君则变成了"侍萍"。

70年来，北京人艺的《雷雨》在艺术家们不断地自我审视、解读调整中走向观众。譬如郑榕对"周朴园"这一角色的认识和创作，经历了一段漫长、曲折的道路："五六十年代，我想突出说明谁是《雷雨》的罪人，有意识地把人物的态度变得强硬起来，与侍萍的相认表现得冷酷无情，与鲁大海表现得没有一点父子之情，结果导致表演上的概念化。"20世纪80年代开始，《雷雨》逐渐摆脱了错误的干扰和影响，在多方面尤其是对周朴园的阐释上有新的突破，通过与观众的不断交流，以及对生活的深入感悟，郑榕对周朴园有了新的理解："我抛弃了过去一切的抽象概念，发现过去的很多处理有很多不合理之处。'相认'这场戏，既然承认周朴园年轻时对侍萍的爱是真诚的，为什么一定要让他们相见的时候如临大敌呢？"——他在原先演出周朴园"恶"的一面的基础上，又加入了周朴园作为"普通人"的一面，一个更加丰满生动的"周朴园"得以诞生。曹禺曾说："《雷雨》不是社会问题剧，是反映人性的一首戏剧诗。"进入21世纪，人们重新认识到曹禺的出发点和落脚点是写人。顾威在2004年重排《雷雨》时说："这次重排的最高任务是'人性的挣扎与呼嚎'，最有力的体现者是蘩漪，细考量，她还是全剧几乎所有矛盾冲突的始作俑者和推动者，于是我们又确定了第一主角应该是蘩漪，也体现了曹禺曾说'蘩漪'是我最钟爱的。"《雷雨》的创作开始投向"对人性不懈探寻"这一更广阔的主题。

与《雷雨》不同，《茶馆》历经了北京人艺两代艺术家的传承。1958 年至 1992 年，导演焦菊隐带领于是之、蓝天野、郑榕等老一代艺术家将《茶馆》推向了戏剧艺术的高峰，创造了辉煌成就。1992 年，第一代"茶馆人"宣告谢幕，他们在舞台上向观众鞠躬致谢，观众拉起了"戏魂国粹"横幅向他们致敬，台上台下泣不成声。《茶馆》承载了一代人的情怀，所有喜爱《茶馆》的观众都极其不舍。

20 世纪 90 年代正逢影视剧等流行文化兴起，戏剧艺术"遇冷"，在北京人艺内部，也面临着新老交替的局面。"《茶馆》由谁演出？还有人看吗？"成为了业内关注的话题。在此艰难时刻，林兆华导演握住了《茶馆》接力棒，带领演员梁冠华、吴刚、濮存昕、冯远征、何冰、杨立新等第二代"茶馆人"重新走上舞台，此时已是世纪之交的 1999 年，意味着一个新的戏剧时代的开始。

排演《茶馆》源自北京人艺的一种责任和勇气，也代表着艺术家的能力和水平。面对前辈们留下的艺术瑰宝，面对外界的质疑声，林兆华曾准备了几套方案来应对，年轻演员们也承受了巨大的压力。自 1999 年至今，《茶馆》又走过了二十余载春秋。随着两代演员的更替，幕后的舞美工作者也完成了代际传承，无论是台前还是幕后，第二代"茶馆人"都秉持着前辈们"戏比天大"的信念，经过多年舞台打磨，不仅将《茶馆》继承下来，还演出了自己的个性特色。如今，北京人艺《茶馆》每逢上演便一票难求，他们的付出与努力得到了认可，获得了成功。

《茶馆》中的人物鲜活，语言诙谐，洞察犀利，演剧风格代表了中国戏剧艺术的一面旗帜。焦菊隐在擅长的现实主义导演手法中，融入了传统戏曲的表现手法，使之更有民族特色和诗意的韵律感，可以说是北京人艺演剧学派的代表之作。2022 年，北京人艺在建院 70 年后翻开了崭新的篇章，随着第二代“茶馆人”陆续退休，寻找和培养第三代“茶馆人”成为了北京人艺的新使命。

创新：在守正基础上挖掘时代价值

创新是文艺的生命。经典剧目能够历经漫长岁月的考验，不仅需要艺术家的接力传承，还须根据时代特征进行再创造，使其常演常新，葆有着旺盛的生命力。

北京人艺的经典剧目也在不断创新中丰富着演剧学派的内核。就《雷雨》而言，如果说早期观众喜爱《雷雨》是对故事感到新奇，被剧中人的命运所打动，或是着迷于演员的精湛表演，那么在信息爆炸的今天，面对新时代年轻人的审美需求，《雷雨》这个熟悉的故事该怎么讲，又是一个新的挑战。

面对不同艺术院团、多元艺术形式的《雷雨》绽放舞台，面对不同时代观众的审美习惯，濮存昕、唐烨在 2021 年联合导演了新版《雷雨》，还原了原剧本中序幕和尾声的部分内容，着力于在二度创作中融入跨界元素，注重现代审美表达。舞台上的沙发作为全剧的意象符号，它既是三十年前故事的缘起，也是保留至今的一份回忆。“剧中鲁贵说鬼的故事是不是在沙发上？周萍和四凤的故事也可以发生在沙发上，周萍和蘩漪的故事也可以发生在沙发上，三十年前周朴园和侍萍的爱情也可以发生在沙发上。这一次我们处理周朴园和侍萍相认的那场戏，侍萍也坐到了这个沙发上。最后我们发现，沙发可以隐藏起三个青年，沙发可以把三把雨伞传递到舞台上。结尾，这个沙发从乐池上升起来，四凤、周萍、周冲三个死去的年轻人站起来，转身，撑起油纸伞拥着三位老人走向远方。这样序幕和尾声就形成了一个呼应。”濮存昕在导演阐述里如是说。

北京人艺前几版《雷雨》中的“雷雨”形象是通过演员的台词传达出来的。如蘩漪一下楼，就说：“这屋子怎么这样闷热。”四凤回复太太：“一早晨黑云就遮满了天，也许今儿个会下一场大雨。”

在效果设计上，先后用的是雷音板和雨扇、雨帘器，从听觉上烘托气氛。新版《雷雨》还将“雷雨”外化成了舞台布景，在边幕和天幕画出乌云。为增强全剧的感官和心灵的冲击力，邀请舞蹈家沈培艺来给演员们编排舞蹈动作，通过一段肢体舞蹈来表现人物的内心，增强了感官和心灵的冲击力。此外，年轻侍萍形象、周萍开枪自杀、四凤和周冲触电的情节也都是首次搬上舞台，这些二创细节力图在舞台上营造出悲伤诗意的审美想象。

曹禺继《雷雨》之后，在20世纪30年代又创作出《日出》。北京人艺历史上，几乎每隔20年，就重排一次《日出》。几个版本的《日出》在时代面前从不失色，在常年的演出中，不断地捕捉时代的风貌，寻求与当下观众对话的路径。

1956年，首都剧场落成并正式交由北京人艺使用，其开幕大戏便是由欧阳山尊执导的《日出》，这也是北京人艺的首版《日出》。1981年，北京人艺以全新阵容再次排演《日出》，导演刁光覃着重突出了陈白露的三段关键戏份，并在舞台布景上进行了创新尝试。进入21世纪，导演任鸣分别于2000年和2010年推出两版《日出》。2000版《日出》巧妙地将手机、电脑、人头马、流行音乐和时尚服装等现

《日出》剧照　左图：陆璐饰陈白露；右图：于震饰潘月亭、雷佳饰李石清

代元素融入舞台。任鸣认为，《日出》中的人物都是社会角色的缩影，如老板、饭店侍者、工人等，这些角色在任何时代都存在。时代变迁，服饰和语言习惯或许会变，但人性的本质始终如一。他希望观众能通过当代元素更好地与剧作产生共鸣。2010 年，为纪念曹禺先生百年诞辰，任鸣再次排演《日出》，这一次他更多忠实于原著，在剧作主题、舞台布景、人物服装、音乐等各个方面都贴合原著时代，最大限度传承和发扬曹禺先生的创作精神。

2021 年，冯远征导演了新版《日出》，在深刻理解原作的基础上，新版《日出》追求“新”与“突破”。从原剧本出发，通过意象化和夸张化的手法，强化剧本的思想深度和表演感染力；在叙事结构上大胆创新，以方达生的“寻找”为线索，通过他的视角展开整个故事。剧中大胆起用 95 后演员担纲主演，以更具概括性和表现力的形象和影像，丰富人物表达，捕捉人物内心世界。在舞美设计方面突破传统，舞台两侧各立一道外八字打开的投影纱幕，中间是一道异形处理的实体大理石墙，一条缓缓游动的金鱼投影其上，象征着剧中人在狭小空间中的无助与彷徨，直至生命终结。在陈白露和小东西自杀的情节设计中，运用实时摄影技术捕捉演员面部表情特写，让观众对剧中人物的命运产生深切同情和感慨。而“日出”的舞台呈现，则是通过大理石翻转后露出的 82 盏筒灯汇集而成，如同日出时分穿透窗户的阳光，照亮舞台每一个角落。

新版《日出》以更广阔的艺术视野为经典作品注入当代元素，融合现代科技手段，传达着现代创作者对经典的全新解读。导演冯远征在 2000 版《日出》中饰演方达生，如《雷雨》《茶馆》一样，北京人艺的艺术家“演而优则导”“退休不退岗”，这种传、帮、带也成为传承经典、“擦亮”经典的法宝。

戏剧本是舶来品，北京人艺在 72 年的发展中，对其进行了咀嚼和消化，在吸收包容西方戏剧文化的基础上兼收并蓄，以自己民族艺术的优秀传统和美学为根基，从人民群众生活中汲取素材，注重本土观众的审美，创作、传承了一部部叫得响、传得开、留得住的经典剧目，并在传承中捍卫坚守，勇于突破创新，使其魅力穿越时代熠熠生辉，形成了具有独特标识的“北京人艺演剧学派”和精神传承。

（本文为北京市文联基础理论课题研究资助项目）

（戴晨　北京人艺戏剧博物馆副研究馆员、北京戏剧家协会会员、北京文艺家评论协会会员 北京 100006）

经典话剧《蔡文姬》的创作与传承

熊国平

1957 年 1 月 31 日，郭沫若编剧、焦菊隐导演的《虎符》公演，焦菊隐关于话剧民族化的试验引起戏剧界的大讨论。这次试验获得了广泛的肯定和支持，但亦不乏质疑。焦菊隐本人觉得《虎符》在借鉴中国戏曲元素方面取得的成绩并不理想，尤其在民族音乐的引入上遇到极大的困难，有些问题一直到演出还未能得到解决[①]。随后焦菊隐又选择郭沫若的另一个剧本《高渐离》，希望做进一步探索。北京人民艺术剧院领导及专家多次研究讨论，认为就当时形势而言，并不适合排演该剧。1959 年 2 月 16 日，剧院党组扩大会主要研究这一问题，并最终决定停排。会议期间，曹禺院长来电话告知，郭沫若新创作的剧本已完成，定名为《文姬归汉》（后改为《蔡文姬》），不日即可拿到剧本。2 月 22 日，剧院收到剧本并连夜组织刻印。剧本交到焦菊隐手上，他兴奋地对郭沫若说："您写的剧本正是我想要的剧本。"

《蔡文姬》首演说明书

一、《蔡文姬》的剧本创作

（一）创作方法：现实主义与浪漫主义的结合

郭沫若认为"话剧是现实主义的艺术，用话剧这种体裁来写历史剧，这种做法就包含着浪漫主义内在"[②]。郭沫若认为浪漫主义就是想象力得以充分发挥或者说艺术性的夸张、夸大，而在作品中处理古代或者外国生活就是浪漫主义的一种特征。创作历史剧应当遵循当时的可能性来写作，在现实主义的基础上运用浪漫主义的手法，尽可能真实地恢复当时当地的生活。例如《蔡文姬》中涉及到生活方式的问题，就不能随意发挥。历史剧要以历史唯物主义为基础，追求历史真实，然后进行加工、想象和夸大。但所能凭借的材料往往比较有限，这就要求历史剧作者发挥想象，把很少的材料组织成一个完整的世界。

（二）创作动机：为曹操翻案

郭沫若直言：我写《蔡文姬》的动机就是要为曹操翻案！[③]郭沫若作为剧作家和历史学家，一直提倡在创作历史剧时，作者自己首先对待历史要有准确的评价。当时国内通行的历史观还没有建立，郭沫若以“为曹操翻案”作为创作《蔡文姬》的动机，借由文姬归汉来歌颂曹操的文治武功具有相当大的社会挑战性。公众普遍的观点还认为曹操是反面人物，是窃国奸雄。郭沫若力排众议，从历史考据上肯定曹操在民族团结、发展社会生产、促进社会进步方面的伟大功绩。然而，社会上对于郭沫若为曹操翻案仍然有非常多的不解和非议。在排练中剧组曾接到一封信，代表了这部分人的观点，内容如下：

刁光覃同志：

怎样创造曹操这个人物形象，如何表现这一人物性格，值得三思。

21日人民日报第七版、22日第八版将对你有所启发，因为咱们党报这次发表的文章值得重视。说曹操是“坏蛋”“屠夫”“混世魔王”似乎不是没有根据的，你在刻画这个人物时应该有分寸，自己要有主见，不要受拥曹派的影响。

赵丹由于认识水平不高，把奴才武训理解为正面人物，这是他艺术生命史上的污点，你不要步他后尘。

要有自己的见解，不要人云亦云。

要好读书，又要好求甚解。

祝你

正确的处理并表现这个历史人物。

一群观众

1959年4月22日

刁光覃是剧院优秀的表演艺术家，在剧中饰演曹操。信中所提"武训案"是1951年轰动文艺界乃至整个文化界的批判运动。夏衍先生曾评论说："《武训传》本是一部正常的电影故事片，却在政治思想、文化艺术领域，乃至全社会搞得是是非非，沸沸扬扬，震动了几十年。"[④]而郭沫若不仅在学术界呼吁对待历史人物应当根据马克思主义的观点重新评价，在戏剧创作中也积极尝试，提出对于历史人物"不应当随便给他抹白脸"。

（三）剧情脉络：用历史旧典演绎新的绝唱

郭沫若选取观众耳熟能详的历史故事作为主要情节和故事线。范晔所著《后汉书·董祀妻传》中有"文姬归汉"的粗略记载，后被小说、戏曲不断演绎丰富，得以广泛流传。蔡文姬被迎回是一个典型，代表了无数因战乱而流离失所的难民，正是通过这一事件对曹操进行颂扬：文姬归汉，不只靠金钱，最根本还是靠曹操的文治武功和对匈奴的震慑。郭沫若说："我写《蔡文姬》，一部分是根据历史上的材料，一部分是我编造的。有些人物是虚构的，有些事情的过程也是想当然的。"[⑤]例如：把蔡文姬与左贤王的两个孩子处理成一子一女；把左贤王处理成爱国主义者，但只爱匈奴；虚构出赵四娘这个人物，让蔡文姬能够放心离开儿女；把董祀与文姬的关系设定为亲戚，让董祀有理由去和蔡文姬在思想上深入交流。蔡文姬嫁给董祀则是借鉴了曹丕的《蔡伯喈女赋序》，文中有"家公与蔡伯喈有管鲍之好，乃命使者周近持金璧于匈奴，赎其女还，以嫁屯田都尉董祀"的确切表述。曹操要杀董祀，却为蔡文姬所救，这在《后汉书·董祀妻传》中也有记载，但董祀犯了什么罪，却没有说明。结尾蔡文姬的儿子归汉，母子团圆，是大众喜闻乐见的喜剧结局。郭沫若在人物关系与事件处理上所做的安排，让一些历史材料有机化，使文姬归汉这一史实不断丰富并达到统一。整个戏的情感基调是从悲到喜，既是悲剧，也是喜剧，喜中又有悲。

（四）剧作主题：乐以天下，忧以天下

《蔡文姬》导演焦菊隐曾评价郭沫若及其作品说："郭沫若同志是一位科学家、历史学家、文艺批评家、诗人和剧作家。当他创作历史剧的时候，他是以科学家、历史学家渊博的知识做准备，以革命诗人的激情进行丰富的构思，最后再以戏剧家的绚丽风格落笔。所以他的作品才是这样的旁征博引、才气纵横、想象大胆、联想奇胜。而一以贯之的却是他的作品有着革命浪漫主义色彩的惊人的独创见解。"[⑥]《蔡文姬》中最突出的独创见解，就是对蔡文姬和曹操这两个人物的刻画和解释。郭沫若在剧本序言中宣言：蔡文姬就是我！——是照着我写的[⑦]。又说：我写蔡文姬的主要目的就是要替曹操翻案。关于为曹操翻案的问题，焦菊隐认为这只能是作者的创作动机之一，不能是这个戏的主题。那么这个戏的主题是什么呢？从剧本中可以看到，郭沫若不仅把蔡文姬抛儿别女的感情和自己的体验联系起来，而且把自己"以国事为重"的思想境界也给予蔡文姬，不仅使蔡文姬实现了继承父亲遗业的宿愿，而且写出胸怀开阔的诗篇《重睹芳华》。这就使蔡文姬这个人物的思想感情从悲苦哀怨以致不能自拔的境地，跃至"乐以天下，忧以天下"的境界。这才是本剧的主题，体现着作者革命浪漫主义的诗的激情。

二、《蔡文姬》的二度创作

（一）导演构思：话剧民族化的成功实践

焦菊隐把我国传统戏曲中的程式，如"亮相""起霸""龙套""帮腔""音乐"等，经过选择、提炼、发挥，创造性地运用到话剧《蔡文姬》的导演艺术中。第一幕从开幕、文姬出场到独白，为全剧风格的形成奠定了基调。焦菊隐通过对这一段戏的处理，迅速把观众带入该剧特有的意境当中。剧本规定：大幕拉开，蔡文姬独自一人在场上，形容憔悴，"一时又高兴，一时又有愁思不决之状。"为了把这个规定情景揭示出来，导演在大幕拉开后把舞台处理为空无一人。大幕在具

有中国古代特色的音乐旋律中缓缓开启，色彩鲜丽的匈奴穹庐帐幕和悬着大铜锣的五色旗架在黑色天幕的衬托下展现在观众面前。布景使音乐的形象具体化，音乐又赋予布景以活的生命，这个具有浓郁民族风格的舞台环境能迅速吸引观众的感官并引起情绪共鸣。第二幕的基本情节是“文姬归汉，告别匈奴”。剧本规定：开幕后“一对对侍女与仪仗队从两侧走出，继而右贤王与周近上场。”焦菊隐凭借对话剧和传统戏曲的娴熟，不仅发挥了“龙套”等程式的烘托作用，而且把戏曲中关于舞台美术和表演艺术相互关系的美学观点也做了发挥，让“群众演员既是角色，又是舞台美术的一部分。”通过对这些程式的借鉴和运用，焦菊隐极大地丰富了文学剧本，从而把人物内心深处的情感揭示出来，把未曾出现的人物介绍出来，把刚刚出场的人物面貌“亮”在观众面前。焦菊隐还借鉴戏曲中的背躬戏，加以改造、运用，达到了“此时无声胜有声”的艺术效果。在处理四幕二场曹操、曹丕、周近的一段戏时，就运用了这种手法。《蔡文姬》的开幕和闭幕十分讲究。焦菊隐强调，必须“充分表现出矛盾即将有新的发展，事物即将有新的变化”，“不但要引起观众急于等待剧情发展的热望，还要使他们由此把全剧的矛盾贯穿起来”。[8]

《蔡文姬》第三幕出现的梦境最能体现焦菊隐的导演构思。因为郭沫若的剧诗意浓厚、气势磅礴，正如焦菊隐形容的那样：“任由自己的热情奔放，一泻如注地去写他的人物，于是，他们也就都是比较感情澎湃的人物。”[9]蔡文姬在巨大的情绪波动下一连做了两个梦。梦境以兵荒马乱为背景，先梦见十二年前逃难人群奔走呼号，胡汉两家士兵互相追杀，左贤王把自己从乱兵中救出；后又回到十二年后的今天，胡儿追赶上自己。原剧本“舞台指示”上要出现辽阔的草原、雄伟的长城、萧条的山川、战时的关隘，还有雷电交加、滂沱大雨等等。想要在几分钟里就把郭沫若笔下内容丰富的梦处理好，并不是一件容易的事。焦菊隐认为如果一般化的处理上面的梦，为了表现兵荒马乱、流离失所，就可能用许多演员去再现。但是他只用了少数人，把舞台上的灯光全部关掉，只安排几个光从两侧沿地板交叉打在逃难人群的脚上，在舞台中心形成一个似有似无，若隐若现的表演区。这样的意境不仅符合梦幻的感觉，而且突出了战争年代的动乱，加上舞台上的战鼓声、呐喊声、犬吠声此起彼伏、连续不断，便造成了千百万人在战乱年代流离失所的景象。第一个梦结束后舞台全黑。这时蔡文姬入梦前身上的那一束光又恍恍惚惚亮了，使我们看见她呻吟着翻了一下身，又陷入昏厥状态。随着那一束光的暗掉，第二个梦又继续下去。到最后灯光复明，舞台恢复成梦前树林的景象，梦全部结束。《蔡文姬》第三幕对于梦的处理，充分发挥了我国传统戏曲艺术不受时间和空间限制的特点。梦本身就带有浓厚的浪漫主义色彩，处理不好容易与真实的生活脱节，陷入形式主义。但是，焦菊隐凭借他对现实生活的洞察和对郭老创作意境的理解，紧紧抓住人物的感觉，实际上也是导演和观众的感觉。由此出发，创造出另一种梦的样式，把表演和舞台技术手段融会贯通，从而使内容和形式高度统一，形象真实感人。[⑩]

《蔡文姬》的导演和表演尽管吸收了戏曲的许多表现手法，但它仍然是一出话剧。焦菊隐说："话剧应当遵循着自己的道路来吸收戏曲的东西。""我们必须原原本本地学会戏曲的有表现力的动作，但我们不能把原原本本的戏曲动作贴在我们的表演上。我们必须消化它们，改变它们，甚至重新创造它们，使它们为我们的体验服务。"[⑪]在《蔡文姬》的整个排练过程中，不论在导演的舞台调度上，还是在演员的表演上；不论在鲜明的舞台节奏上，还是在细致的心理刻画上，焦菊隐按照这样的原则，导演了一出具有独特风格的话剧，为"话剧民族化"积累了宝贵的经验。

（二）舞美设计：传统美学的留白与想象

《蔡文姬》的舞台美术不但为剧中人物创造了生活于其中的典型环境，更为难得的是它以富有民族色彩的风格，完整的美术形象，出色地加强了全剧诗的意境效果：(1) 如造成无限深远感，任凭观众去展开想象的黑丝绒天幕，由近及远一连五层的、上缘不知附于何处的匈奴穹庐帐幕；(2) 顶天立地的五色旗架和民族彩画的大铜锣；(3)

《蔡文姬》舞台设计图及舞台空景照

用暗色幕条交错垂立形成的树林夜景，还有缭绕在林木中间的霭霭云断；（4）在空旷的舞台上，完全靠灯光的不同投射方法，塑造出几个梦境。

舞台美术设计工作刚开始，焦菊隐就提出了“四个统一”的原则要求，即“似与不似的统一；形似与神似的统一；生活真实与艺术真实的统一；有限空间与无限空间的统一”。似与不似、形似与神似这是中国绘画所特有的美学思想与传统；生活真实与艺术真实、有限空间与无限空间这两对矛盾，又是话剧舞台上常常不容易突破的局限。“四个统一”的提出，就是要求在这个戏的舞台美术创作中，要用中国画的风格来体现，同时还要大胆设想，勇于打破话剧常用的布景格式。在焦菊隐的启发下，舞美设计师们不断从众多素材中抓取可以采用的典型形象，并根据导演指示予以取舍、提炼、加工，使舞台呈现浓郁的传统美学特点和民族风格。

（三）舞台呈现：从台词到调度精益求精

在《蔡文姬》排练过程中，郭沫若时常到首都剧场的排练厅看排戏，在一旁推敲剧情、斟酌台词，回到家中整理成文后将修改意见寄给剧院，与导演、演员及时沟通。郭沫若曾一天连发两封信探讨剧本的修改（见信4、信5）。这些宝贵的信件记录、见证了这一经典话剧创作过程中的千锤百炼与精雕细琢。

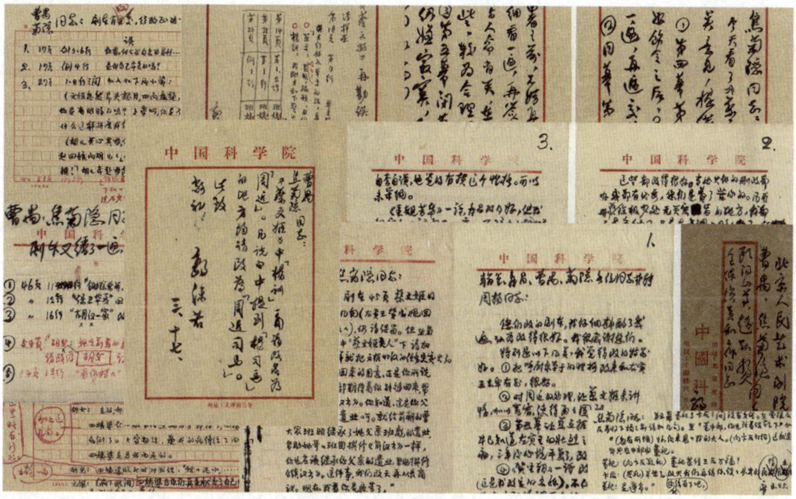

郭沫若就《蔡文姬》剧本修改亲笔信

表1：1959年郭沫若就《蔡文姬》剧本修改致北京人艺信件

序号	时间	收件人	信函主要内容
1	1959.3.1	曹禺、焦菊隐	二幕：删改周近质疑左贤王“冒顿”称号的台词；三幕：增加一节文姬怒斥苍天无眼、待己不公。
2	1959.3.10	曹禺、焦菊隐	二幕：增加两句周近和单于关于左贤王的对话； 勘误：“班婕予”改为“曹大家班昭”。
3	1959.3.17	曹禺、焦菊隐	剧本中所有“杨训”一角都改为“周近”。
4	1959.3	曹禺、焦菊隐	46页：“锄除兼并，拯济贫困”改为“平定中原”；“保卫华夏”四字删去；“胡汉一家”改为“四海一家”；54页：“胡儿”改为“胡女”；“看你妈妈”删除“你”字。
5	1959.5.2	阳翰笙、田汉、曹禺、焦菊隐并转周扬	“您们改的剧本，我仔细斟酌了几遍，认为改得很好。我很感谢您们。特别是以下几点，我觉得改的特别好。①、②、③、④”…… “有几处我觉得可以商榷，维持了原状。①、②”
6	1959.5.2	曹禺 并转焦菊隐	四幕二场：在曹操台词中增加几句，突出迎文姬归汉的任务。

续表

7	1959.5.24	焦菊隐	1、终场时，大家喊“千秋万岁”即可闭幕； 2、建议将舞蹈者都换成女性； 3、五幕一场：增加胡女、胡儿台词，点出赵四娘对文姬子女的照顾。
8	1959.5.25	焦菊隐	五幕一场：增加两句董祀与卞后之间的见面答礼
9	1959.6.21	焦菊隐	1、四幕一场：曹丕写好饬令之后可照念一遍； 2、四幕二场：曹操签署前再念一遍或细看一遍； 3、五幕闭幕：“闭幕时有舞无歌，仍嫌寂寞，似可把‘春兰秋菊’以下四句重唱一遍。”

除表1所列9封信件外，还有一封郭沫若秘书王廷芳于3月26日寄给剧院的信。他在看排练后觉得第二幕文姬、董祀出场时，蔡文姬有点冷场。郭沫若采纳了这个意见，在“单于：不，你来得正是时候。”后再加入文姬和单于的一段对话，为蔡文姬与单于的七段对话，突出文姬归汉的决心和任务（“继承我父亲的遗业，撰写《续汉书》”），并表达单于对文姬母子分别的关切，承诺照应文姬子女。

在《蔡文姬》排练过程中，中央及北京市有关领导给予了关心和支持，提出多方面指示和建议，文化艺术界领导、专家积极建言献策，不断对该剧进行修改雕琢，促使舞台呈现臻至完善。1959年4月4日，《蔡文姬》前四幕连排，剧院邀请郭沫若、马彦祥、周巍峙、金紫光等以及北京市委文化部和市文化局的领导同志来看连排，并与导演、演员们一起座谈。座谈会上，有关领导提出两点意见：（1）对曹操的歌颂有些过分，容易使人联想到今天的现实，而对其性格的另一面——傲慢、多疑等又表现不足；（2）现代语汇用的很多，也使人容易联想到今天。三天后，北京市委文化部专门组织讨论《蔡文姬》剧本，除上述两点意见外，还提出“涉及民族关系问题应慎重考虑”。4月20日晚，《蔡文姬》在首都剧场连排，剧院邀请中宣部及各方领导周扬、林默涵、范文澜、潘梓年、沈雁冰、钱俊瑞、邵荃麟、田汉、阳翰笙、陈克寒、杨述等前来审查，同时还请了孙维世、任虹、张瑞芳等及中国作协、中国剧协的有关同志百余人一起观看连排。第二天，周扬传达了周总理的意见：这个戏要演出，但要改一改。在周扬指示下，由焦菊隐、欧阳山尊及主要演员根据各方面意见，于当天下午研究修改方案，并请阳翰笙参加。在研究方案过程中，周扬来电话说，周总理的意见是要尊重作者，希望由郭沫若自己改。但郭沫若即将出国，周扬向总理汇报了这一情况并将剧院关于剧本修改所开展的工作一并汇报，总理同意先由剧院提出修改方案，并指定由周扬、田汉、阳翰笙修改。阳翰笙、曹禺与焦菊隐及剧组演员一起，讨论了关于《蔡文姬》剧本修改的问题，确定剧本修改需要遵循的原则，即：

（1）修改台词中的现代用语和词句，避免观众将其与今天的现实发生联系；

（2）删去对曹操过分表彰的词句，尽量使得对这一历史人物的评价恰如其分；

（3）在民族问题上，尽量避免刺激少数民族情感的情节和台词。

根据以上原则，焦菊隐等同志对剧本作了具体的修改，主要改动为：（1）在民族问题上说明曹操主张与南匈奴和好是由于他“有意于江南，要亲率大军对孙权、刘备大张挞伐”，所以对南匈奴采取了怀柔政策，但客观上却做了一件好事；（2）将呼厨泉单于改成一个具有民族自尊心的人，诚心诚意愿意胡汉和好，既不同意右贤王那样在汉朝使者面前一味卑躬屈节，也防止左贤王感情用事不利和好；（3）删去“一统”、将匈奴分为五郡、右贤王留在中国学习、让胡儿胡女姓汉姓、给他们改汉名等等台词和内容；（4）将“中国”“祖国”改为“汉朝”“中原”和“故土”，把“回国”改为“回去”；（5）让文姬早一点知道左贤王死去的消息，使她在第五幕中与董祀的结合较为自然；（6）删去过分歌颂曹操又容易使人联想到现代的词句，同时删去一些无关的说明性台词；（7）将第四幕第二场的“屯田歌”取消，另加一小段戏；（8）请田汉按郭沫若原来的文笔风格改写“贺圣朝”，避免对曹操过分的歌颂，并将其改名为“重睹芳华”。

4 月 27 日，剧院将删改后的本子送交周扬，他对删改基本同意，并请阳翰笙转送郭沫若。5 月 2 日郭沫若审阅了删改本，并加以润色，他基本同意剧院的删改，也提出两点觉得不够妥当之处（见信4）。5月8日，剧组按照郭沫若肯定后的修改本加紧排练出来，请周总理、陈毅副总理、周扬同志和北京市委负责同志进行审查。随后，根据领导同志看彩排后的意见又作了些修改，着重于在演出时间上进行适当压缩。按照周总理指示并征得郭沫若同意，删去了四幕二场，使全剧演出时间由3小时29分缩减到2小时40分，既强调了舞台的艺术风格，又保证了演出的完整和谐。至此，《蔡文姬》在经历了从剧本到舞台的数度删改后，舞台呈现渐趋完整，艺术风格臻于成熟，只待大幕拉开。

《蔡文姬》剧照　左起：赵韫如饰卞后
朱琳饰蔡文姬 刁光覃饰曹操 张瞳饰曹丕

5月21日，《蔡文姬》正式公演。郭沫若的浪漫主义诗情和焦菊隐话剧民族化的导演构思融于一炉，创造出一台具有中国气派的完美舞台艺术精品。焦菊隐在保持"体验"的创作方法基础上，创造性地吸收了中国戏曲的表导演方法，增强并丰富了话剧的表现力和感染力；而且还吸取了我国富有民族特色的诗歌、美术、音乐等手段，使这出戏的演出绚丽多彩，完整和谐，形成了独特的艺术风格[12]。郭沫若同志赞扬焦菊隐说："你在我这些盖茅草房的材料的基础上，盖起了一座艺术殿堂。"

三、《蔡文姬》的演出与传承

《蔡文姬》在1959年首演成功后，被列为国庆十周年献礼剧目参加国庆演出季演出。此后作为剧院优秀代表剧目多次赴外巡演。1960年3月至4月，赴沈阳、长春、哈尔滨演出39场。1961年10月，代表北京人艺赴上海演出。此次演出对剧院而言意义非凡。欧阳山尊提出：上海是我国话剧的发源地，在话剧、电影方面都人才济济。我们要去的话，就应是“来者不善，善者不来”，是一次“远征”，气魄要大，拿出去的剧目，第一要质量高！[13]截至1961年11月16日晚，《蔡文姬》演出已满200场。

1977年11月，北京市委文化部向中央申请恢复上演优秀传统剧目。《蔡文姬》作为北京人艺上报的优秀剧目之一被首先恢复，并于1978年2月14日建组，5月23日公演。6月6日，在预售下一轮演出票时，观众踊跃购票，乃至挤倒剧院南围墙。1978年8月，电影版《蔡文姬》由北京电影制片厂投入拍摄，剧院原班人马参演。

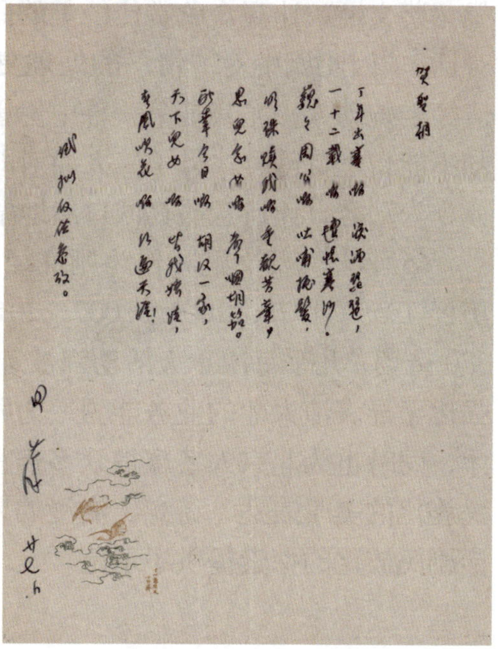

1959年田汉为《蔡文姬》所作《贺圣朝》手稿

《蔡文姬》作为北京人艺的代表和经典保留剧目，历经岁月洗礼而深深铭刻在剧院史册。2001年，剧院再次复排，由苏民执导，唐烨担任副导演。对于此次复排，苏民提出：要在保持焦先生导演构思风貌的基础上求发展。在演出说明书内页“导演的话”里，苏民写道“再造前人的艺术珍品，并不等于没有创造。因为理解与表达的艺术能力都只能是今人的”。“现在恢复这个戏的排练演出，我和演员、舞台美术家、音乐家们将努力再现这出戏曾经有过的辉煌，直至奢望追补当年焦先生曾感不足之处。如果观众觉得还不错，那是我们理解前人创作意图的结果；如果观众觉得还不如原有效果，那是我们能力的薄弱”。2011年，苏民、唐烨联合执导，演员阵容进行了全新调整，由于明加饰演蔡文姬，濮存昕饰演曹操，闫巍饰演董祀。

2022年，《蔡文姬》作为建院70周年纪念演出剧目，于4月19日至5月3日在首都剧场上演（后因疫情中断）。本轮由唐烨执导，徐帆、濮存昕、邹健、杨立新、刘辉等观众熟悉的面孔悉数回归，同台演绎这部代表着中国话剧民族化实践成功的作品。观众在一场演出中既能领略几代演员的风采，又能真切感受到北京人艺乃至于中国话剧探索的轨迹。唐烨说：“把老一代创作者的华彩篇章完美继承，少走弯路，不拘泥于所谓‘别人用过了的手段’，现代人需要另辟蹊径的创新思想。”“把几代创作者的集体情感通过舞台人物的精确演绎呈现给观众，共同表现一种清新简约、震撼人心的艺术风格。”唐烨希望《蔡文姬》让观众欣赏传统美的同时也能以当代人的理解去与历史对话。[14]因此剧中对“情”的处理更加细腻，家国情、夫妻情、母子情等委婉动人，尤其是第一幕中伊屠知牙师听说妈妈蔡文姬回归汉朝却不能带上自己时，母子二人面对即将到来的离别所表现出的难舍难分令人动容，让诗意与真诚自然地融合在一起。

65年来《蔡文姬》作为剧院经典保留剧目，一代代传承与发展，历经1959、1978、2001、2007、2011、2022年多次复排重排，演出370余场，几乎每次重大活动都被选为演出剧目。这些演出不仅提升、强化了导表演人才的业务能力，为剧院培养了一大批导表演及舞美人才，同时也为北京人艺赢得众多声誉，吸引和培养了几代观众。该剧民族化的美学表达，诗意、浪漫的艺术风格，都成为鲜明的标志，为话剧民族化的探索提供了示范。

注释：

① 焦菊隐《关于话剧吸取戏曲表演手法问题——历史剧〈虎符〉的排演体会》，刘章春主编《焦菊隐戏剧散论》，北京：中国戏剧出版社，2015.12。

②③⑤ 朱青、郭沫若同志谈《蔡文姬》的创作，《戏剧报》1959年06期。

④ 夏衍《〈武训传〉事件始末》，《文汇报》，1994年7月16日。

⑥⑪⑫ 苏民、刁光覃、蓝天野，忆焦菊隐同志导演《蔡文姬》，《光明日报》，1978年9月合订本、10月合订本。

⑦ 郭沫若《蔡文姬》，北京：中国戏剧出版社，1959年4月一版。

⑧⑨ 刘章春主编《〈蔡文姬〉的舞台艺术》，北京：中国戏剧出版社，2007.6。

⑩ 张我威，经典场面，1980年10月；刘章春《〈蔡文姬〉的舞台艺术》，北京：中国戏剧出版社，2007.6。

⑬ 北京人民艺术剧院编《北京人艺大事记》。

⑭ 牛春梅，北京人艺院庆纪念版《蔡文姬》首演，《北京日报》，2022年4月20日。

（熊国平　北京人民艺术剧院戏剧教育与研究处　北京　100006）

艺术档案中的排演历史

——《海鸥》在北京人艺的首演

杨　琳

1898 年，由斯坦尼斯拉夫斯基和丹钦科联合导演的《海鸥》在莫斯科艺术剧院的演出获得空前成功，丹钦科在回忆这次演出时说：“一个新的剧院诞生了！”海鸥也成为莫斯科艺术剧院的标志之一。自此这部由俄国著名剧作家契诃夫创作的四幕喜剧在世界舞台上久演不衰，百余年来的演出承载了各时代人们的民族表达与当下解读。

曾以莫斯科艺术剧院为建院蓝本的北京人民艺术剧院也与《海鸥》有着不解之缘，于 1991 年和 2023 年两次排演过这部作品。2023 年，由濮存昕带领一众青年演员再次上演该剧时，院长冯远征表示：“这部戏就是要培养新人，让老演员把多年积累的表演经验传授给年轻人。”这里的老演员显然意指曾在上一版《海鸥》中饰演男主角科斯佳（特里波列夫），此时已接过导筒的濮存昕。这版被称为“青春版”的《海鸥》对作品本身以及舞台样式都做出了全新解读，既在文学上保留契诃夫的语言魅力，又更加符合中文听觉习惯；油画般的舞台质感，流动的皮箱、倾倒的大树作为明显的象征符号，生动诠释了契诃夫剧作的流动性与不确定性。专家认为该版《海鸥》在对心理现实主义演剧传统的继承，以及勇于创新上有着明显的特点。濮存昕也直言《海鸥》与之前执导的《哈姆雷特》《雷雨》一样，都是自己当年没有演好的作品。可见它的缘起，还要追溯到 1991 年由苏联导演叶甫列莫夫执导的《海鸥》，这也是这部契诃夫代表作与北京人艺的第一次联结。

时隔 30 多年，再次打开《海鸥》的艺术档案，建组会纪要、专家讲课摘要、排演记录、座谈会记录……林林总总的资料贯穿起来，重新展现出它本初的面貌。任何一部剧目在剧院的演出必然有它的现实意义，当我们穿过历史回望过往，《海鸥》排演的价值和意义也会呈现得更加清晰。

一

1991 年 6 月 13 日《海鸥》建组会上，时任北京人艺副院长的于是之宣布了角色名单，这是一个老中青结合的剧组，既有田冲、修宗迪、吕中等老艺术家，也有杨立新、濮存昕等已经积累了一定舞台经验的演员，还有刚从北京人艺与中央戏剧学院合办的 1987 级表演训练班毕业的四位青年演员——徐帆、龚丽君、陈小艺、李洪涛，分别扮演妮娜、波琳娜、玛莎、沙姆拉耶夫。他提到当前排演《海鸥》的两点意义：一是开阔眼界；二是剧院建设的一个步骤。

《海鸥》演出剧照龚丽君饰波琳娜（左）、濮存昕饰科斯佳（中）、陈小艺饰玛莎（右）

也正是基于以上两点意义，这一阶段的北京人艺积极开展对外戏剧交流合作。1980 年《茶馆》赴西欧巡演，是中国话剧第一次出现在世界舞台上，而这也成为新时期北京人艺与国际戏剧交流的开端。剧院开始频繁赴外演出，并且聘请国外导演来院排戏，1981 年英国老维克剧团托比•罗伯森导演《请君入瓮》，1983 年美国人阿瑟•米勒导演《推销员之死》，1988 年美国人查尔顿•赫斯顿导演《哗变》，名导名戏既开阔了眼界、增长了见识，也促进了中外文化的交流与国际关系的融合。

早在1989年，叶甫列莫夫就主动提出来北京人艺导戏的意愿。1991年，为加强中苏文化交流，北京市对外文化交流协会与北京人艺联合发出邀请，并确定导演剧目为契诃夫的《海鸥》，这也是莫斯科艺术剧院的标志性剧目。

副导演任鸣在建组会上表示："这次与苏联导演合作，排演契诃夫名剧，机会难得。这次排练应该算是莫斯科艺术剧院与人艺的合作过程，也是相互交流、学习的过程。意义并不在于一个戏，之中的研究、探讨才最有价值。"这也与叶甫列莫夫的想法不谋而合，"我到这里来，不单是为导演这个戏，而是为了进行文化交流，这是一个特别好的机会，与中国同行进行真正的、真实的文化交流"。

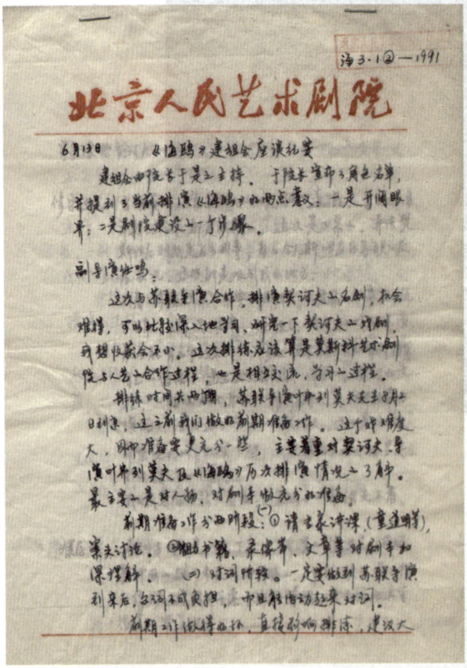
海3·1②—1991
北京人民艺术剧院
6月13日 《海鸥》建组会座谈纪要
建组会由院长于是之主持。于院长宣布了角色名单，并提到了当前排演《海鸥》的两点意义：一是开阔眼界；二是剧院建设的一个步骤。
副导演任鸣：
这次与苏联导演合作，排演契诃夫的名剧，机会难得，可以比较深入地学习、研究一下契诃夫的戏剧，我想收获会不小。这次排练应该算是莫斯科艺术剧院与人艺的合作过程，也是相互交流、学习的过程。
排练时间共两个月，苏联导演叶甫列莫夫先生8月2日到京，这之前我们做好前期准备工作。这个戏难度大，因而准备要更充分一些，主要着重对契诃夫、导演叶甫列莫夫及《海鸥》历次排演情况的了解。最主要的是对人物、对剧本做充分的准备。
前期准备工作分两阶段：(一)①请专家讲课（童道明等）来讨论。②阅读书籍、录像带、文章等对剧本加深理解。(二)对词阶段。一定要做到苏联导演到来后，台词不成负担，而且能活动起来对词。
前期工作做得好坏，直接影响排练，建议大

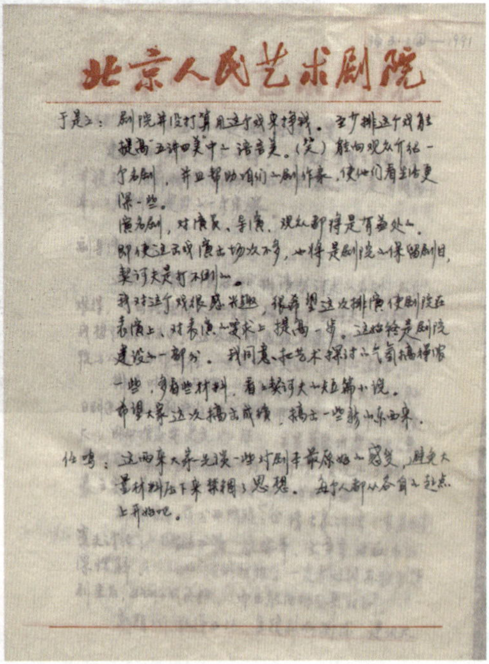
海3·1②—1991
北京人民艺术剧院
于是之：剧院并没打算用这个戏来挣钱。至少排这个戏能提高"五讲四美"中的语言美。（笑）能向观众介绍一个名剧，并且帮助咱们的剧作家，使他们看生活更深一些。
演名剧，对演员、导演、观众都将是有益处的。
即使这出戏演出场次不多，也将是剧院的保留剧目，契诃夫是打不倒的。
我对这个戏很感兴趣，很希望这次排演使剧院在表演上、对表演的要求上提高一步。这始终是剧院建设的一部分。我同意和艺术探讨的气氛搞得浓一些，多看些材料，看看契诃夫的短篇小说。
希望大家这次搞出成绩，搞出一些新的东西来。
任鸣：这两天大家先谈一些对剧本最原始的感受，避免大量材料压下来禁锢了思想。每个人都从各自的起点上开始吧。

1991年6月13日《海鸥》建组会座谈纪要

北京人艺从1952年建院开始，就一直在学习和实践斯坦尼斯拉夫斯基体系。1955年初，来自瓦赫坦戈夫剧院的苏联戏剧专家鲍里斯·格里高里耶维奇·库里涅夫在北京人艺主持开办了演员业务学习班，并导演了高尔基的《耶戈尔·布雷乔夫和其他的人们》。这是来自斯氏故乡的专家第一次正式来剧院授课排戏，他以形体动作方法启发演员，在排演中认识体会斯氏体系，找到正确的表演方法。正如英若诚曾言："必须承认北京人艺最优秀的老艺术家都是库里涅夫教出来的。"这次实践显然是成功的。

《海鸥》则是北京人艺与斯氏体系传人的第二次相遇。莫斯科艺术剧院的总导演叶甫列莫夫是当时苏联斯氏体系最有代表性的继承人，执导过多部契诃夫剧作，曾导演过两个完全不同的《海鸥》版本。这是一次难得的学习机会，修宗迪坦言加入《海鸥》剧组的原因之一就是"学了这么多年斯氏体系，都是间接的，这次是正宗的。弄清楚斯氏体系到底是怎么回事，看看今天斯氏体系在苏联的发展状况，这些都是吸引我的地方"。

契诃夫剧作的独特魅力和极高的审美价值对每个戏剧人都有着强烈吸引力。通过排演《海鸥》深入学习、研究契诃夫戏剧，形成良好的艺术探讨氛围，提升演员的表演水平和文学修养，特别是培养锻炼年轻演员，显然是这一阶段剧院建设的重点，也是实施人才建设和剧目建设的重要举措。正如于是之在建组会最后所言："演名剧，对演员、导演、观众都将是有益处的。剧院并没打算用这个戏来挣钱，即使演出场次不多，也将是剧院的保留剧目。契诃夫是打不倒的。"

二

1991年8月21日《海鸥》的新闻发布会上，导演叶甫列莫夫对记者说："《海鸥》不是偶然飞到中国的，因为北京人艺这所剧院具有使《海鸥》腾飞的土壤，有艺术的空气。我到来的时候不是站在一片没经开垦的空地上，剧组已经做了许多准备工作。"

契诃夫的作品排演难度之大早已成为戏剧界的共识。在导演叶甫列莫夫到达中国时，《海鸥》剧组已在副导演任鸣的带领下做了充分

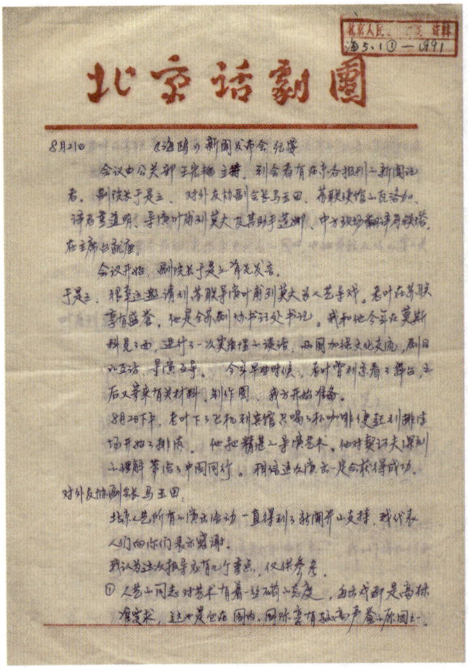

北京話劇團

8月21日 《海鸥》新闻发布会纪要

会议由公关部王宏韬主持。到会者有在京各报刊的新闻记者。副院长于是之、对外友协副会长马玉田、苏联使馆的官员、译者童道明、导演叶甫列莫夫及其助手、中方现场翻译等在主席台就座。

会议开始，副院长于是之首先发言。

于是之：很幸运地请到苏联导演叶甫列莫夫为人艺导戏。老叶在苏联享有盛誉，他是全苏剧协书记处书记。我和他今年在莫斯科见了面，进行了一次实质性的谈话，两国加强文化交流，剧目的互访、导演互导。今年早些时候，老叶曾到京看了舞台，之后又寄来有关材料、制作图，我方开始准备。

8月20下午，老叶下了飞机到宾馆只喝了杯咖啡便赶到排练场开始了排演。他把精湛的导演艺术，他对契诃夫深刻的理解带给了中国同行。相信这次演出一定会获得成功。

对外友协副会长马玉田：

北京人艺所有的演出活动一直得到了新闻界的支持，我代表人们向你们表示感谢。

我认为这次报导应有几个重点，仅供参考。

① 人艺的同志对艺术有着一丝不苟的态度，每出戏都是高标准要求，这也是它在国内、国际享有极高声誉的原因之一。

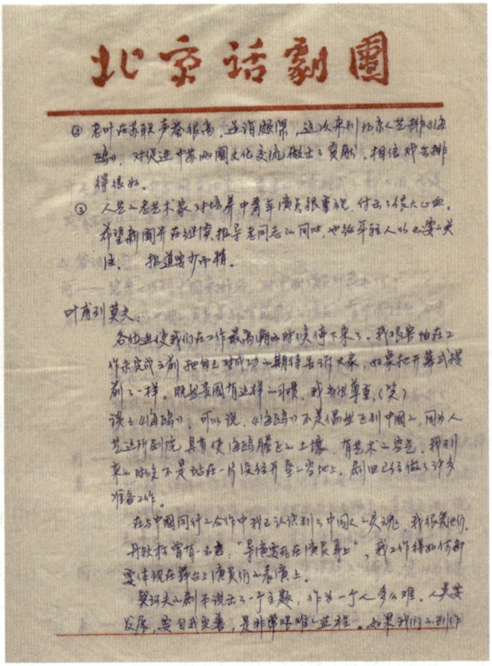

北京話劇團

② 老叶在苏联声誉很高，並有威望，这次来到北京人艺排《海鸥》，对促进中苏两国文化交流做出了贡献，相信戏会排得很好。

③ 人艺的老艺术家对培养中青年演员很重视，付出了很大心血。希望新闻界在继续报导老同志的同时，也给年轻人以必要的关注，报道要少而精。

叶甫列莫夫：

各位使我们在工作最高潮的时候停下来了。我很害怕在工作未完成之前把自己对成功的期待告诉大家，如象把开幕式提前了一样。既然贵国有这样的习惯，我当然尊重。（笑）

谈谈《海鸥》，可以说，《海鸥》不是偶然飞到中国的，因为人艺这所剧院具有使海鸥腾飞的土壤，有艺术的空气。我到来的时候不是站在一片没经开垦的空地上，剧四已经做了许多准备工作。

在与中国同行的合作中我已认识到了中国人的灵魂，我很羡慕他们。丹钦科曾有一名言："导演要死在演员身上"，我工作得如何都要体现在舞台上演员们的表演上。

契诃夫的剧本提出了一个主题，作为一个人多么难，人要发展，要自我完善，是非常艰难的过程。如果我们的创作

1991 年 8 月 21 日《海鸥》新闻发布会纪要

的准备工作。剧组请来这版《海鸥》的译者，也是国内研究契诃夫的专家童道明做讲座，详尽地介绍了契诃夫的创作生平、叶甫列莫夫的艺术经历和导演风格，并对剧本进行了精彩分析，对比了《海鸥》诞生之后历次排演的不同处理，让演员对编剧、导演和剧本都有了更深入的了解。之后，剧组又请到了中央美院的李春教授，通过讲授十九世纪的俄罗斯绘画，将契诃夫时代的风情、民俗、世态生动形象地为大家呈现出来。各种版本的《海鸥》演出录像带，俄罗斯电影《木木》《脖子上的安娜》，以及相关书籍和资料，让大家的案头工作有条不紊地扎实推进。

7 月 4 日，案头工作告一段落，剧组进入对词阶段。当 8 月 2 日叶甫列莫夫导演抵达北京，只喝了一杯咖啡就急切地走进排练厅时，发现演员的台词已经非常熟练了。

叶甫列莫夫 1970 年在"现代人"剧院、1980 年在莫斯科艺术剧院都曾执导过《海鸥》，他的两次导演处理迥然而异：第一次是写实

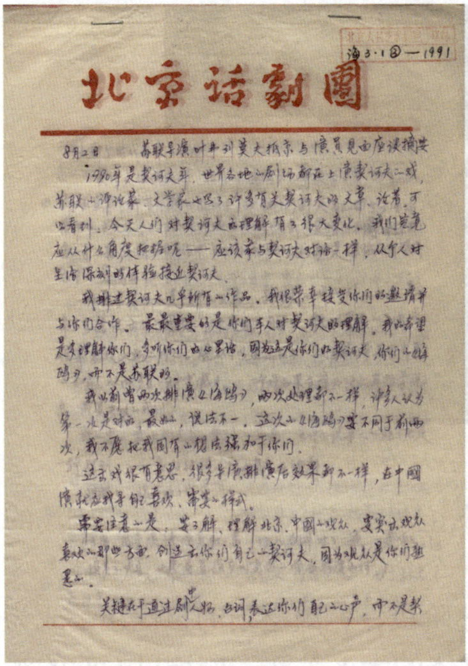
北京话剧团

海3·1②—1991

8月2日 苏联导演叶甫列莫夫抵京与演员见面座谈摘要

1990年是契诃夫年，世界各地的剧场都在上演契诃夫的戏，苏联的评论家、文学家也写了许多有关契诃夫的文章、论著，可以看到，今天人们对契诃夫的理解有了很大变化。我们究竟应从什么角度理解呢——应该像与契诃夫对话一样，从个人对生活深刻的体验接近契诃夫。

我排过契诃夫几乎所有的作品，我很荣幸接受你们的邀请并与你们合作。最最重要的是你们本人对契诃夫的理解，我的希望是来理解你们，多听你们的心里话，因为这是你们的契诃夫，你们的《海鸥》，而不是苏联的。

我以前曾两次排演《海鸥》，两次处理都不一样，许多人认为第一次是对的，最好的，说法不一。这次的《海鸥》要不同于前两次，我不愿把我固有的想法强加于你们。

这出戏很有意思，很多导演排演后效果都不一样，在中国演就应找寻自己喜欢、需要的样式。

需要注意的是：要了解、理解北京、中国的观众，要突出观众喜欢的那些方面，创造出你们自己的契诃夫，因为观众是你们熟悉的。

关键在于通过剧中人物、台词表达你们自己的心声，而不是契

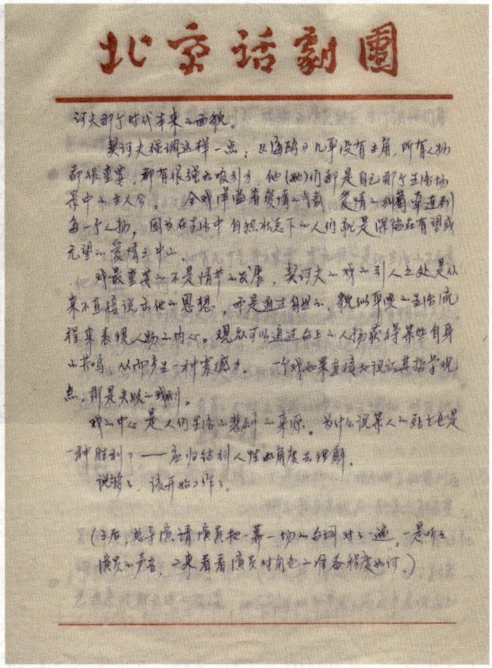
北京话剧团

诃夫那个时代本来的面貌。

契诃夫强调这样一点：《海鸥》几乎没有主角，所有人物都很重要，都有很强的吸引力，他（她）们都是自己那个生活场景中的主人公。全戏弥漫着爱情的气氛，爱情的利箭牵连到每一个人物，因为在生活中自然状态下的人们就是深陷在有望或无望的爱情之中的。

戏最重要的不是情节的发展，契诃夫的戏的引人之处是从来不直接说出他的思想，而是通过自然的、貌似平淡的生活流程来表现人物的内心。观众可以通过台上的人物获得某些自身的共鸣，从而产生一种震撼力。一个戏如果直接地说出其哲学观点，那是失败的戏剧。

戏的中心是人们生活的悲剧的来源。为什么说某人的死亡也是一种胜利？——应归结到人性的角度去理解。

说得了，该开始工作了。

（之后，先导演请演员把一幕一场的台词对了一遍，一是听听演员的声音，二来看看演员对角色的准备程度如何。）

1991 年 8 月 2 日苏联导演叶甫列莫夫抵京与演员见面座谈摘要

的布景，第二次则是在舞台后区立起了一个亭子。他对演员说："许多人认为第一次是对的，最好的，说法不一。"显然他不想停下自己继续探索契诃夫的脚步，这次的交流合作为他寻找《海鸥》新的处理形式提供了机会。"这次的《海鸥》要不同于前两次，我不愿把我固有的想法强加于你们。这出戏很有意思，很多导演排演后效果都不一样，在中国演就应找寻自己喜欢、需要的样式。需要注意的是：要了解、理解北京、中国的观众，要突出观众喜欢的那些方面，创造出你们自己的契诃夫，因为观众是你们熟悉的。关键在于通过剧中人物、台词表达你们自己的心声，而不是契诃夫那个时代本来的面貌。"

三

1991 年 9 月 1 日，由叶甫列莫夫导演的《海鸥》在首都剧场首演。大幕拉开，空旷的舞台上立着一座中式亭子。叶甫列莫夫认为：契诃夫是在象征主义流行的时代创作《海鸥》的，所以这个亭子可以

导演叶甫列莫夫（右二）在排练场说戏

成为这个戏的一个重要象征。它是友谊、交流、忏悔、爱情和剧场的象征。亭子虽在，但舞台表达已是一个全新的样式。

当时的中国话剧市场正处于低迷阶段，剧组之前的担忧还是成为了现实，《海鸥》并未得到大众和媒体的太多关注，剧场里看戏的观众寥寥，这令来自苏联的导演颇为疑惑。但9月3日由北京人艺与北京市对外文化交流协会联合举行的《海鸥》座谈会上，专家却从导演、表演等各方面都给予了肯定。

时任中国话剧研究所所长的田本相高度评价了北京人艺与国际导演合作的《海鸥》，认为它值得被中国舞台、甚至世界舞台永远铭记。他激动地表示："看到叶甫列莫夫导演的这出戏时，我心中不断地在说这就是我心目中的《海鸥》。我认为，导演抓住了《海鸥》的精神、灵魂、基调、氛围以及它的情绪。这一切都是经过导演重新阐释的，而又都是契诃夫的。曹禺说过，契诃夫把他的希望都撒在他的戏里。《海鸥》的寓意是丰富的，它透露出人类在最苦恼、最忧郁的时刻，仍然对希望有顽强的追求。《海鸥》的演出让我看到一代中、青年演员的崛起，北京人艺在他的演出史上演出了一部最难演的戏。"

中国儿童艺术剧院导演周来对演出的成功表示祝贺："听说排《海鸥》，我也不无担心。排这样一出戏，中国观众是否能接受，是否看得懂。我认为，作为话剧导演，若没有十分的把握，不太敢排契诃夫的戏。看完戏后，我感到演员通过完整的演出，将契诃夫的风格体现得很完美。”

《文艺报》副主编钟艺兵从舞台呈现、译本等四个方面发表了自己的看法：“第一，《海鸥》排得很别致，很‘空灵’。全裸的舞台，反倒更丰富了，调动了舞台的假定性和观众的想象力。亭子的移动，带出了戏剧气氛，使许多舞台难以表现的景象，形象地出现在我们的想象中；第二，这台戏排得很朴实，这也正是契诃夫的风格，契诃夫曾对演员说过不要有做戏的味道，一切都应该朴实；第三，童道明的译本，有些话译得比较好，如‘空的空间’，译得简炼而精确，特别贴近今天的观念，使之更易于接受和理解契诃夫的作品；第四，比较之下，我们的许多作品仍有些直露和直向，应当看到差距，以便提高我们的戏剧创作水平。”

中国社科院文学所何西来坦言，《海鸥》给他最大的启示就是求新精神：“导演的整体构思在努力寻求中国观众所能接受的方式，同时，契诃夫本人追求的抒情气氛和诗意也都出来了。这个戏体现了中国传统诗学中所看重的情致、韵致和含蓄。这次演出吸收了现代主义的某些原则和方法，但仍是现实主义的戏，是人艺的戏。”

中央戏剧学院院长徐晓钟则从《海鸥》中看到了斯氏体系在中国的发展方向，他认为：“叶甫列莫夫是用他的心灵来感受契诃夫的，他在坚持斯氏体系的基础上，融进了诗意和舞台的假定性，融进了现代戏的一些原则和手法，使我们用另一种眼光去看契诃夫，或者说是让我们看到了契诃夫的另外一种面貌。我认为，真正的忠实于斯氏体系，恰恰在于发展，这一点对中国戏剧界应该有启迪作用。”

北京人艺副院长、导演林兆华也表达了相似的观点：“叶甫列莫夫给我们带来了如何继承传统的思考。《茶馆》《雷雨》是不是就只能有一种演法？我一直认为，真正的继承，恰恰在于发展。导演最大的幸福，就是把一出戏创造性地搬上台。”

中国青年艺术剧院导演陈颙对这次排演的意义给予了高度评价：“这台戏给我们提供的不只是去掉了任何布景的空的空间，而是一个

《海鸥》演职人员合影

世界性的艺术创作空间，人艺能在这样的时间和空间里请叶甫列莫夫来排《海鸥》，其意义不仅仅是一个名导演的一个跨国界的优秀剧作，或许现在也看不出功利的现实价值，但当我们以后有机会回顾中国戏剧史的时候，这台《海鸥》将会有它特殊的价值。我们不能就现在的舞台体现来评价这次实践的全部内在价值，更深远的内在价值不在具体成果上，而在这次勇敢的行动上，它为我们一个国家级剧院的艺术建设、中青年演员培养、舞台艺术的美学体验都注入了新的东西，其意义是深远的。”

四

这一版《海鸥》虽然只演出17场就落下了帷幕，但它已成为北京人艺剧目建设中的一块坚固基石，自此，来自世界各地、样式各异的《海鸥》在这里飞翔盘旋。致力于为观众带来时下世界戏剧前沿作品的北京人艺，用邀请展演、戏剧放映的方式表达出对《海鸥》及契诃夫的喜爱与关注。“首都剧场精品剧目邀请展”曾于2017年和2018年分别邀请了赖声川导演的《海鸥》和立陶宛OKT剧院的《海鸥》，2022年又以高清戏剧影像的方式放映了莫斯科萨蒂里孔剧院的《海鸥》，而2024年全新升级的“北京人艺国际戏剧邀请展”则请来了格鲁吉亚第比利斯瓦索·阿巴希泽州立新剧院的《海鸥》，并在“北京人艺高清戏剧放映计划”中放映了英国国家剧院以及俄罗斯金面具奖获奖导演布图索夫执导的《海鸥》。多年来，首都剧场和曹禺剧场的舞台上不断呈现出中外对《海鸥》的不同理解与解构，而契诃夫的其它剧作也频繁出现在北京人艺的舞台上，高品质、多元化的演出在丰富北京文化市场演出供给的同时，也为剧院带来了新的思潮与活力。

同样，这次排演对剧组演员也影响颇深。即使演出场次不多，但提升演员表演水平和文学修养的目的已经实现，当年的中青年演员在以《海鸥》为代表的经典剧目的浸润下，早已成长为戏剧舞台上的中流砥柱，而主演濮存昕所受影响更为深远。《海鸥》之后，剧院又排演了《天鹅之歌》（2012 年）、《万尼亚舅舅》（2015 年）、《樱桃园》（2016 年），它们与《三姐妹》（1960 年）一起，共同创造出独具北京人艺特色的契诃夫艺术世界，而这其中，我们始终能看见濮存昕的身影。他还与林兆华导演合作了《三姐妹》《伊万诺夫》，可以说是中国演出契诃夫剧目最多的演员之一。

32 年后，当一群朝气蓬勃的青年演员在当年的“科斯佳”引领下，让《海鸥》再次飞翔于北京人艺的舞台之时，专家们所说的“内在价值”得以充分体现。心理现实主义的表演与舞台假定性的结合，不难看出两版《海鸥》之间跨越时间的血肉联系。从演员到导演，身份的转换并没有改变濮存昕当年的想法：“我以为剧院的方向、风格是文化性、人民性，我们要追求高档次的、有审美价值的作品。”当时未完全读懂的这部契诃夫名作经过岁月的积累和沉淀，转化为他的又一部导演习作献给北京人艺与观众时，沉寂 30 余载的《海鸥》重又振翅高翔。诚如戏剧人一直以来的坚信：“话剧艺术能吸引广大的观众，即使像深奥的《海鸥》。”

（杨琳　北京人民艺术剧院戏剧教育与研究处　副研究员　北京 100061）

本文图片由北京人民艺术剧院提供

剧场建设　院团发展

20世纪三四十年代和八九十年代长安大戏院史料

享誉京城的长安大戏院是有着80余年历史的老字号戏院，原址在西单的西长安街西口路南。始建于1934年，1937年竣工，占地面积1630平方米，建筑面积3200平方米，座席1160个，是当时北平建筑水准最高、规模最大的剧院。于1937年2月1日举行开幕典礼。老一辈梨园名流、大师们均在此登台献艺，被人们誉为艺术家的摇篮。1949年以前长安大戏院为私营剧场，1950年改为地方国营剧场。1950年夏，毛泽东主席、周恩来总理都曾到长安大戏院观看演出。

由于原长安大戏院是砖木结构，不符合现代化剧场的防火要求，又因地基下沉，戏院成为危险建筑，从1989年4月开始停止对外营业。为适应北京城市建设的需要，原长安大戏院的位置需改建为西单地铁出入口，北京市委、市政府决定易地重建长安大戏院，市领导明确要求新的长安大戏院一定要建在长安街上。经多方比选，精心筹划，1990年底原长安大戏院拆迁，1993年底新长安大戏院在建国门内国际饭店东侧破土动工。经过建设者们的日夜奋战，1996年新长安大戏院又重新矗立在长安街上。新长安大戏院位于光华长安大厦内，是一个融现代化舞台设备、剧场设施与古朴、典雅、民族风格内装饰于一体的、可容纳800个座位的新型戏院。为庆祝重张开业，1996年9月27日，长安大戏院在中秋佳节之际举办北京中华长安戏剧文化周。

近年来，作为古典民族建筑风格与现代建筑艺术完美结合的体现，长安大戏院精心打造集经典剧目展演、文化交流与旅游观赏于一体的现代化艺术殿堂，吸引并满足各年龄层观众需求，深受国内外戏曲爱好者喜爱，成为北京全国文化中心建设的一张金名片。

本组史料收录20世纪三四十年代旧长安大戏院开幕、演出备案的函、呈，20世纪八九十年代旧长安大戏院停业、拆迁、选址重建，新长安大戏院重张开业等的请示、报告、方案等，反映了长安大戏院1937年开业、1990年易地重建、1996年重张开业的发展历程。

北京市档案馆藏，档号：J11-1-213，J181-16-753，44-15-50，164-3-1410、1769、2353，232-1-1570。

——选编者　赵力华

北平市政府警察局关于长安戏院不日开幕请将该处电车站向东挪移给北平电车公司的公函

（1937年2月2日）

丑字第六一号

案据内二区署一月三十日呈称："查属境西长安街西口长安戏院开幕在迩，该处地当冲繁，车马众多。该戏院门前原有电车站一处，势须事先挪移，以免交通拥壅。请转知电车公司将该电车站移在迤东六十八号长泰兴麻刀铺门前设立。"等情；据此，查该区署所呈各节，确属实情，相应函达贵公司，即希查照挪移，以利交通，而防危险，是为公盼！

此致

北平电车公司

北平市公安局（暂用旧印）[①]

中华民国二十六年二月二日

① 1937年2月，北平特别市公安局易名为北平特别市警察局。因此，暂用旧印。

北平市政府警察局关于西单车站仍应向东挪移给北平电车公司的公函

（1937 年 3 月 4 日）

寅字第一〇〇号

案准贵公司函开：“查西单牌楼停车站，原在西黔阳饭馆门前，嗣向东移，改为今址。现长安戏院开幕，若再东移，乘客更为不便。兹拟仍改回西黔阳门前。是否可行，请查核见复。”等因；准此，当经令饬内二区署查勘具复去后。兹据报称：“该公司所指西黔阳门前地点，适在西长安街西口，交通冲繁，电车停于马路中心，窒碍殊多，且西黔阳地点正在西单十字路口拐角之处，又与长安戏院近在咫尺，更恐妨及交通。似应仍由原站地点向东挪移，庶几两获裨益。”等情；据此，查该区署所陈各节，揆诸该处实在情形，似应将站向东挪移，始称适宜。相应函复贵公司，即希查照办理，是为公盼！

此致

北平电车公司

北平市公安局（暂用旧印）②

中华民国二十六年三月四日

② 同上。

戏曲学校剧团在长安戏院公演《铸情记》新平剧向北平市警察局备案的呈

（1948 年 4 月 7 日）

艺字第 005 号

为呈请备案事。窃本剧团排演焦菊隐先生改编英国莎士比亚剧本《铸情记》新平剧，业经纯熟。定于四月十八日起，在长安戏院日夜连演二十场，计十日。职演员名单均已遵章向钧局具妥保呈报在案。理合再将公演剧目及日期呈请备案！

谨呈

北平市政府警察局局长汤

戏曲学校剧团团长翁偶虹

团址：和内西半壁街二十一号

中华民国三十七年四月七日

长安戏院为戏曲学校剧团在本院公演《铸情记》报请北平市警察局鉴核的呈

（1948 年 4 月 14 日）

为呈报事。窃商院据戏曲学校剧团函称，兹以该校校长焦菊隐返平，亟待重整戏曲学校，藉以发扬国粹。特定于四月十八日起至二十九日止，计十二天，假院公演新平剧《铸情记》二十四场等情；

据此，理合备文呈请鉴核示遵。

谨呈

北平市警察局局长汤

副局长白

长安戏院（印）

经理王敬五（印）

谨呈

中华民国三十七年四月十四日

20世纪50年代初期旧长安大戏院外景

（北京市档案馆藏）

北京市地铁建设指挥部关于地铁西单站西南出入口及风亭建设需拆迁长安大戏院情况的报告

（1990年8月13日）

地指字（90）第006号

根据（90）首规办规字第33号文“关于地铁西单车站土建工程的初步设计的批复”意见，西单站西南出入口及通风道位置设在长安戏院的东侧，即拆迁庆丰包子铺、天源酱园、西城长城制冷电器商店及居民住房共约2500㎡左右。其中名牌店铺的年营业额共约2644万元，拆迁费用和补偿费用约为1081万元。更为困难的是这些名牌店铺，坚持在西单繁华地区重新选址新建。该项建设拆迁工作实际上处于困境。

依据首规委的批复精神，为确保西单车站按期建成，加快拆迁进度，我们又进行了较深入的调查。调查发现，长安大戏院因年久失修，属于危险房屋，西城区公安分局已于1989年7月31日正式通知该院停止演出活动。1990年7月15日工商部门要求长安大戏院停止一切营业。并且规划部门已为长安戏院另选新址（西便门）。该戏院也曾提出在原址大修加固方案，需投资579万元。鉴于长安戏院地处远期扩路规划红线内，迟早要拆除，再要求市政府大量投资进行大修加固也是不现实的。

该戏院目前有正式职工35名，其中女职工20名，平均年龄为45岁左右。市文化局及长安戏院的有关领导同志曾多次表示，长安戏院是本市老字号戏院之一，驰名中外，不应轻易搬迁离开长安街。他们表示，在长安街另选址或能同地铁结合，在原位置保留200个座位的小型剧场继续维持长安戏院的名牌。

经可行性分析，我们认为：与长安戏院结合对于地铁今后的运营和市政规划要求有许多不利因素。一是地铁出入口及风亭建筑占地约350㎡，目前长安戏院占地约1000㎡，西单路口的建筑高度又有所限制，很难满足其小型剧场的建筑面积和活动场所；二是地铁出入口需要一定疏散场地，若与长安戏院结合建设，剩余的场地面积极为有限，仅能保证地铁乘客的换乘出入，无法满足戏院观众的疏散场地；三是集地铁运营二十年的经验，地铁出入口的自行车存放是个非常重要的问题，一旦西单车站开通，预测到92年，每天至少有近3000辆自行车存在路口，小规模的长安戏院无法保留。况且长安戏院地处远期扩路规划红线以内，规划部门已明确表示，在以后实现城市规划时，也需拆迁，不如一次拆迁到位。

经过近半年的调研，我们建议地铁西单站西南出入口及通风道全部设在目前长安戏院的占地范围内较为经济可行。长安戏院作为危房应按规划已定的新址方案搬迁。此方案已经总体设计单位城建设计院和规划部门同意。其优点是可减少拆迁，只有庆丰包子铺受到影响，其余名牌商店均可不动，避免了多家拆迁选址的困难。而且从拆迁费用来看，只拆一家大大减少了多家拆迁费用增大的问题，比如，长安戏院只有拆迁费用支付问题，而若拆除天源酱园、西城制冷电器商店等，不仅有拆迁费用，而且还有停业损失补偿，再加上居民拆迁，困难很大。所以长安戏院拆迁只有一家，拆迁影响面小，拆迁费用低。另外，只拆一家危房还可更好地发挥暗挖优势，减少对居民的干扰。所以我们建议：拆迁长安戏院作为地铁西单站的西南出入口及风亭用地。

请领导批示。

注：附件1.关于长安戏院建筑安全调查报告及处理意见

附件2.停止演出通知

附件3.总体单位意见

北京市地铁建设指挥部（印）

一九九〇年八月十三日

附件 1. 北京市建筑设计院第一设计所关于长安戏院的建筑安全调查报告及处理意见

（1989 年 4 月 20 日）

我们受长安戏院委托（工程号 87 另 223#）于 1987 年 10 月 12 日对该戏院的建筑、结构、防火及装修等进行了安全检查，并作出了调查报告及处理意见。事后长安戏院对所提处理意见进行了部分处理及修缮改造，如拆除屋面上的大型广告牌，卸除屋面上的堆积物，清理及清除吊顶内部的易燃物及其它障碍物，增加及检查消防器材等等。但这些处理均系治标，不是治本。建筑物主体上的安全和消防隐患没有解决。为此，我所于 1989 年 4 月 15 日再次进行安全检查，发现问题如下：

1. 观众厅房架下弦以上墙体开裂，倾斜严重，较上次有所发展；
2. 楼梯间外墙有开裂及错位现象；
3. 出屋顶砖砌烟囱，根部有水平裂缝，烟囱失去稳定；
4. 钢筋混凝土柱保护层局部剥落，钢筋外露并有锈蚀现象；
5. 屋顶女儿墙超高，砌体松散。局部开裂倾斜，部分砖块随时有坠落伤人毁物的危险；
6. 屋顶及楼板超载，舞台两侧楼板变形下垂；
7. 舞台上部木制天桥年久失修，变形下垂；
8. 剧场外南边、东边疏散通道排水不畅，长期积水，影响基础。

根据以上情况，我们认为对上述部位的加固维修已是刻不容缓。因为它已不仅是影响戏院本身的安全使用，也直接威胁着剧场周围邻居的安全，随时有造成人身丧亡及财产的损失的严重后果。

我们建议：

1. 房架下弦上部的墙体拆除重砌，增加圈梁及适当加设组合柱；
2. 拆除女儿墙，重砌，高度减低，加设钢筋混凝土女儿墙压顶；
3. 重新处理屋面，减轻荷载，并解决屋面漏水问题；
4. 钢筋砼柱钢筋外露部位，尽快进行除锈修补；

5. 开裂的楼梯间外墙采取拉结、加固措施；

6. 钢房架应进行防锈及防火处理；

7. 变形严重的楼板，应进行卸载及翻修；

8. 疏通室外雨水管道，及时排除积水。

以上处理仅仅为解决短期使用的修理措施，只能保证在正常情况下的使用安全（不发生天灾及人为的破坏因素）。如该剧院要长期使用，则应按北京地区 8° 设防□□与消防规范要求，进行大规模的彻底改造。

北京市建筑设计院第一设计所□检人员〈略〉

北京市建筑设计院第一设计所（印）

1989 年 4 月 20 日

附件 2. 北京市公安局西城分局关于长安戏院停止演出的通知

（1989 年 7 月 31 日）

长安戏院：

根据北京市建筑设计院对你院房屋检查鉴定结果，你院房屋地基下沉、墙体多处裂缝，已构成了极大危险，直接威胁着剧场周围邻居的安全，随时有可能会造成人身伤亡及财产损失的严重后果。为了保证公共娱乐场所的安全，现通知你院立即停止演出活动。待修复之后，经原鉴定单位检验合格，方可使用。

特此通知

北京市公安局西城分局

1989 年 7 月 31 日

附件 3. 北京市城建设计院关于西单地铁车站西南风道和出入口位置问题的意见

（1990 年 8 月 6 日）

北京市地铁建设公司：
北京市地铁监理公司：

经反复调查比较，西单地铁车站西南风道和出入口设置在长安戏院位置较为合理。89 年经有关部门鉴定，长安戏院已属危房，且已经停演，另在西便门已规划有新址。因此，结合西单地铁的修建，拆除危房长安戏院比拆除房屋完好且正在营业的天源酱园、电器商店、厨房用品商店等单位合理，故推荐此方案，即拆除长安戏院。

总体设计单位
北京市城建设计院
1990 年 8 月 6 日

北京市城市规划管理局关于长安戏院选址意见的请示

（1990 年 12 月 11 日）

（90）城规发字第 231 号
签发人：平永泉

何鲁丽并张百发副市长：

遵照市府第 24 次常务办公会关于长安戏院选址的精神，我们向市文化局、长安戏院了解基本要求，在长安街沿线，选择了七处位置，即（1）建国门内国际饭店东侧；（2）北京火车站站前街邮电枢纽的西侧；（3）王府井大街南口原海洋局的位置；（4）六部口北京音乐厅的西侧；（5）西单东北侧规划华南商业大厦东侧；（6）闹市口原民主大厦的位置；（7）宣内大街路西电影机械厂的位置。考虑到剧场要均匀分布，交通、市政条件好，接近商业区，尽量与已建成的建筑连成一片、形成整体面貌及拆迁量少容易建设等原则，经过分析比较，我们倾向于西单东北侧规划华南商业大厦东侧和建国门内国际饭店东侧两处选址方案。

第一方案：西单东北侧规划华南商业大厦东侧。该方案离现长安戏院不远，符合就近安排的精神，又位于西单东北角市级商业中心之内，可与西单百货商场、华威、民族、华南等商业大厦组成一体，并与西单体育场改成的绿地及公共汽车场站十分接近，其前景为繁华地区。规划用地8500平方米，拆迁对象为居民，也容易动迁。

第二方案：建国门内国际饭店东侧，此地原规划为儿童艺术剧院，现该项目已经在东华门大街进行重建。这里规划为长安剧〔戏〕院符合原土地使用性质，其两侧又都已建成永久性建筑，戏院在此建设能形成完整的面貌。现市区东部地区缺乏戏院，在此建设也可使布局趋于均匀。据市文化局分析，此处靠近使馆区、旅游饭店和华侨公寓，可吸引相当一部分外宾、华侨及市民，形成固定的观众群，也利于开展多种经营。此处用地8500平方米，拆迁对象主要是居民，拆迁处理比较容易。

上述两处均可成为长安戏院的建设位置。但从接近商业区考虑，我们认为第一方案较好。我们征求了市文化局和长安戏院的意见，他们更倾向第二方案。我们也征求了宣祥鎏同志的意见，他认为第二方案亦可行。

请予批示。

附件：选址位置图两份。〈缺〉

北京市城市规划管理局（印）

一九九〇年十二月十一日

[北京市常务副市长张百发批示：反复看后，还是在东边可能上得快些，而且在长安街上。请鲁丽同志核定以复。1991.3.21]

[北京市副市长何鲁丽批示：已报告计委，改地址后立项文已下发。1991.3.22]

北京市文化局　北京市地铁总公司关于易地翻建长安大戏院的请示

（1990 年 12 月 12 日）

京文财〔1990〕486 号
签发人：薛宝书

北京市计划委员会：

1990 年 10 月 12 日召开的第 24 次市政府常务会议决定：同意市地铁总公司拆迁长安大戏院，建设地铁西单车站西南出入口及风亭；1992 年 12 月 30 日前，在长安街新建一座现代化京剧戏院，新建戏院仍沿用长安大戏院的名称。

原长安大戏院占地面积 1630 平方米，建筑面积 3200 平方米，拥有座席 1160 个，是 1936 年由私人投资建成的，解放后无偿收归国有，是北京市现存有一定声誉的古老戏院之一。为了尽快落实第 24 次市政府常务会议决定，现将有关拆迁事项请示汇报如下：

一、根据国家建设部和文化部 1988 年批准的《剧场设计规范》，在仍旧保持原长安大戏院座席的前提下，在长安街易地翻建一座建筑面积 7000 平方米现代化的长安大戏院；经有关建筑设计部门估算投资需 2500 万元（不包括拆迁费用，拆迁费用待市规划局完成选址后另做概算）。1991 年新建长安大戏院的拆迁和设计等前期准备工作及部分施工的费用预计为 2000 万元。

二、在长安街易地翻建一座现代化京剧戏院，可能要再次进行拆迁工作，因此，工期既短，任务更重。为了确保完成市政府下达在1992年12月30日前完工的任务，请将新建长安大戏院列为市重点工程。

三、原长安大戏院固定资产需经市国有资产管理局批准核销后即可拆除。其中有的设备仍旧能够使用，但经过拆卸、存放，新戏院再组装时可能就会失去使用价值；另一方面也无存放的地方，市地铁总公司也不需要戏院的设备，是否作价后由市文化局拆除，在市文化系统内部处理安排。

四、长安大戏院于12月中旬完成固定资产的清理造册、核对工作，并按有关规定报市国有资产管理局核销，与此同时将可动资产归类集中以供随时撒〔撤〕出或就地处理。

五、长安大戏院在接到市计委和市国有资产管理局的批文后的十天内完成具备拆除条件的准备工作。

妥否，请批示。

北京市文化局（印）

北京市地铁总公司（印）

1990年12月12日

北京市文化局关于长安大戏院建设有关问题的请示

（1991年11月12日）

京文财〔1991〕397号

签发人：周述曾

何鲁丽副市长并张百发副市长：

今年10月10日，百发副市长主持召开会议，研究迁建长安戏院有关问题。许多关心长安戏院建设的老戏迷、著名演员、知名人士得知消息后，纷纷来电话、写信或直接找我们提建议。多数意见是符合市领导的要求和我们的设想的，如应保留老长安戏院一些特点，是一座综合性、多功能戏院。舞台功能及声、光效果，能满足戏曲、歌舞、话剧等演出的要求等。但是剧场的座位问题需要向市政府请示：大家认为长安戏院应是综合性的中型剧场，服务对象以内宾为主，同时照顾不同层次观众的需要，为此，剧场座位以800个为宜，较舒适的排椅形式，楼上搞一些包厢，便于充分发挥剧场的社会效益和经济效益，整个剧场面积仍控制在7000平方米以内。

妥否，请批示。

北京市文化局
1991年11月12日

北京市文化局
关于长安大戏院项目建议书的请示

（1993年3月25日）

京文财〔1993〕121号
签发人：薛宝书

北京市计划委员会：

为了建地铁西单车站出入口，1990年10月12日市政府第24次常务会决定迁建长安大戏院，所需迁建资金主要由市地铁总公司和市财政局给予解决。市计委于1991年2月18日批准长安戏院工程立项（项目建议书），建筑面积7000平方米。1992年6月4日张百发常务副市长主持召开的“关于长安戏院拆迁问题的会议”上决定：长安大戏院征地范围内居民和单位的搬迁安置费用由市政府筹集解决，长安大戏院的建筑投资由我局寻找合作对象引资解决。会后，在陈书栋副秘书长、崔凤霞副主任、市计委、市政府文教办、市规划局、市建筑设计研究院等有关领导和部门的帮助下，初步选定了引资建设长安大戏院的合作对象，并议定了建设方案原则（见附件〈缺〉）。为此，现重新提出长安大戏院项目建议书。

1991年3月，何鲁丽副市长和张百发常务副市长亲自实地考查，从市规划局为长安大戏院拟定的五个选址方案中，选定长安大戏院建设地点为：国际饭店东侧、贡院西街路西、南邻建国门内大街，东西长约80米，南北长约145米，总征地面积11600平方米，其中代征地1600平方米。

长安大戏院总建筑面积58000平方米，其中：综合娱乐剧场10000平方米，影艺人员训练部5000平方米，写字楼36000平方米，附属设施7000平方米。

长安大戏院建设总投资为3.3亿人民币，由我局寻找合作对象引资解决。

长安大戏院，将建成一座具有民族特色、现代化的、型体色质具有独特风格的文化娱乐和综合服务设施，是市委、市政府对外进行文化交流的场所，为振兴京剧艺术和文化艺术事业做出更多贡献，取得好的社会效益和经济效益，同时也是长安街上一大景观，为首都面貌增加风采。

上述建议书妥否，请批示。

北京市文化局

1993年3月25日

北京中华长安戏剧文化周暨长安大戏院重建开业中外记者新闻发布会方案

（1996年9月11日）

邀请参加会议的领导：〈略〉

议　程

一、由北京市文化局于长江局长发布新闻；

二、请北京市文化局吴江副局长介绍北京中华长安戏剧文化周的有关情况；

三、请北京市长安文化娱乐中心潘洪业主任介绍长安大戏院易地新建的情况；

四、请到会领导讲话；

五、答记者问；

六、参观长安大戏院（结束）

附件1：北京中华长安戏剧文化周暨长安大戏院重建开业新闻发布会发言稿

各位来宾、新闻界的朋友们：

今天我们是在这座富丽堂皇、晶莹剔透的艺术殿堂——长安大戏院，举办北京中华长安戏剧文化周暨长安大戏院重建开业新闻发布会。

长安大戏院可以说是众人皆知，长安大戏院的重建工程更是引人注目。

原址西单的长安大戏院始建于1937年，是当时北京城建筑水准最高、规模最大的剧院，老一辈梨园名流、大师们均在此登台献艺，被人们誉为艺术家的摇篮。1950年夏，毛泽东主席、周恩来总理都曾落座长安，观看演出。这座长安街上的戏院曾有过任何戏院无法比拟的灿烂辉煌的历史。但由于半个多世纪的跋涉和付出，我们不得不承认，它已经步入老年，已经无法完成新时期赋予它的历史使命。

四年前，当市委、市政府作出关于长安大戏院因年久失修和市政总体建设的需要，决定易地重建时，在北京城、国内外引起强烈反响。市委、市政府对长安大戏院的易地重建工作给予了特别的关注，张百发、何鲁丽两位副市长亲自穿大街、走小巷为长安大戏院选址。市委副书记李志坚几次听取长安大戏院工作汇报。市领导明确要求，新的长安大戏院一定要建在长安街上。在戏院的建设中，张百发副市长几次亲临现场指导工作。

四年后的今天，长安大戏院又重新耸立在长安街上，并正式开业喜迎宾客。为祝贺新长安大戏院的落成，定于9月27日中秋佳节之际举办北京中华长安戏剧文化周。

北京是全国的文化中心，应当具备现代化一流的文化设施来繁荣首都文艺舞台，成为丰富人民文化生活的园地。长安大戏院的落成标志着首都文化设施建设已经进入了一个新的历史时期，它是首都精神文明建设的又一丰硕成果。

近年来首都的文艺舞台日益繁荣，中央和市属专业艺术表演团体在深化改革、努力出人出戏方面做出了突出的成绩。长安大戏院落成为艺术表演团体提供了又一个高水平的专业表演场所。有的人可能会提出疑问：这样高档次的场所，老百姓能进得来吗？我们想用一句通俗的话来说，“楼高了门坎没高”，长安大厦是建国以来北京市兴建的最大的文化设施，是市委、市政府为丰富市民文化生活办的一件实事。因此，新的长安大戏院仍将以弘扬民族艺术，丰富人民文化生活为己任，让普通的百姓得到实惠。

在长安大戏院开幕之际，我们应该感谢为长安大戏院的落成而付出了辛勤劳动和汗水的建设者们，也要感谢香港光华置业有限公司有志于首都文化设施建设的远见卓识和大力支持。

为祝贺长安大戏院开业，我们将于 9 月 27 日至 10 月 1 日举办“北京中华长安戏剧文化周”活动。

文化周期间将好戏连台，国内及海外名角竞相登场，除精彩的开幕式演出之外，还将举办全国少儿京昆“新苗杯”北京赛区选拔赛、戏曲知识竞赛、京剧脸谱竞猜以及艺术家、企业家、新闻界联谊笔会等活动。梅兰芳京剧团的《梅韵》、中国京剧院的传统剧目《杨门女将》等也将在此期间一展风彩。这次文化周活动是炎黄子孙的一次大团圆，是中国京剧艺术的大展示。预祝北京中华长安戏剧文化周活动圆满成功。

附件 2：北京中华长安戏剧文化周活动安排

一、开幕式

九月二十七日在我国传统佳节仲秋之夜，开幕式将在长安大戏院拉开帷幕。六位顶盔披挂的男女武将在此起彼伏的升降旋转舞台上擂响“破台”的鼓声，少年儿童手捧鲜花从四面八方雀跃拥向流光异〔溢〕彩的长安戏院的古典式牌楼。市政府主要领导同志在艺术家们的簇拥下仿佛同乘一艘巨轮，由车台送至舞台正中；“中华长安戏剧文化周开幕式，长安大戏院重建开业式现在开始”。

在市领导宣布后，一条红色彩绸从观众头顶飘然而落，红绸的喜结正好落在贵宾席中央领导面前。别具一格的剪彩仪式，满台的欢庆歌舞，沸腾的掌声笑语将通过中央电视台、北京电视台和中央人民广播电台直播传送给在电视机、收音机旁的全国观众、听众。

开幕式在“破台”剪彩仪式后演出正式开始。《回顾篇》观照昔日长安大戏院，泰斗悲歌一曲，《别姬》搅痛看客柔肠；伶界大王声腔激越，诸葛神采传为佳话。现场演出音配像，长安大戏院与京剧艺术正从昨天走向今日的辉煌。

《辉煌篇》旧剧新生，推陈出新，好戏名角，百花齐放。于魁智高歌“金钟响”，邓沐伟婉转“劝嫂娘”。新星老唱段，青出于兰〔蓝〕传遗响。耄耋老将王金璐率众梅花徒，四演《挑滑车》，各显神武，剧坛代有才人出。尚长荣活曹操气韵生动，马派传人张学津《画龙点睛》。刘长瑜的“红灯再亮”，李崇善“惊天动地一声喊”讴歌时代楷模《圣洁的心灵》。

《瞻望篇》由梅葆玖先生的《贵妃醉酒》把开幕式推向高潮。空中天女散花，满场红雨洒落。立体交响的歌舞，展示出京剧综合艺术向二十一世纪迈进的风彩。

开幕式演出放歌盛世升平，祝福中华长安。

二、祝贺演出

从九月二十八日至九月三十日文化周祝贺演出将推出由中国京剧院青年团优秀演员邓敏主演的《杨门女将》，由北京京剧院梅葆玖、张学津、李崇善、阎桂祥、王树芳和战友京剧团叶少兰等众多名家联袂演出的《四郎探母》，由美国加州中国艺术学院师生与北京戏曲学校留学生联合演出的《大登殿》《三岔口》等剧目。

十月一日上午，第三届“新苗杯”全国少儿京剧邀请赛北京赛区赴沪参加决赛的专业组和业余组优秀选手将联合组台参加长安戏剧文化周的祝贺演出。穆宇演出的《击鼓骂曹》、魏学雷演出的《劈山救母》、北大附小演出的《孔融让梨》等剧目，会令观众赞叹京剧事业后继有人。

十月一日晚，由北京京剧院梅兰芳京剧团、山西省梅兰芳京剧团和台北市梅兰芳京剧团联合排演的《梅韵》，将使首都观众看到一台崭新的梅派表演艺术。届时梅葆玖先生将率徒魏海敏、李胜素、董元元、张晶等参加演出，观众定可大饱眼福。

北京电视台和中央人民广播电台在祝贺演【出】时将录播、转播部分演出的实况。

三、戏剧文化活动

北京市戏曲知识竞赛活动：北京市文化局、北京市群众艺术馆和北京长安大戏院联合举办《戏曲知识竞赛》活动。从八月初开始，已经向各区县下发试题，组织初赛、复赛，最后在长安戏剧文化周阶段进行决赛。戏曲知识竞赛融知识性、趣味性、娱乐性为一体。赛题内容，戏曲综合知识占百分之三十，京剧、昆曲知识占百分之七十。比赛设一等奖一名，二等奖两名，三等奖三名，组织奖和优秀队员奖若干。决赛将由中央电视台戏曲音乐部录制播出。

新长安大戏院脸谱有奖竞猜活动：北京市文化局、北京市长安文化娱乐中心和《戏剧电影报》联合举办《脸谱有奖竞猜》活动。竞猜推出的十六幅戏曲脸谱为铜铸浮雕，镶嵌在长安大戏院的外部四壁。竞猜活动面向全国，脸谱登于《戏曲〔剧〕电影报》上。抽奖定于十月一日上午在长安大戏院，“新苗杯”少儿演出前进行。《戏剧电影报》和中央电视台在《戏曲知识竞赛》决赛时公布竞猜结果。竞猜活动设一等奖一名、二等奖两名、三等奖三名、四等奖十名、五等奖五十名、纪念奖一百名。答案将载于九月二十七日的第三十九期《戏剧电影报》上。

在长安大戏院开幕活动时期还将组织艺术界、书画界、企业界和新闻界名人笔会和组织有关方面的专家、群众参观新落成的长安大戏院。

附件3：长安大戏院易地新建情况介绍

原长安大戏院始建于1934年，1937年竣工，座落在西长安街西口路南，占地1044.50平方米，建筑面积3158平方米。由于原长安大戏院是砖木结构，不符合现代化剧场的防火要求，又因当时戏院地基下沉，戏院成为危险建筑。从1989年4月开始就停止了对外营业。由于北京市整体建设的需要，原长安大戏院的位置需改建为西单地铁出入口。为了保证长安大戏院能够继续留在长安街上，百发【副】市长和何鲁丽【副市长】亲自为大戏院选址。

1990年底长安大戏院拆迁，1993年底破土动工。为重建长安大戏院，共有5个单位、244户居民做出牺牲，迁离了他们长期居住生活的地方，市政府拨出一万九千多平方米住房安置拆迁单位和住户，文化局与香港光华置业有限公司合作建设了光华长安大厦，经过建设者们的日夜奋战，新长安大戏院终于落成了。

新长安大戏院是一个融现代化舞台设备、剧场设施与古朴、典雅、民族风格内装饰于一体的、可容纳800个座位的新型戏院。剧场一层前区为散座，设有红木条案、红木梳背椅，配以长安大戏院特别订制的手绘婴戏图高级茶具、餐具及清宫食点，二层设有36个座位的贵宾席，并有贵宾接待室。剧场舞台由可升降乐池、车台、升降旋转舞台构成，升降伸出式舞台既可以扩大观众厅的面积，又可以扩大舞台面积。舞台吊杆采用电动和手动双重控制，灯光音响系统全部采用进口的先进设备。剧场后台还有可容纳100人同时化妆的化妆间，长安大戏院的舞台设施功能多样，扩大了表演空间，在这里既可以表演京剧，也可以满足其他艺术形式的舞台演出要求。文化周结束后，我们将针对旅游市场推出一台经过精心策划的，以京剧表演为主，同时融入民族歌舞、杂技、民俗等表演艺术的《白蛇传奇》。该剧充分利用长安大戏院的先进设施，令人耳目一新。十月份，我们还要上演一台由世界著名影星尊龙先生导演的，以反映五朝服饰文化为主线的歌舞剧《五朝梦》，届时欢迎大家光临。

长安大戏院在观众和戏迷心中一直占有很重要的位置，它的拆迁曾引起社会各界的广泛关注。随着开业日期的临近，剧团和广大观众、戏迷担心长安还是否好进，在这里我可以肯定地告诉大家，长安的楼高了，但长安的门槛不会高。我们一方面推出高档次的旅游剧目，一方面利用日场和周末，满足工薪阶层、戏迷和青年学生需求。

我们今后的经营思路是：长安不能没有京剧，但长安不能只有京剧，要多种表演形式的民族艺术并存，要面向工薪阶层、面向戏迷、面向青年学生、面向旅游，把长安办成民族艺术家施展才华的舞台，成为戏迷和观众钟爱的地方，为弘扬民族艺术、促进首都的精神文明建设做出我们的努力。

20 世纪 90 年代中期新长安大戏院外景
（北京市档案馆藏）

20 世纪 90 年代中期新长安大戏院内景
（北京市档案馆藏）

1954年天桥剧场扩建工程史料

1954年，苏联史坦尼斯拉夫斯基、聂米洛维奇·丹钦科音乐剧院来我国演出，天桥剧场承接此次演出。为了迎接苏联剧院的演出，使演出达到理想效果，在中央文化部的指示下，天桥剧场进行了扩建。此次扩建工程从1954年8月15日开始至10月18日止，历时63天，共扩建面积5081.04平方公尺，新建演员化妆间、服装间、存衣间、淋浴间、仓库、导演室、休息室及芭蕾舞排演厅等59个房间。此次扩建工程时间紧，工程量大，但是广大施工单位和工作人员，克服困难，发扬团结互助精神，提前完成任务。在工程扩建过程中提出了很多好的经验和办法，同时也有可借鉴的教训总结。

本组史料选取了苏联专家对天桥剧场扩建工程的建议和扩建工程的总结报告，供公众参考。

北京市档案馆藏，档号：11-2-203、218。

——选编者　鹿　璐

张梦庚、李仲英关于苏联专家对天桥剧场扩建工程的建议给中央文化部的报告

（1954 年 10 月 15 日）

十月十三日上午，苏联展览馆副馆长多罗普切夫及灯光专家阿尔亭诺夫、水暖专家高梁金等，到天桥剧场了解工程进行情况及存在问题。提出的几项主要问题，和我们十四日召集的有设计院总工程师、施工单位负责人、文化部常工程师、文化处张处长参加的会议研究的结果如下：

1. 多罗普切夫谈他曾经到天桥剧场看过两次戏，均坐在前排，发现看不到演员脚部。这次苏联音乐剧院来京演出的芭蕾舞需使观众看到演员足尖，因此提出应把前排现在地面提高三十公分。

经过十四日会议研究并实地考查后认为：

①按原来不动，此次扩建因乐池展宽需去掉四排椅子，原来第五排将成为扩建后的第一排（比扩建前第一排地面高十公分）。根据我们实地考查结果，以扩建后第一、二、三排的地平为【高】度，观众坐下看不见演员全部脚部，第四排以后可以看到，按专家要求是不够的。

②原来场内地面的坡度系以演京剧为主计算的，在坡形和座椅的尺寸分布上都不太理想。此次专家提出修改，如从〔重〕新以合理的计算方法计算（按专家提出的加高三十公分的办法，加高地面是最理想的），则因角度关系后排的坡度将增高很多，是不可能办到的事（因第一排增高三十公分，第二排的观众的眼睛必须通过第一排观众的头顶看到演员整体，这样第二排增高的尺寸就大于三〇公分，依次累计坡度太大，故不可能）。更主要的是完工时间拖得很长，与此相连的其他安装、油饰都不能进行。

③根据研究和考查结果，扩建后第一到第三排的视线不太好，按时间、地点、条件的具体情况提出第三个方案，即提高一至三排地面与第四排一样（一至四排无坡度）。这样，第一排增高七．五公分。坐在这里的观众即可看到演员足尖。第二排虽不高于第一排，但第二排座位与一排是相错的，如图〈略〉。因此不会受一排观众的阻挡。第三排又与第二排相错，仍可看到。第五排已较第四排高出，不受前四排影响。只第四排的视线较差，经一再研究，感到虽如此，但较原来前三排都受影响为好。故决定采取这一办法，加高一至三排地面，与四排地平一样。

2. 灯光专家阿尔亭诺夫提出：观众厅顶内电线应加铁管（现为明线，应改暗线）以维安全。经研究认为意见很正确，已由设计单位订于十六日交图，同时由施工单位准备材料，待图纸绘出后，根据具体情况（时间、力量等）尽量在演出前改妥。如确不可能时，则在演出后由五公司负责改换。

3. 新建化妆室照明问题，要求与舞台照明同时完工。过去曾对此问题一再研究，因限于人力、时间须先赶作主要部分（舞台及排演厅的照明），后再插手化妆室照明工程，且新建墙壁均未干到一定程度，过早串线影响绝缘。曾经上级指示先赶舞台及排演厅部分，现提出同时完成。专家说有办法，认为提前串线没问题，已指导电气专业队在操作，但该队长提出，经我们研究认为：

①串线时间很快，只是墙壁尚潮，对绝缘质量不能保证，且违反操作规程。

②过早串线，易于糟朽，减少耐用年限，须于明年更换，不太经济。

张梦庚

李仲英

十月十五日

天桥剧场扩建办公室关于天桥剧场扩建的工作总结

（1954 年 11 月 6 日）

为迎接苏联史坦尼斯拉夫斯基、聂米洛维奇•丹钦科音乐剧院来我国演出，在中央文化部的指示下，从八月十五日开始了天桥剧场的扩建工作，至十月十八日完成。共用时六十三天，建筑面积五〇八一•〇四平方公尺。是一项限期短、工程大的艰巨任务。

由于党的正确领导、各有关方面的大力支持和参加具体工作人员的努力，得以如期完成，并提前了两天。为保证音乐剧院的演出创造了条件。

一、概况：

1. 早在八月以前，即接上级指示，进行天桥剧场扩建的准备工作。并陆续投入力量，由文化处基建组同志负责开始估划范围，着手动员。因建筑用地涉及到的居民住户搬家，从购地、动员、盖建新房到协助迁出，给以妥善安置，前后共进行了两个月。这项工作的完成，使整个扩建打下了基础，是能完成任务的先决条件。

市委指示这一工程交由北京市第五建筑工程公司负责，卫生工程局第四工务所支援。当在八月十五日正式投入力量，开始施工。因时间紧迫，建筑面积较大，不能预行设计，经市府批准采取边设计边施工的办法。为协助施工单位工作，北京市设计院派有建筑、结构、暖卫、电气等设计和绘图人员来工地配合施工。设计负责人和该院领导经常到现场了解情况，指导工作。

开工的同时成立了扩建办公室，吸收有施工单位、设计单位的驻工地负责人及灯光、舞台设计同志参加，订立了严格的办公制度。每日汇报研究工作；星期一、四联合办公，以掌握全面情况及时解决问题。办公室有主任、秘书、会计组、施工检查组、家具购置组等。参加工作的廿三人（其中包括文化干部六人）分工负责，并有由文艺团体调来协助灯光、舞台工作的七人。

组织确定后，各部分即分别开始工作。施工单位得各工地支援，陆续调来干部及工人，计：干部八十余人，工人一千二百余人。并由五公司江平副经理亲自担任工地主任，二工区李嘉璐及第四所蔡桂林分任主任工程师及副主任工程师。还及时调来机械用具，以提高工作效率。

2. 正式开工后，工地呈现出紧张、热烈气氛。工程按照轮廓计划逐日在进展。但因几次遇雨，不能施工，在个别部分延长了时间。为免于整个工程延期，实行了计件工资制，开展了生产竞赛，提高了工人的工作情绪，开始停休大礼拜，昼夜轮流，加班赶工。

由于感到时间短促，任务迫切，各部门的配合是起着极重要的作用。因之从开工后不仅坚持执行着扩建办公室订出的联合办公制度，解决了工程中的较大的主要问题，同时施工与设计、工种与工种之间做到了紧密的配合。在联合办公以外，及时检查工作，及时碰头研究，改进和纠正缺点。加强了力量、解决着工作中的问题。

根据工程进行的阶段，办公室提出不同的重点口号。因为工程很多，必须有周密的计划、科学的安排，才能彼此创造便利条件，完成这复杂、艰巨的任务。（特别是舞台部分）扩建办公室联合办公会为此召开过若干次紧急会议，对工种的配合进行了仔细的研究。在工作人员集思广益的努力下，想出了各种办法，保证了按期完成。

办公室各组也按照计划工作内容，开展着工作，以最快的速度办理每件应办的事情。干部情绪很高，一致表示要出色的完成任务。还抽出人力担负工地的警卫工作，昼夜轮流值班，保卫了工地的安全，为扩建尽到了可能尽到的力量。

二、体会：

通过天桥剧场的扩建工作，我们感受到许多新的体会。正如上了一次深刻的具有教育意义的大课。

这次扩建面积共五〇八一•〇四平方公尺（混合结构三一四五•

四四平方公尺，砖木结构一九三五•六平方公尺）。其中新建部分：包括演员化妆间、服装间、存衣间、淋浴间、仓库、导演室、休息室及芭蕾舞排演厅等大小共五十九个房间，计：二六六八•九四平方公尺。接建部分：包括侧台、锅炉房、观众休息室、招待员室及展览乐池、增加外台口、改建东面正门等工程，共二四一二•一〇平方公尺。较原剧场面积增加一倍多。若按正常施工计算，从钻探、设计、呈报备料到施工完毕，需十个月。此次工程只有六十五天限期。虽然日期短，却提前完成了任务。首先应归功于党的正确领导与支持，其次是有关单位的支持和参加工作人员深刻了解了这次任务的重要意义，发挥了高度政治责任感积极努力的结果。

1. 加强组织，推动工作，是有效的方法。由于有各部门参加的联合办公室，就使每一部分能够及时了解全面情况和问题，并在一起研究、商议克服困难、完成工作的办法。特别是进到舞台工程时，几乎全部问题是通过联合办公解决的，充分体现了集体领导的精神。对干部是一次集体主义的教育。

2. 从开始施工到全部完成，办公室一直注意着每一工作的进展情况。特别着重了到现场的检查。在侧台基建工程，因受客观原因影响，拖延了时间。舞台房架因木孔打错造成返工；电器和假台口的安装，赶在了一起进行致均影响操作等较大问题中，都及时发现后，马上召开了紧急会议，研讨采取的措施，分别以昼夜加班、轮换交替、内外同时操作及改进工序的办法，而得到解决，保证了工程的进行。

对动员搬家和购置物品上，虽然是在急不可待的情况下，却仍给予了应有的重视。一切都遵循着政府的政策法令办理。购置物品，凡对公的均以转账支票付款。对私的则按照信托公司的手续办理评价，以达两利。动员住户搬家，是紧紧地依靠了区政府和房管局，在他们的协助下，既使搬家的住户得到了应得的待遇和妥善的安置，也便利了我们用地，做到合理解决。

3. 联合办公室各个组成部分和各单位的团结，成为提前完工的因素。虽然在工程开始时，由于各单位凑集一处，不够了解，不够熟悉，而对自己任务考虑较多，表现了分散和本位，工程的操作上缺乏统一指挥。舞台工程安装吊杆时需要的木工、石工等交由建华铁工厂领导，因业务不熟，致在打眼进度上，拖长了时间，堵眼时质量不好，而造成返工。但以后的工作中，在办公室的纠正下，得到改正。而以革命的立场，团结在一起，互相研究，彼此倾听意见，真诚的运用了批评与自我批评，从思想上拥护和按照联合办公决议去执行任务。因此在扩建上遇到的困难，由于时间紧促、经验不足造成工程上的修改和返工，都在大家的努力下解决了。

4. 扩建工程得到各工地的大力支援。需要什么就由别的工地调来，甚至首都剧场工地暂时停工，全部力量支援天桥的扩建。光华木材厂八个车间同时撤出为天桥加工制作门窗。一公司加工厂接受了制作斗拱和石膏花工程等为这次抢工铺平了道路。

财委和建筑局器材公司的大力支持，对工程的完成也起了重要作用。按正常调料日期，五千平米的建筑，至少也需一个月，因系任务和该单位的支援，随调随到，避免了停工待料和窝工的现象，及延误工期的后果。

在动员搬家、家具用品的购置和各种设备——舞台铁活、场内座椅、灯光器材、男女工地毯等的订制方面，也同样得到了各有关单位的大力支援。如建华铁工厂承做并安装的吊杆、假台口，从该厂领导到工人都尽了最大努力协助工作，不但提前三天完成了任务，给其他工程以便利，还完成了计划以外的临时工作（后增加的两根吊杆，改变假台口，截下座椅铁腿的椅等）。

迁移居民方面，根据需要共进行了三次，计：用地面积四三八六平方公尺（合六,五九四亩），住户二十六户、商户四户、人口一三〇人、房六十五间、棚十一间半。

这项工作是比较复杂、困难而细致的，紧紧依靠政府，依靠群众，既不能使居民吃亏，又要合乎政策，且居民多是故土难离，不愿迁动。

由于得到了区政府、房管局等单位的大力协作和工作同志不晦不倦的说服、动员，终于解决。这项工作的完成，起到了关键作用。

其他如：北京新都木材厂承制家具、座椅，北京市商业局支援用物，北京市信托公司协助评价，运输公司解决运输问题，建设银行对取款时间上给以便利，南京灯泡厂派人护送灯泡以缩短运输时间，天津毯毛收购加工厂提前加工订购的女工毯等，都同样给了有力的帮助，成为提前完成任务的因素之一。此外，电业局在后阶段也曾协助了工作。

5. 参加工作的人员，都以积极热诚克服困难的姿态进行工作，以完成或提前完成任务为中心目标。施工单位在赶工期间，为抓紧每一分钟，争取能够争取的时间，而日以继夜的工作。虽忙虽累，都始终一致，任劳任怨。依据需要，除食、宿时间，全部精力投入工作，甚至有时要缩短睡眠时间，以便完成任务。不管在哪一工程里，都可看到这种主人翁的态度。

设计单位和办公室各组，也同样表现了这种精神。工作不完，不去休息，直到深夜，任务完成为止。

舞台灯光、电器设备，有好多都是我们初步摸索。从器材的多样到内容的复杂，范围很大。由文艺团体调来的七个工作人员和剧场原来搞舞台工作的四人组成的灯光组，在这次任务中，表现了积极、忘我的精神。不管大小设备，只要自己能做的就自己做，自己做不了的，到外面采购，主要部分都由自己解决的。该组工作较多也累，特别是在安装期间，从灯光设计到每个同志，都工作深夜到通宵，贡献出了最大力量，保证了舞台灯光的应用。

6. 工程进行期间，在工会的配合下，特别加强了宣传鼓动工作，并对安全方面给予了应有的重视。因此，除建华一个工人因违反操作规程，私自进入吊杆保险网内试作，碰头铁柁致砸伤脚部外，未发生其他事故。这说明了，虽是赶工，时间紧迫，但在操作上还是做到了细心、谨慎。保持了工人工作的正常情绪，精神上不感受威胁，使工作能顺利进行。

工作中还及时地总结。对工作好的、积极努力，提前完成任务的小组或个人予以表扬和奖励，对工作拖拉和犯错误的给以批评和处分，赏、罚严明，使积极的继续努力前进，拖拉的提高了责任心，并在总结前后，组织了慰问工人的演出，满足了工人的要求，鼓舞了工作情绪。

三、经验教训：

在这次突击任务中，限于时间迫切，经验不足，难免考虑不周存在粗糙，部分不妥之处，应引为经验教训。

1. 此次工程因系赶工，且限于地势狭小，更加初期各部分都同时备料，较为混乱。因为工序配合不好，有时用料不能及时供应，至操作架旁而有窝工，影响了工程进度。

实行计件工资制后，在效率上有了提高，在质量上因系初次实行计件，工人对意义的认识不透彻和技术水平关系，掌握的标准较低，相应的产生了粗糙现象。据施工单位谈：这是实行计件工资和赶工可能发生的现象，虽曾加强了检查和宣传工作，却仍有：

墙壁砌砖盆口不平不严；

新建二楼大厅地板龙骨不平，中间高出五公分；

水刷石颜色不一样；

地板刷油不匀或根本没刷等；

虽无安全问题，却是施工上的漏洞。

2. 这次扩建工作，我们估计不足，缺乏经验。对苏联要求资料和使用意图，不仅没有更好的了解，而且产生了一些错觉，如要求要铁架子，我们搞舞台工作以为即假台口。从设计到施工赶装，确曾出了很大力量，并与别的工程有了交碰，结果剧团不用，又为此赶工拆除。圆天幕也同样制作待装而未应用。当然这种设计在我国舞台建设上是较为理想的，但从这次扩建来看就显得多余了。

正面天桥先是急急焊上去，后因增加吊幕妨碍升降，又急急拆下来。耳灯刚掩好，又再次伸出。又如化妆台的高度不够，又赶工加做木垫。单凭个人见解，没考虑吸收苏展馆已得的教训。对乐池展宽后的深度，只考虑多勃贝斯的放置，忽略了乐队人员及指挥的使用便利，而做深，又修改，垫高。不仅增加了工作量，且浪费了资财。

设计上的不一致。建筑部分设计的仓库，暖卫设计有洗手盆，却无暖气片。在应用上，若作仓库，设备多余，若作化妆室，设备又不够。此外，忽略了清洁用顿〔墩〕布盆，厕所未设计铺油毡，观众厕所设备因与实际尺寸不符等，都表现了考虑不周和粗心大意。

后台装备计划保守，不合剧团应用，提出很多要求，而且非常坚决迫切，否则不仅影响艺术效果，有些对工作会起扼胫作用。使我们形成被动，手忙脚乱。工程进度上虽总的提前了两天，但每个阶段都较轮廓计划或多或少有些推迟。

3. 个别人员工作不细心，不坚持操作规程，造成返工浪费。在安装舞台增加的六架房架时，不先看好位置和对照图纸，就在下边打眼，并用七分钻代替六分钻。经工程师检查后，已有五架不能应用。电器水暖安装、舞台打洞，不经结构许可，即剪断钢筋。虽经加固，造成人力、时间和经济上不应有的浪费。

暖卫的设计上，存在缺点较多，这不仅是因为考虑不周，同时也因为主观对工人提出的合理化建议，没有仔细研究、接受，而造成返工。如芭蕾舞排演厅的暖气片最初设计较少，工人提出散热不够，应该增加，但设计不够虚心没有同意。即至做好后，才感到确是不够，又提出增加。使工人情绪受到影响，表示不满意。此外，个别厕所下水管和洋灰梁碰在一处而不得不改变走管道路。有的地方因【暖】气片放置位置问题，曾提出返工达六次之多。

4. 苏联同志本来答应提前寄来资料，并来人指导工作，直到九月下旬未到。不能再等，只好按照我们能力进行工作。所以在他们来后，又有很多翻改。最突出的是电器方面。我们对这次舞台使用的范围，只凭估计报请了三〇〇 KV 电源（却无用电的依据），因此电业局不予解决，累经交涉，至专家来后才行确定，有二〇〇 KV 即可应用。有关舞台电器设备上按照我们的设计，由灯光组同志大家抢工、制作，尽到了一切能尽的力量，赶制出来。专家认为不够合适，而又改、返、加，如改观察口，接出耳灯，台面打洞，安分线盒，加临时化妆灯，增插销等。

灯光用条灯，我们做了，他们也带来了，而致重叠，既费工，又费钱。

5. 领导布置工作，对剧场扩建要达到的标准，如何使用，如何照顾等，还不够详细，如扩建后对庭园的要求如何，能早日提出，也就不会动员搬家搞三次，因放料用地而花租费。改包厢，加厕所等不会完工现赶。经费开支上也不致觉得一超再超。

对工程进度的要求上，也不够统一。扩建进行到最后阶段，决定先抢舞台和排演厅，及至专家来后，朱明同志又提出要先抢出化妆室，使我们不知所措。专家坚持新建部分虽未干燥，可以提前穿电线。这种办法是不合我们操作规程的。因之穿后部分漏电，不能应用，而急急购买安装临时线，花费了好多人力，增加了开支且穿得的线路因受潮，在使用寿命上受到一定损失，明年需换新线。

6. 节约工作方面：为了抢工赶任务，做的较差。施工中有什么就用什么，大材小用。很多门窗、便桶加工修理或添置零件即可应用。因怕麻烦全部用了新的而剩了下来。为使水刷石快干燥，向上铺洋灰面，撒掉很多。调料计划不周，材料多余积压，往返运输，加大开支。

总起来说：这次扩建是一项既复杂又迫切的艰巨工作。一切都是急不可待。工程大，日期短，最后提前完成了任务，成绩和收获是大的，这是党的正确领导，各单位的支援和参加工作人员的努力的结果，是比较突出的事迹。

对全体参加工作的同志进行了一次丰富多样的深刻教训和实际锻炼。为庆祝十月革命节，迎接苏联艺术团来京演出起了保证作用。

一九五四年十一月六日

国家大剧院建设回眸

王争鸣

国家大剧院（以下简称大剧院）作为首都新时代标志性建筑、国家最高表演艺术中心，依托世界规模最大、功能最全、设备最先进的优势，凭借高水平的经营管理，早已成为世界上演艺活动最活跃的剧院之一，跻身世界剧院之林前列。

大剧院建筑面积 22 万平方米（比故宫的总和多很多，比人民大会堂还大 5 万平方米），直接投资约 34 亿元。大剧院有歌剧院、音乐厅、戏剧场、小剧场四个剧场，具有演出、剧目制作、影视制作、音像录制、演出转播、艺术普及教育、展览、会议及餐饮、销售等功能。大剧院的舞台机械、灯光、音响设备都是目前世界上最先进的，其中戏剧场的鼓筒式转台目前为世界唯一。

大剧院经过十年（1998.1 ~ 2007.12）艰辛建设，在中国建筑史上创造了许多记录，留下了值得大书的一笔。篇幅所限，本文仅表几个重点。

四十年后重生

大剧院建设可上溯到1958年。是年8月，中央根据毛主席的提议决定，为庆祝中华人民共和国成立10周年，在北京兴建一批重大工程，包括万人大礼堂（后称人民大会堂）、革命博物馆（后改为国家博物馆）、国家剧院（后称国家大剧院）等十大建筑。

工程指挥部把大剧院的设计任务交给了清华大学。清华建筑系的师生很快完成了设计方案，并经周总理审定。后经调整，大剧院未列入十大建筑。直接原因是因为拆迁问题解决不了。周总理为此专门召集会议，决定缓建大剧院。

1958年国家剧院外立面效果图

1959年底，周总理要求重新规划建设大剧院。在讨论中，北京城市规划部门认为大剧院原来的选址不合适，提出改址。周总理1960年1月21日在报告上批示："地址仍以在人民大会堂以西为好。"但此时国家进入了三年困难时期，后又经历了十年"文革"，大剧院的建设一拖再拖，竟成了周总理的遗愿。1975年周总理病重期间还嘱托万里同志一定要把大剧院建成。

1997年10月7日，中央政治局常委会决定，尽快在人民大会堂西侧建设大剧院，并责成北京市组织设计方案的国内招标。北京市邀请国内5家顶级设计单位，做了8个方案，结果均未入选。12月25日，时任政治局常委、国务院副总理朱镕基，政治局委员、北京市委书记贾庆林审看了方案。鉴于当时中国建筑设计的状况，为确保大剧院设计方案的高水平，朱镕基决定组织国际招标（后改称国际竞赛）。

1998 年 1 月 8 日，中央政治局常委会再次研究大剧院建设问题。会议决定，为保证大剧院建设顺利进行，要加强组织领导，常委分工由朱镕基负责；成立大剧院建设领导小组（以下简称领导小组），组长为贾庆林，成员由中办、国办、国家计委、文化部、建设部、财政部主要领导担任；成立大剧院工程业主委员会（以下简称业委会），代表国家对大剧院的建设、管理承担法人责任，主席为时任北京市政协副主席万嗣铨，副主席由文化部、建设部有关领导担任，委员由北京市、文化部和建设部各抽调一名司局级干部担任。笔者时任北京市委城建工委副书记，由此投入大剧院建设，担任业委会党委书记。大剧院因此成为我国管理规格最高的建设项目。

同年 4 月 27 日，国务院印发《关于建设国家大剧院有关问题的通知》，批准大剧院工程立项。

设计方案的产生

1998 年 4 月 13 日，业委会召开设计方案竞赛文件发布会。7 月 13 日，符合条件的 36 家参赛单位共提交了 44 个方案，包括国外 20 个、国内 24 个。这次竞赛规模之大、水平之高为中国首次，世界罕见。经领导小组同意，业委会在中国革命博物馆举办了设计竞赛方案展览。为设计方案举办展览，供群众评议，这在我国开了先河。

评委会由 11 人组成，均为国内外顶级建筑专家，主任为吴良镛院士。但这次竞赛没有评出符合要求的方案。评委会推荐了 5 个方案，包括法国巴黎机场公司、英国塔瑞•法若建筑师事务所、中国建设部设计院的方案等，建议再进行一轮设计竞赛。

业委会研究决定，为确保高水平，除推荐的 5 个方案外，再选 4 个群众评选得票最高的方案，包括北京市建筑设计院、清华大学的方案等，其他参赛单位可自愿参加。

8 月 3 日，时任国务院总理朱镕基在审看方案时指出，这次竞

法国巴黎机场公司设计方案效果图

赛之所以没有评出众望所归的设计方案，主要是大剧院和人民大会堂的关系不好处理。大剧院紧挨长安街，太突出了，搞得好，压过了大会堂，搞得不好，又称不起标志性建筑。可考虑把大剧院的位置向南移，把南边的绿地调到北边。朱镕基进一步强调，天安门广场的主体是大会堂，大剧院不能喧宾夺主，但应是一颗明珠。造型可以前卫一些，不一定非得适应中国传统，不必非和大会堂协调一致。体量要小一些，多搞绿地，靠绿地协调。

8 月 24 日，第二轮竞赛开始。11 月 14 日，参赛的 14 个方案送达。评委会经评审，仍未选出满意的方案。最后推荐了 6 个方案，包括法国、英国、北京建院、清华的方案等，建议再进行完善。

11 月 17 日，领导小组审看方案。贾庆林指出，大剧院设计方案要既能体现世界水平还要能被群众所接受。应在更大范围选择方案，要召开专家座谈会听取意见，用充足的时间对方案进行修改。

第二天，朱镕基审看方案，并听取汇报。参会的中方评委意见分歧很大，一类反对采用外国方案，主张进行国内联合设计；另一类反对搞国内联合设计，主张选择好的外国方案进行修改，吸收中国专家参加。朱镕基指出，大剧院设计方案首先要保证高水平，而不是国别。可在这些方案里挑几个最有修改价值的方案进行修改。他要求业委会组织专家研究如何修改方案的办法。

业委会在广泛听取专家意见的基础上，经研究提出，在国外方案中再选几个与国内设计单位合作修改。领导小组听取汇报后决定，法国巴黎机场公司、英国塔瑞·法若建筑师事务所、加拿大卡洛斯建筑师事务所与清华大学、北京市建筑设计院、建设部设计院，可自愿合作修改方案。

业委会经协商采取了如下方法对第二轮竞赛方案进行修改：1. 以巴黎机场公司为主，清华参加修改巴黎机场公司的方案，简称法国方案；2. 以清华为主，巴黎机场公司参加修改清华的方案，简称清华方案；3. 北京建院与英国塔瑞·法若合作修改塔瑞·法若的方案，简称英国方案；4. 建设部设计院与加拿大卡洛斯合作修改卡洛斯的方案，简称加拿大方案。

1999 年 1 月底，修改的方案送达。业委会组织专家评议后仍觉

笔者（右一）与安德鲁在天安门城楼

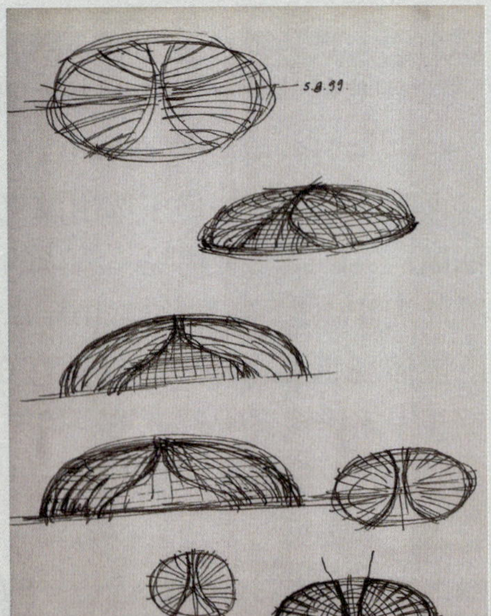

安德鲁手绘壳体草图

不满意，建议再修改。朱镕基审看方案后指出，方案再次修改的出发点是天安门广场已经形成固定格局，但大剧院在旁边，所以不必去凑天安门、大会堂的风格，要跳出广场，有反差。他要求，调整大剧院用地规划，将大剧院向南移，将大剧院南边的绿地调到北边，以减少大剧院与大会堂风格不一致所带来的矛盾。

随后，领导小组召开会议，贾庆林确定了方案的修改原则：以大剧院南移、绿地北调为前提，以 4 个方案为基础，以著名建筑师为主设计人，以相对独立的小环境为条件，造型与绿地统筹考虑，避免四方块、城墙垛、大屋顶。

4 月底，新修改的方案送达。这次修改，法国方案主建筑师安德鲁设计了一个全新的方案。5 月初，领导小组审看方案并听取了各主建筑师的介绍。随后，业委会组织专家对方案进行了讨论。与会者围绕法国方案进行了激辩。院士齐康、彭一刚、马国馨等大多数人认为，法国方案很有创意，无论是建筑本身的设计还是与大会堂关系的处理，都独具匠心。院士吴良镛、周干峙等少数人认为，这种形状像坟墓，在天安门广场边上不能有风格如此不同的建筑。对英国方案，与会者普遍认为，需重新修改，可作备选方案。而加拿大和清华方案，造型过于一般，可以放弃。

领导小组认为，法国方案有明显优势，是传统与现代、浪漫与现实的完美结合，具有极强的艺术感染力和视觉冲击力，与大会堂和天安门广场的关系处理既不喧宾夺主，又是一颗明珠。英国方案修改后可作为备选方案，其他两个方案则予放弃。

5 月 27 日，朱镕基审看方案。他在充分肯定法国方案的同时提出，外形还要再有些变化。把位置再向南移，使绿地和水面面积再大些。他要求，在广泛征求意见的基础上，将法国、英国、清华的方案一并提交中央审定，3 个方案再做一次修改；抓紧征求人大代表、政协委员及参加世界建筑师大会的外国建筑师的意见。3 家单位在规定时间内提交了新修改的方案。这是第二轮竞赛的第三次修改。

此后，业委会分别邀请全国和北京市部分人大代表、政协委员及部分国外建筑师参观方案。大家对法国方案展开了热烈讨论。大多数人认为，该方案新颖，有创新、有突破。3 个方案比较，法国方案最协调，特别是加上水面，效果极佳。少数人不同意法国方案，认为它破坏了天安门广场风格的统一。对英国和清华方案则无人置评。就设计方案征求人大代表和政协委员的意见，这在我国还是第一次。

领导小组提出，法国方案有相当大的专家基础和群众基础，完全具备报请中央审定的条件。英国和清华方案也一同上报，供审定时参考。7 月 22 日，中央政治局常委会召开会议，一致同意采用法国方案。这是政治局常委会第三次研究大剧院建设问题，而由政治局常委会审定一个设计方案，这在我国还是第一次。

法国方案效果图

英国方案效果图

清华方案效果图

至此，大剧院设计方案经过两轮竞赛、三次修改，历时1年4个月，来自10个国家的36个设计单位参赛，先后有69个方案参加评选。

争议与再评估

2000年5月初，吴良镛、周干峙给中央写了一封反对法国方案的信。按朱镕基要求，贾庆林召集领导小组和业委会对此信进行了认真研究。会议认为，对方案有争论是正常的，专家提出意见，是对大剧院建设的关心。会议强调，法国方案是经竞赛、修改、广泛征求意见后，由中央审定的。对此方案要坚持，否则会引起更大的争论和负面影响。对方案不足之处要本着压缩面积、控制投资的精神加以完善。

此后，朱镕基先后两次开会讨论方案问题。朱镕基表示，法国方案不能变，专家意见也要听。合理的要采纳，重点是压缩面积和投资。会后万嗣铨即刻组织业委会和设计方进行研究，并提出了具体措施。

随后，贾庆林召开领导小组会议，听取了万嗣铨的汇报和吴良镛、周干峙的意见，并进行了讨论。领导小组成员一致表示，要严格执行中央审定的方案，应控制面积和投资，并对设计中存在的问题认真研究，再用一定时间，在更大范围内征求各方专家的意见，予以解决。

此后，万嗣铨和笔者及有关人员与安德鲁密集讨论设计修改问题。据此，业委会提出了“双压一完善”（压缩面积、压缩投资、完善使用功能）的9条措施。按贾庆林要求，业委会先后召开8次座谈会，就“双压一完善”征求了诸多专家的意见。绝大多数专家都认为朱总理要求明确，领导小组决心很大，业委会措施可行，只要大家群策群力，“双压一完善”完全可以实现。

进一步修改后的大剧院全景鸟瞰效果图

6月中旬，由吴、周起草，49位院士签名，给中央写信，反对法国方案。几天后又有114名建筑界人士联名给中央写信，批评法国方案。为此，贾庆林召开领导小组会议。会议指出，方案之争是次要的，关键是功能不要有重大问题。压投资要实事求是，不能为压投资而影响功能。会议要求，要继续听取各方意见，本着对中央、对人民、对历史负责的精神，把工作做好。

会后，业委会根据领导小组要求，继续听取专家们对大剧院方案的意见。特别是万嗣铨和笔者连续多次专门听取了在信上签名的部分专家的意见，对年高体弱者到家中拜访，对签字者多的单位上门开会。业委会根据专家们的意见对方案作了进一步修改、完善，并于7月20日，向国家计委报送大剧院工程可行性研究报告。

受国家计委委托，中国国际工程咨询公司于8月11～15日召开专家评估会。38位有关方面的专家参会，其中包括几位在信上签名的院士。专家们对可行性研究报告进行了认真、深入、激烈的讨论，赞成者和反对者泾渭分明。争论的焦点仍是设计方案的造型问题。总体讲，赞成者占大多数。中咨公司于11月20日将关于大剧院可行性研究报告的评估报告报国家计委。评估报告提出赞成大剧院采用法国方案，并需修改完善。中咨公司还向参会的专家发出评估报告征求意见函，其中，同意的23位，反对的9位，态度不明的6位。

2001年1月8日，国家计委审查后向国务院报送大剧院可行性研究报告。国务院总理办公会和中央政治局常委会相继讨论并批准了报告，同意大剧院采用法国方案，但要做必要的修改和完善。

中央政治局常委会对大剧院建设四次开会研究，其中对设计方案就讨论了两次，这在我国建设史上绝无仅有。而朱镕基总理至少召开过十次会议研究大剧院建设问题。

根据可行性研究报告评估和审查过程中提出的意见和建议，业委会和法方又对初步设计进行了多次修改。经专家评审，认为初步设计比研究阶段的设计方案有明显完善和优化。国家计委于11月26日批准了大剧院初步设计。

至此，大剧院设计方案全部完成。这是一个复杂、漫长、充满激辩的过程，经过国际竞赛、深化修改、征求意见、中央审定、压缩完善、专家评估、最终批准7个阶段，共耗时3年7个月，其花费时间之长、参赛方案之多、征求意见之广、各方争议之大、审查程度之严，在我国都是史无前例的。

破解四大技术难题

由于大剧院工程复杂，国内无先例可循，在施工中遇到很多技术难题，业委会组织设计（法方+北京建筑设计院）、施工（北京城建-香港建设-上海建工总承包联合体）、监理（北京双圆）及外请专家，迎难而上、群策群力，一一克服了困难。其中最主要的是：

一、首屈一指的大型超深基础。大剧院选址地质构造复杂，地

工地全景（2002 年 3 月 8 日）

下水压力大。作为国内基础最深的大型公共建筑，大剧院地下大部分埋深 -26 米，最深达 -32.5 米，相当于往下挖 11 层楼。经测算，地下水压力之大，能把大剧院整个结构顶起来。如果按传统方法大面积抽取地下水，会使这一地区的地下水位形成一个面积达 5 平方公里的"漏斗"，造成地面沉降，这样势必给大会堂及周围建筑、道路、地铁带来极大安全隐患。

大剧院剖面图

北京城建从技术、经济、安全、环境等方面反复研究，制定了施工方案。业委会先后三次组织专家进行论证、完善。方案的核心内容是：在 -26 米处按设计周长构筑一堵椭圆形地下连续墙，在连续墙内设疏干井降水。在 -32.5 米的歌剧院舞台台仓处构筑一堵四方形地下连续墙，内设疏干井，外设减压井。地下连续墙形象地说就是用一个

“桶”把大剧院的地下部分围起来，既可阻止外面的水进来，又可把里面的水抽出去；既可开挖基础土方，又可避免地面沉降，同时解决了结构“上浮”问题。在地下连续墙施工过程中还需采取护坡、锚固等技术。这些技术集合起来被称作超深基础综合施工技术。

开挖土方后地下连续墙清晰可见（2001 年 12 月 1 日）

歌剧院舞台台仓基坑四周为 24 眼减压降水井
（2001 年 12 月 29 日）

2001 年 4 月 2 日开始构筑地下连续墙，7 月 30 日顺利完工。超深基础地下连续墙在巨厚卵石层和多层承压水的复杂地质条件下施工在我国还是第一次。

2003 年 3 月 28 日，北京市科委召开大剧院超深基础综合施工技术成果鉴定会。鉴定委员会一致认为，该技术是一项科技含量高、高度综合与优化的系统工程，达到国际先进水平，同意授予北京市科技进步奖。

二、复杂多变的钢混结构。大剧院系多剧场、多功能的椭圆形建筑，平面布局和结构形式非常复杂，是一个极不规则的结构体系，导致施工难度极大。独特的弧形构造为国内外首见，给测量定位、模板选型带来很大困难；分界、分层不规则，钢筋混凝土施工质量很难把控；大跨度、大凌空、大截面梁板结构对模板支撑体系提出了特殊要求；结构形式复杂多变，测控手段很难掌握；异形连续多曲面墙体对模板支撑提出了很高要求；等等。且当时国内外没有此类施工经验可资借鉴。

为此，业委会与施工、设计、监理方多次研讨，在施工组织、模板配制、混凝土技术等方面提出了一个又一个具有创新性的解决方案和技术措施。

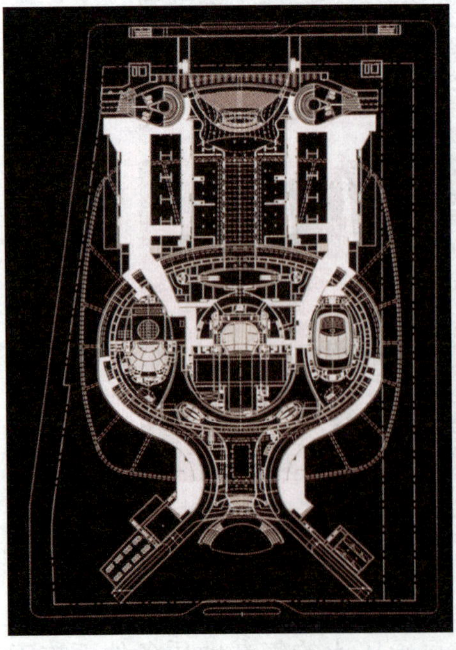
大剧院平面图

北京城建集团进行科技攻关，开发出了一整套高大空间弧形钢混结构施工综合技术，包括曲率可调式弧形模板体系、超高墙体液压自动爬升模架体系、超大空间大梁模板支撑体系等 17 项新技术、新工艺，大幅提高了工程质量、加快了施工进度、降低了工程成本。

2002 年 7 月 18 日和 11 月 23 日，大剧院钢筋混凝土结构工程先后两次顺利通过北京市建筑结构“长城杯”工程评审检查，评委们对结构工程质量给予充分肯定。继戏剧场、音乐厅主体结构先后封顶后，歌剧院主体结构于2003年4月17日封顶。至此，大剧院主体结构全部封顶。矗立于长安街旁、大会堂西侧的大剧院就这样在人们的关注中渐渐“浮出水面”，宏大的建筑骨架清晰地勾勒出大剧院的外部轮廓。

2003年6月12日，北京市建筑工程质量监督总站对大剧院主体结构进行核查。大剧院一次成优，获得北京市建筑结构“长城杯”工程金奖。

歌剧院舞台台仓施工
（2002年9月7日）

音乐厅结构施工

歌剧院顶部结构施工

大剧院主体结构全部封顶

大剧院土建结构全景

三、前所未有的壳体钢结构。大剧院壳体钢结构长轴212米、短轴144米、高46米，中间没有任何支撑，是我国跨度最大的钢结构，大到足以将北京工人体育场罩住。壳体钢结构由法国设计方按欧洲规范设计。钢结构底部设底环梁，顶部设顶环梁，中间设纵向钢桁架，再设多道横向连杆加斜杆，形成连续钢网架结构。壳体钢结构因跨度长和体积庞大而导致结构自身变形大，故对安装精度要求极高，如达不到要求，则壳体的稳定性、抗变形、抗震、抗风荷载等指标都会受影响。业委会对壳体钢结构极其重视，多次召开研讨会和协调会。

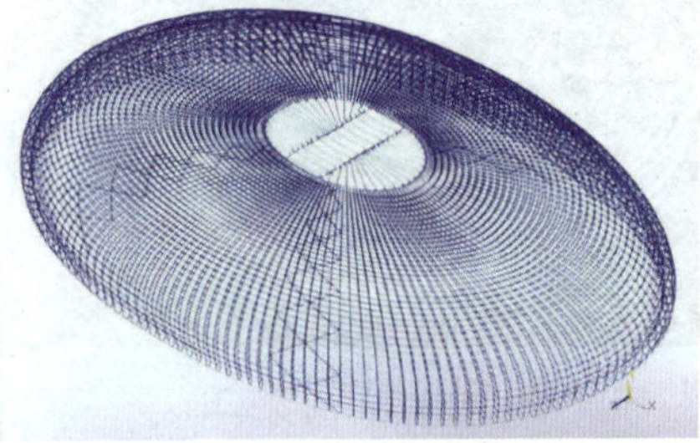

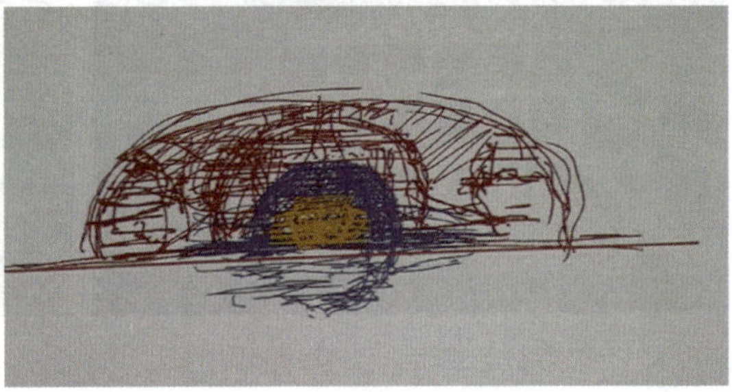

安德鲁壳体手绘图

壳体钢结构设计图

2003年7月15日，顶环梁开始吊装。顶环梁是钢结构中最复杂的部分，且是整个壳体的上部基准。经过努力，顶环梁仅用20多天就安装完毕，一次通过验收。

底环梁是国内最长、截面积最大的钢筋混凝土封闭型环梁，是整个壳体的承重基础，1万多吨的重量全部落在底环梁上。北京城建连续奋战4个月，于9月8日圆满完成了施工任务。

底环梁绑钢筋

9月23日，钢桁架开始吊装。钢桁架共148榀，每榀长约100米，由两台大型塔吊同步起吊，上端连接顶环梁，下端连接底环梁。承担施工任务的上海建工由于准备充分，当天就安装了3榀。

12月2日，壳体钢结构胜利完工。经检测，钢结构变形平均值8厘米，最大值14厘米，远低于设计要求的20厘米。如此高精度在我国钢结构建筑史上前所未有。

钢桁架安装现场

壳体钢结构安装全景

2004年2月24日，钢结构工程通过了北京市建筑工程质量监督总站的检查。结论是，大剧院钢结构安装堪称一流，符合建筑结构“长城杯”工程质量要求，对奥运工程乃至今后的钢结构工程都具有示范作用。该工程被市质量协会评为钢结构最高等级“五精”，即：

施工管理精、材料控制精、制作质量精、安装质量精、资料管理精。这是北京第一个“五精”钢结构工程。

四、“精雕细琢”的壳体屋面。大剧院壳体屋面分金属屋面和玻璃幕墙两部分，共4万多平方米。金属屋面从内到外共六层：一是红木吊顶层，二是纤维吸声层，三是镀锌钢板隔声层，四是玻璃纤维保温层，五是铝镁锰合金防水层，六是钛板外立面层，共18398块。玻璃幕墙采用中空夹胶半钢化“超白”玻璃，由内外三层组成，每层为1226块。由于大剧院壳体为椭球体，所以每块钛板和玻璃都是不规则的双曲面，曲率、尺寸和角度都不同，因此设计、加工和安装难度大，精度要求高，且对屋面的气密性、水密性及变形率要求也很高。

为检验壳体屋面的设计效果，保证安装质量，业委会在2002年6月组织安装单位香港建设+珠海晶艺专门制作了一个壳体金属屋面与玻璃幕墙局部实体模型。经过充分的深化设计和优化工艺，2004年4月1日壳体屋面安装工程开始。由于设计精细，措施得当，管控严格，金属屋面安装进展顺利。

但玻璃幕墙安装颇费周折。由于每块玻璃角度不同，在上下左右相接的四块玻璃的“十”字接缝处，将它们固定连接的机械装置也不同。如果每个都单独加工，则成本高且时间长。于是安装单位研发出了一种“多功能万向玻璃幕墙支撑装置”，采用这种装置，能产生“万变尽在此机关”的神奇作用。

2004年7月底，玻璃幕墙安装完成，使大剧院的外形完整凸现，为长安街增添了一道靓丽的风景。2006年5月15日，随着钛板上覆盖的保护薄膜被工人揭去，大剧院以全新的面容第一次展现在世人面前。

屋面工程最后的红木吊顶于2006年7月开始安装，一年后完成。

大剧院屋面安装技术被称作大型壳体屋面安装综合技术。大剧院屋面工程做了很多技术研发，取得巨大成功，为我国同类工程提供了范例。

玻璃幕墙安装现场

揭开神秘的“面纱”

先进的舞台机械

剧院的核心是舞台（指歌剧院和戏剧场）。建设伊始，业委会对大剧院舞台机械的定位是，世界一流水平，具有技术先进、性能完备、安全可靠、操作方便、维修简单的特点，实现舞台机械化和控制电脑化。通过复杂、严格的国际招标，歌剧院舞台机械由日本三菱重工中标，戏剧场舞台机械由德国 SBS+ 力士乐中标。在随后的设计、制造、安装过程中，业委会组织中标厂商，因地制宜采取了大量创新性技术手段。

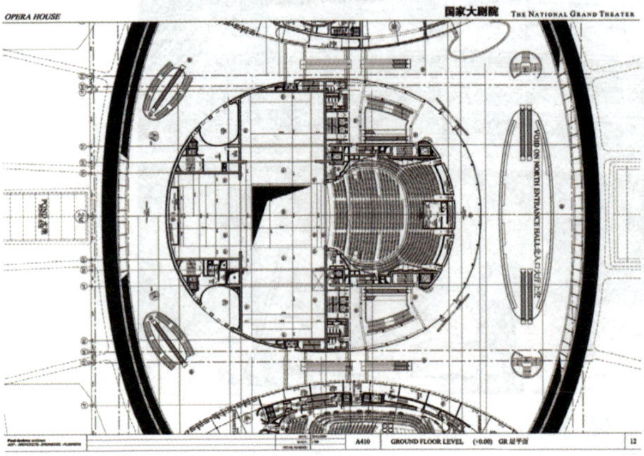

歌剧院平面设计图

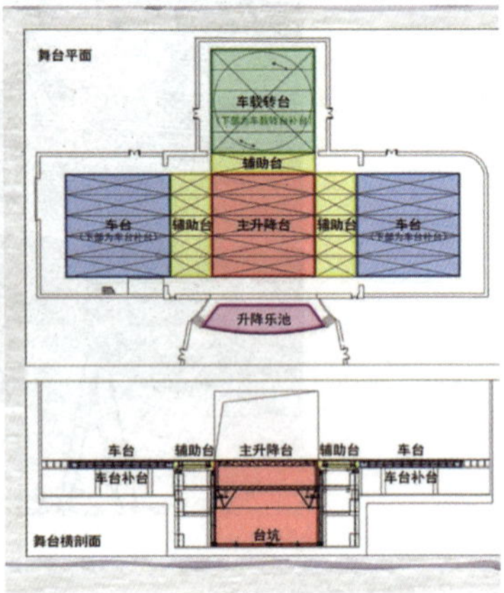

歌剧院舞台平面和剖面图

歌剧院舞台空间巨大，体积和面积均为观众厅的3倍。这是国内最大的，在世界上也是罕见的。

舞台采用“品”字形结构，分为主舞台、左右侧舞台、后舞台，具有升、降、推、拉、转5大功能，可在演出时不间断换景，使演出形式更加丰富。主舞台有6个主升降台和2个辅升降台，可整体、单

歌剧《江姐》左右侧舞台快速分离的效果

《复兴之路》后车转台旋转前进

独、不同组合地动作。主升降台为双层结构，形成上下两层表演空间，其上层台板可在6°角内向观众厅方向任意倾斜，这在国际上还没有先例。左右侧舞台各有6块台板，可整体、单独、不同组合地平移至主舞台，特别是可左右互换位置，这在国际上也没有先例。后舞台为可前后移动的旋转台，由两个同心圆组成，可同向旋转也可反向旋转，可固定旋转也可行走旋转。主舞台上空的悬吊设备主要有61根电动吊杆、78台轨道单点吊机、24台自由单点吊机等设备，用来悬吊布景及制造特别的演出效果。

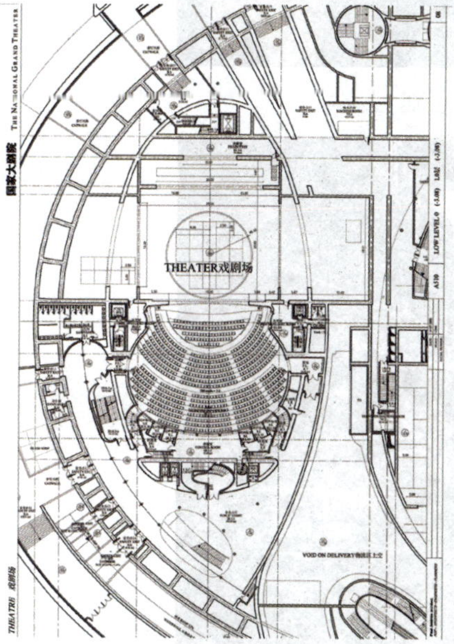

戏剧场平面图

戏剧场舞台不大，但更精致。因为戏剧、戏曲演出规模不大，但表演细腻、变化多端。

戏剧场舞台设有主舞台、左右侧台和后舞台。主舞台为鼓筒式转台，有13个升降块和2个辅助升降台，均为双层结构，可形成两层立体式表演空间。鼓筒式转台可整体，可单独，还可任意组合地升降、旋转，最重要的是升降和旋转可同时进行，具有极强的可变性和突出的灵活性。

戏剧场舞台的一大特点是镜框式舞台和伸出式舞台的结合体。当不使用乐池时，可将乐池升降台升至舞台面形成圆弧形伸出式舞台，演员可走出台口在伸出台上与观众拉近表演距离。舞台区域上空的悬吊设备主要有 45 根电动吊杆、36 台轨道单点吊机、12 台自由单点吊机和 13 台固定单点吊机，用来悬吊布景及制造特别演出效果。

另外，歌剧院和戏剧场的舞台机械，不论台上、台下，均由事先

戏剧场台上机械控制设备

戏剧场舞台装台

编好的电脑程序操控，随演出内容的变化而变化。而这些变化，都是通过这两个舞台各有的上百台电动机及相应的控制器、变频器，几百个行程开关、编码器、载荷传感器等电气控制点及几十个电气柜实现的。

凡来此演出过的艺术家，无不对大剧院先进的舞台机械赞不绝口。

建成以后

大剧院建成后，先后获得北京市建筑工程最高奖“长城杯”、中国建筑工程最高奖“鲁班奖”、中国土木工程最高奖“詹天佑奖”和由群众投票评选的“北京当代十大建筑”。由此，大剧院工程获得了北京市、国家、群众评出的所有最高奖。

大剧院演出经营也不断书写辉煌。开幕演出17年，每年商业演出800余场、艺术普及教育演出及活动1000余场，惠及观众130多万人次。国内外几乎所有的名团、名家都争相在大剧院登台献艺。同时，大剧院自制剧目达112部。大剧院的建成使用，极大繁荣了北京的演出市场，极大丰富了北京作为全国文化中心和演艺之都的功能，极大提高了北京乃至中国在国际上的文化地位。

（王争鸣　国家大剧院工程业委会原党委书记，国家大剧院原党委副书记、副院长　北京　100031）

1956年北京市
曲艺杂技工作者联合会史料

曲艺杂技在新中国成立前属于民间艺术形式，演员人数众多，且演出大多是自发组织形式。为了保证个体演员间的演出，促进相互间的交流与合作，以及维护各演员之间的关系而自发形成了曲艺杂技公会。新中国成立后，曲艺杂技演员已经不再是旧社会的个体演员身份，成为新社会的文艺工作者。演员演出也不再仅是为养家糊口，而是宣传新社会、新思想，为社会主义文化事业服务。这种角色和演出性质的转变，使旧有的公会形式已经不能适应新社会的需要。1956年在市文化局指导下，原北京曲艺杂技公会改组为北京市曲艺杂技工作者联合会，管理曲艺杂技界的各项事务，为宣传社会主义文化事业服务。

本组史料完整地反映了曲艺杂技公会改组为曲艺杂技工作者联合会的过程，以及第一届会员代表大会第一次会议情况、《北京市曲艺杂技工作者联合会章程》和《常务委员会组织规则》等内容，对于研究北京市曲艺杂技的发展具有一定的参考价值。

北京市档案馆藏，档号：164-1-172。

——选编者　鹿　璐

北京市曲艺杂技工作者联合会
第一届会员代表大会第一次会议议程

（1956年6月29日）

六月29日　上午八点

一、开会

二、通过主席团名单

三、报告议程

四、报告北京市曲艺公会的工作总结

五、报告筹委经过

六、报告《北京市曲艺杂技工作者联合会会章》（草案）《北京市曲艺杂技工作者联合会常务委员会组织规则》（草案）的内容和常务委员会候选人的条件

七、代表分组讨论

六月30日　上午八点

八、解答问题

九、通过北京市曲艺杂技工作者联合会会章及常务委员会组织规则

十、选举北京市曲艺杂技工作者联合会常务委员

十一、宣读大会决议

十二、首长讲话

十三、主席讲话

十四、闭幕

1956年6月29日

北京市曲艺杂技工作者联合会第一届会员代表大会第一次会议主席团名单

（1956 年 6 月 29 日）

曹宝禄　北京曲艺团团长
连阔如　中国曲艺研究会副主席
白凤鸣　中央广播说唱团团长
侯宝林　中央广播说唱团团委
魏喜奎　北京曲艺团副团长
宝善林　掼跤演员
李雪芳　雅轩社社长

1956 年 6 月 29 日

北京曲艺杂技工作者联合会第一届会员代表大会第一次会议决议

（1956 年 6 月 30 日）

一九五六年六月卅日

北京市曲艺杂技工作者联合会第一届会员代表大会第一次会议于一九五六年六月二十九日和卅日上午在前门小剧场举行。会议讨论了前北京市曲艺公会理事长曹宝禄所作的《北京市曲艺公会工作的总结报告》《北京市曲艺杂技工作者联合会筹备工作的报告》《北京市曲艺杂技工作者联合会章程草案》和《北京市曲艺杂技工作者联合会常务委员会组织规则草案》。经全体会员代表投票选举了北京市曲艺杂技工作者联合会常务委员会组成人员，并作出如下的决议：

一、同意前曲艺公会理事长曹宝禄所作的《曲艺公会工作的总结报告》和《曲艺杂技工作者联合会的筹备工作的报告》，并认为北京市曲艺公会的工作是有些成绩的，报告中所指出的缺点和对北京市曲艺杂技工作者联合会今后工作的建议也是恰当的。

二、通过了《北京市曲艺杂技工作者联合会章程》和《北京市曲艺杂技工作者联合会常务委员会组织规则》。

三、选出北京市曲艺杂技工作者联合会常务委员会的组成人员如下：

主任委员：曹宝禄

副主任委员：白凤鸣、朱国全、侯宝林、高凤山、魏喜奎、良小楼。

常务委员：连阔如、宝善林、刘田利、陈涌泉、蔡金波、谭凤元、段兴云、彭云起。（计十五人）

后〔候〕补常务委员：李雪芳、路景达、顾荣甫、刚振华、韩德福、訾吉发。（计六人）

附件：北京市曲艺杂技工作者联合会章程

第一章　总　则

第一条　本会定名为“北京市曲艺杂技工作者联合会”。

第二条　本会为北京市曲艺杂技工作者自愿结合的群众性的组织。

第三条　本会的任务是：

一、团结曲艺杂技工作者（包括演员、编导以及其他从业人员）进行曲艺杂技改进和提高工作，为建设社会主义文化事业而奋斗；

二、组织各种学习，帮助会员提高政治、文化和业务水平；

三、组织会员积极参加社会活动。

第四条　本会由北京市文化局指导。

第二章　会　员

第五条　凡曲艺杂技工作人员，赞成本会会章者，均可申请加入本会为会员。

第六条　凡要求加入本会者，须经会员二人之介绍，向本会常务委员会提出申请并附缴个人简历，经本会常务委员会审核通过后方得为本会会员。

第七条　凡本会员均有享受本会福利、选举和被选举的权利。

第八条　会员应遵守会章，参加本会所组织的一切活动的义务。

第九条　会员有下列情形之一者，得停止其会籍。

一、脱离曲艺杂技工作一年以上者；

二、四个月不缴纳会费者。

第十条　会员有下列情形之一者，得开除其会籍。

一、被判处徒刑和被剥夺公民权利者；

二、有违反国家利益及人民利益的反动政治行为和言论者；

三、违反本会章程，破坏本会行为者。

第三章　组　织

第十一条　会员代表大会为本会最高权力机构。

第十二条　会员代表大会由会员每 10 人选出代表一人组成。

第十三条　会员代表大会每届任期为三年。

第十四条　会员代表大会会议每年召开一次。如有三分之一以上会员代表提议，或经常务委员会认为必要时，均可召集临时会议。

第十五条　会员代表大会会议，每次出席人数超过半数时即可正式举行，出席代表中半数以上代表通过的提案即应施行。

第十六条　常务委员会为会员代表大会的执行机构，由会员代表大会选举十五人组成，会员代表大会选举后〔候〕补委员六人，常务委员会缺额时由后〔候〕补委员递补。

第十七条　常务委员会选举主任委员一人、副主任委员六人，负责常务委员会会议的召集，主持常务委员会工作。其他常务委员，分担常务委员会下所设的各部门工作。

第十八条　常务委员会每月召开会议一次，遇有必要时得由主任召开临时会议。

第十九条　常务委员会任期为三年，连选得连任。

第二十条　常务委员会以下设秘书、学习、业务三组。

第廿一条　剧团中或本市各地区有会员十人以上者，应设立本会的基层小组，受本会领导。

第四章　会　费

第二十二条　凡本会会员均须按月缴纳会费，其数额相当于每人每月收入的百分之一。

第二十三条　会费开支分为下列三项：

一、本会之经常开支；

二、本会福利事项用款；

三、临时费。

第五章　附　则

第二十四条　本会章【程】修改权属于会员代表大会。

第二十五条　本会章【程】经会员代表大会通过后施行。

附件：北京市曲艺杂技工作者联合会常务委员会组织规则

第一条　根据“北京市曲艺杂技工作者联合会章程”拟定本组织规则。

第二条　常务委员会为本会最高执行工作的机构。根据集体领导的原则，常务委员会设主任委员一人，副主任委员六人。主任委员负责领导会务，布置和检查工作；副主任委员辅助主任委员执行各项工作；常务委员分别担任常务委员会下各部门工作。

第三条　常务委员会经常办公人员，得视其工作情况，酌予生活补助费（每月最高不得超过十元）。

第四条　常务委员会以下设秘书、学习、业务三组。

第五条　秘书组设正组长一人、副组长若干人，由常务委员兼任。

根据工作需要得有组员若干人。其任务如下：

1. 总务——办理公文、收发、文书、庶务和财产、图书、档卷的管理等事项；

2. 会计——负责会计、出纳等事项；

3. 人事——办理会员登记、转移关系等事项。

第六条　学习组设正组长一人、副组长若干人，由常务委员兼任。根据需要得聘请干事若干人协助工作。其任务如下：

1. 政治学习——配合各种政治运动和政府号召，组织报告会，举办讲座以及各种学习班等；

2. 文化学习——根据本会发展情况和会员的需要，举办各级文化学习班；

3. 业务学习——采取各种形式随时组织会员进行学习。

第七条　业务组设正组长一人、副组长若干人，由常务委员〔会〕兼任。根据需要得聘请干事若干人协助工作。其任务如下：

1. 脚本的创作、改编、整理工作；

2. 曲艺杂技艺术的改革研究工作。

第八条　常务委员会应由常务委员中选举二人，专门监督本会的经费收支及一切会务事项。

第九条　常务委员会下设福利委员会，专门办理福利工作。福利委员会设主任委员一人，由常务委员兼任，委员若干人，由各基层组织选举。其任务如下：

1. 研究、计划、福利金的使用事项；

2. 办理各项福利工作；

3. 管理福利收支款项。

第十条　本组织规则如有未尽事宜，经提出后，由常务委员会通过后修正之。

北京市民政局关于将北京市曲艺公会改组为北京市曲艺杂技工作者联合会给市文化局的函

（1956 年 8 月 6 日）

社（56）字第 95 号

北京市文化局：

接曹宝禄来函申请拟将北京市曲艺公会改组为北京市曲艺杂技工作者联合会，你局意见如何，请研究见复。

附原申请书、简历表、章程各一份

北京市民政局办公室（印）

一九五六年八月六日

附件：北京市曲艺公会申请书

（1956 年 7 月 27 日）

事由：原北京曲艺公会改组为北京市曲艺杂技工作者联合会呈报事。

我们北京市全体曲艺杂技界解放后在市文化局领导下，经过了学习及各项政治运动，思想觉悟均有所提高，感觉旧有之北京曲艺公会已不适应现阶段工作。

此次我们在市文化局指导下，将原北京曲艺公会进行改组为北京市曲艺杂技工作者联合会，并于六月卅日票选出常务委员、主任委员、副主任委员等十五人，候补委员六人。为此呈报，恳祈指导是感。

此呈

北京市文化局

北京市曲艺杂技工作者联合会（印）

主任委员　曹宝禄（印）

公元壹玖伍陆年柒月贰拾柒日代

附件壹份〈缺〉

附：北京市曲艺杂技工作者联合会常委会名册〈略〉

附：北京市曲艺杂技工作者联合会章程〈略〉

北京市民政局关于批准成立北京市曲艺杂技工作者联合会的通知

（1956 年 8 月 31 日）

民社（56）字第 861 号

北京市曲艺公会：

报来申请改组“北京市曲艺公会”为“北京市曲艺杂技工作者联合会”，并附申请书和章程、委员简历表等收悉。

经核同意将曲艺公会改为“北京市曲艺杂技工作者联合会”。希于九月四日上午十时携带负责人名章来局领取登记证。关于章程尚有应行修改的地方，届时当面告知，以后修正报核，特此通知。

北京市民政局（印）

一九五六年八月三十一日

抄送：北京市文化局

20 世纪 90 年代
北京市属艺术表演团体改革史料

党的十一届三中全会以后，我国文化艺术事业迎来了改革发展的春天。20 世纪 80 年代初，文化管理部门明确提出体制和管理制度改革的问题。进入 20 世纪 90 年代，“剧团越演越赔钱”成了文艺界人士的热门话题，艺术表演团体如何在改革中脱困是当时亟待解决的一道难题。

国家对艺术表演团体体制改革问题非常重视，从 1993 年 9 月到 1994 年 3 月，文化部先后下发文件，提出要转变投入机制、进行布局结构调整、实行考评聘用制等，改革步伐明显加快。1994 年，北京市委市政府通过《关于进一步推动市属艺术表演团体改革发展的决定》，明确调整院团布局，鼓励社会办团，建立自主性的运行机制和人才合理流动机制。为此，北京市还建立了市领导联系和帮扶文艺院团制度。1995 年，改革试点单位北京交响乐团、中国木偶艺术剧团、中国杂技团、北方昆曲剧院与北京市文化局签订团长任期目标、改革目标的责任书，并于 1996 年实行全员聘任制。1997 年，北京歌舞团和北京曲剧团调整合并，成立了北京歌舞曲艺艺术中心。

此外，北京市加大对文艺院团的政策倾斜，增加文化事业投入，拨付专项改革启动资金，建立文艺创作专项资金，同时研究制定文化人才流动、艺术生产投资等管理办法，初步建立了以政府宏观管理为主导、市场调节为基础、社会力量广泛参与、多种经营形式并存、精干有效的文化管理新体制，确立了艺术表演团体自主经营、自我发展、自我管理、自我约束的运营机制。北京艺术表演团体改革的序幕自此全面拉开。

本组史料选取了20世纪90年代北京市关于艺术表演团体全员聘任制试行办法、实施细则，以及有关改革发展的实施方案等，为研究北京市文化体制改革提供借鉴，现予以整理公布，供研究参考。

北京市档案馆藏，档号：164-3-1929、2040、2880。

——选编者　宋鑫娜

北京市文化局、北京市人事局关于试行《北京市市属艺术表演团体全员聘任制试行办法》的通知

（1994 年 11 月 18 日）

局属各事业单位：

现将北京市文化局、北京市人事局制定的《北京市市属艺术表演团体全员聘任制试行办法》印发给你们，请结合本单位情况认真贯彻执行，并将有关情况和建议及时告北京市文化局、北京市人事局。

北京市文化局
北京市人事局
1994 年 11 月 18 日

附件：北京市市属艺术表演团体全员聘任制试行办法

第一章　总则

第一条　根据市委、市政府《关于进一步推动市属艺术表演团体改革发展的决定》，为深化市属艺术表演团体人事制度改革，实行全员聘任制。

第二条　全员聘任制是院（团）与职工以合同方式确定院（团）与个人间聘任与被聘任关系及双方权利与义务的用人制度。

第三条　实行全员聘任制的范围包括市属专业艺术表演团体的演员、职员、工人。院（团）领导干部按干部管理权限聘任或委任。

第四条　对实行全员聘任制的院（团）继续实行人员计划管理。试点院（团）须在上级批准的编制和人员计划、领导职数内聘任工作

人员。

第二章　聘任条件和程序

第五条　院（团）聘任工作人员，必须坚持德才兼备标准，贯彻公开、择优的原则。

第六条　受聘人员应具备的基本条件：

（一）坚持四项基本原则，热爱本职工作；

（二）思想品德端正，遵纪守法；

（三）具有拟聘职务所要求的文化知识、专业技能及工作能力；

（四）身体健康，能坚持正常工作。

第七条　聘任程序：

（一）公布聘任岗位、条件、聘期和聘任方法；

（二）领导提名、民主推荐或公开招聘；

（三）经聘任委员会集体讨论，确定聘任人选，公布结果；

（四）签订聘任合同，办理聘任手续；

（五）聘任中层以上（含中层）干部，按照干部管理权限及有关规定办理。

第三章　聘任合同的签订和变更

第八条　订立和变更聘任合同，应当遵循平等自愿、协商一致的原则，不得违反法律、法规的规定。

第九条　聘任合同应当以书面形式订立，包括以下内容：

（一）工作性质、任务和职责；

（二）聘任期限；

（三）劳动报酬、福利待遇；

（四）共同条款；

（五）违反合同应承担的责任；

（六）聘任合同终止的条件；

（七）双方认为需要规定的其他事项。

第十条　新招收或外单位调入职工试用期六个月，院（团）与本人签定试用合同，合同内容可参照第九条的规定。国家统一分配的高等学校、中等专业学校毕业生，按照国家关于见习期的规定执行。

第十一条　在签订聘任合同的基础上，双方签订专项协议书，如岗位协议书等。

第十二条　聘任合同期限分为有固定期限、无固定期限和以完成一定的工作为期限。

聘任合同期满或者双方约定的聘任合同终止条件出现，聘任合同即行终止。

第十三条　院（团）由法定代表人或其委托代理人与职工签订聘任合同。聘任合同依法签订，具有法律约束力，双方应严格遵守，履行规定的义务。

第十四条　聘任合同期满前，双方愿意续订合同的，于合同期满前一个月办理续签手续。

第十五条　由于情况有重大变化，经双方一致同意，可以变更合同的相关内容，并办理变更合同手续。

第四章　聘任合同的解除

第十六条　经聘任合同当事人协商一致，可以解除聘任合同。

第十七条　职工有下列情况之一的，院（团）可以在聘期内或试用期内解除合同：

（一）在试用期间被证明不符合录用条件的；

（二）违法乱纪或失职情况严重的；

（三）私自参与院（团）以外的演出或其他活动并严重影响工作的；

（四）被依法追究刑事责任的。

第十八条　职工有下列情况之一的，院（团）可以解除合同，但应当提前30天以书面形式通知职工本人；

（一）不能胜任工作，经过短期培训或者调整工作岗位，仍不能胜任工作的；

（二）聘任合同订立时所依据的客观情况发生重大变化，致使合同无法履行，经当事人协商不能就变更合同达成协议的。

第十九条　在下列情况下，院（团）不得依据第十八条的规定解除合同：

（一）职工患职业病或因工负伤并被确认丧失或者部分丧失劳动能力的；

（二）女职工在孕期、产期、哺乳期间的；

（三）法律、法规规定的其他情况。

第二十条　院（团）解除聘任合同，由聘任委员会集体讨论决定，由人事部门书面通知本人，办理解除聘任合同手续并报上级主管部门备案。

第二十一条　职工要求解除聘任合同，应提前30天以书面形式通知院（团）。

第二十二条　院（团）或职工单方面解除聘任合同给对方造成损失有赔偿责任的，按照聘任合同或专项协议书的有关条款处理。

第五章　登记待业的手续

第二十三条　终止、解除合同后在市人才服务中心登记待业的人员，按《北京市人事局关于市属专业艺术表演团体试行全员聘任制待业保险暂行办法》和《北京市人才服务中心关于试行全员聘任制的专业艺术表演团体待业人员管理暂行办法》有关规定执行，由市人才服务中心保存档案和进行管理。符合条件的，可领取待业救济金。

第二十四条　终止、解除合同的职工到市人才服务中心登记，由文化局办理如下手续：

（一）填写《终止、解除聘任合同证明书》一式四份，文化局、院（团）、职工本人、市人才服务中心各一份；

（二）填写《专业艺术表演团体职工档案移交花名册》一份；

（三）提供职工近期体检证明和工作鉴定各一份。

职工收到《终止、解除聘任合同证明书》后3天内，文化局将以上手续和文化局批准院（团）实行全员聘任制的批复影印件及职工档案，送到市人才服务中心。经市人才服务中心审核同意接收后，职工本人应在7天内到人才服务中心办理有关手续。

第六章　合同鉴证和争议的处理

第二十五条　聘任合同由市文化局委托的合同仲裁机构进行鉴证，院（团）交纳鉴证费，职工个人不交纳鉴证费。

第二十六条　院（团）内设立聘任争议调解委员会，负责调解因签订或履行合同发生的争议。调解委员会由院（团）党政领导、职工代表和工会代表组成。

因签订或履行合同发生争议，当事人从争议之日起30天内，可向院（团）聘任争议调解委员会申请调解。

双方因解除合同发生争议，可从争议之日起60天内向仲裁机构申请仲裁。

第七章　试行全员聘任制的条件和步骤

第二十七条　试行全员聘任制的院（团）应具备的条件：

（一）领导班子团结，改革意识强，有开拓精神；

（二）基础管理工作和民主管理工作做得较好；

（三）能正常开展艺术生产和演出经营活动；

（四）已进行系统优化组合；

（五）能按规定缴纳待业保险金；

（六）大多数职工赞同试行全员聘任制。

第二十八条　申请实行全员聘任制的单位，须持院（团）全员聘任制实施细则、试点工作方案、院（团）规章制度、标准合同文本，聘任委员会、聘任争议调解委员会和工作班子名单向市文化局提出申请，经市文化局批准后方可实行。

第二十九条　院（团）实行全员聘任制的步骤：

（一）由党政主要领导和有关部门组成聘任委员会、聘任争议调解委员会及工作班子；

（二）组织职工认真讨论，审议通过院（团）全员聘任制标准合同文本和有关规章制度；

（三）按照本办法实施聘任工作；

（四）经市文化局检验合格后，以新机制运行。

第八章　附则

第三十条　市文化局所属文化事业单位（含全额拨款、差额拨款和自收自支事业单位）可参照本办法执行。

第三十一条　本办法执行中的具体问题由市文化局负责解释。

第三十二条　市文化局根据本办法制定实施细则并组织实施。

第三十三条　本办法从 1994 年 12 月 1 日起执行。

北京市文化局关于贯彻落实《中共北京市委北京市人民政府关于进一步推动市属艺术表演团体改革发展的意见》的实施方案

（1995 年 2 月 22 日）

一、关于《中共北京市委北京市人民政府关于进一步推动市属艺术表演团体改革发展的意见》的贯彻实施

1.《中共北京市委北京市人民政府关于进一步推动市属艺术表演团体改革发展的意见》（以下简称《意见》）是市属艺术表演团体深化改革、繁荣发展文化艺术的纲领性文件。全面、正确地贯彻落实《意见》，是我局当前乃至今后相当长一段时期内的中心工作。

2. 市属艺术表演团体的全体人员都要认真学习《意见》，明确改革的指导思想和目标，充分认识《意见》的现实指导意义和历史意义，认清改革的艰巨性和复杂性，增强改革意识，深刻领会、准确把握其转变发展模式、管理体制和运行机制的精神实质及核心内容，努力使《意见》深入人心。

3. 市属艺术表演团体要正确处理和把握社会效益同经济效益，改

革、发展与稳定等关系，积极、稳妥、有力地推进各项改革，保证改革的健康顺利发展。

4. 市属艺术表演团体贯彻落实《意见》，始终要把积极推进改革与促进艺术生产有机地结合起来，努力实现体制改革与事业发展的双丰收，力争在三年内推出一批艺术精品和优秀人才。

5. 要确保完成近期（三年）的改革重点任务。1995 年，要完成三十个配套实施办法，积极落实相关政策；各剧院（团）都要认真制定本单位贯彻落实《意见》的工作计划及改革方案，成熟一个实施一个，局重点抓好中国杂技团、中国木偶艺术剧团、北方昆曲剧院、北京交响乐团等试点单位的改革，以取得经验，逐步推开。1996 年，除继续完善试点院（团）的改革外，要使改革在所有艺术表演团体全面推开，对部分院（团）实行合并，进一步调整院（团）结构，促进合理布局。1997 年，继续深化改革，巩固完善，进一步推动市属艺术表演团体从计划经济体制下的发展模式向社会主义市场经济体制下的发展模式转变，初步实现近期改革目标。

6. 再用五年左右时间，基本完成市属艺术表演团体由计划经济管理体制向市场经济管理体制的过渡，建立起布局合理、设施先进、具有全国先进水平的演出场所，有达到全国一流水平、具有北京特色的艺术剧种和剧团，建立起以文补文的产业集团，通过自己努力形成北京文化艺术事业自我发展、自我繁荣的新格局。

二、关于积极调整市属艺术表演团体的布局

7. 调整市属艺术表演团体布局的目标是：使市属艺术表演团体在首都地区的文化市场环境中形成数量适宜、队伍精干、层次有别、类型不同、优势明显、特色鲜明、重点突出、竞争力强的合理布局。

8. 在适当的时候，对部分院（团）实行合并。各剧院（团）要严格控制，逐渐压缩演出建制和编制，局在审定其改革方案时，逐个核定演出建制和人员编制。

9. 对市属艺术表演团体进行分类指导，实行重点扶持和放开政策

两类不同的管理办法；制定重点扶持政策和重点扶持资金使用的管理规定以及艺术表演团体停业管理规定，并于 1995 年上半年内推出试行草案。

10. 政府重点扶持的重点团（队）应同时具备符合首都地位、具有北京特色和对全国有影响、已经达到或有条件达到全国一流水平等诸项基本条件，并应具有强烈的改革意识、较高的管理水平、较好的精神风貌，较强的艺术生产实力，在队伍阵容、创作能力、演出质量、艺术发展等方面达到较高水准。

11. 近期内拟重点扶持的重点团（队）为：北京京剧院一至两个重点团，中国评剧院一至两个重点团，北方昆曲剧院一个重点团，北京交响乐团，中国杂技团一个重点分团，中国木偶艺术剧团一个重点队。对为少年儿童服务的北京市儿童艺术剧团实行特殊的扶持政策。

12. 对确定为重点团（队）的，一律实行三年工作目标责任制，明确其方针、任务、编制及考核、奖惩的办法；根据重点团（队）不同的艺术品种特性和不同的市场状况，分别实行不同的重点扶持政策。第一年，不能完成责任目标的，应予处罚；第二年也不能完成责任目标，暂停享受重点扶持政策；第三年仍不能完成责任目标，则取消其重点团（队）资格。

13. 文化局对重点团（队）实行以下主要扶持政策：给予艺术生产扶持资金和艺术津贴，帮助建立住房基金，单独下达专业技术职务指标，帮助其引进优秀人才。

14. 对实行放开政策的团（队），扩大其艺术生产和演出经营自主权，减少或取消指令性计划指标；在重点剧目生产、优秀人才培养方面，同样享受重点扶持政策；其为少年儿童服务和为边远山区演出等活动，同样可以享受相应的特殊扶持政策；对经过自身努力，在艺术生产、经营管理、艺术质量、社会声誉等方面达到重点团（队）水平，符合重点团（队）条件的，可以成为重点团（队），享受重点扶持政策。

15. 对连续半年没有营业演出的艺术表演团体，应予吊销营业演出许可证；其后半年内不能恢复营业演出能力的，则予以停业转向。

三、关于打破单一办团模式，鼓励和发展社会力量办团

16. 改革办团模式的目标是：按照“多轨制”的构想，逐步形成以重点市属艺术表演团体为主体，多种所有制形式、多种隶属关系、多种经营管理方式并存，政府和社会共同兴办艺术表演团体的新格局。

17. 巩固和发展艺术表演团体与企业、单位多种形式的广泛合作，并积极向社会力量承办或与社会力量合办过渡。力争在1995年内，与社会力量合办一个艺术表演团体。

18. 制定相应的政策，鼓励社会力量承办现有的艺术表演团体。凡长期承办的，仍然享受政府对市属艺术表演团体的税收优惠政策和税利返还政策，并在三年内不减少其国拨经费。

19. 中国杂技团、中国木偶艺术剧团、北京市曲艺团、北京歌舞团，要在三年内从目前的差额预算管理过渡为“准自收自支”。

20. 北京京剧院、中国评剧院等已实行一院（团）多制的，要总结经验，巩固发展，逐步提高自给率和自我生存能力，逐步成为自主经营的实体。北方昆曲剧院、北京市河北梆子剧团等有条件实行一院（团）多制的，1995年内要实行一院（团）多制。凡属民营公助型、民营型、与企业联合型、(剧）场团合一型、股份制等多种模式办团，仍享受政府对市属艺术表演团体的某些政策。

21. 三年内，大多数市属艺术表演团体要实行院（团）长负责制；有的团体可以根据艺术品种的特点实行艺术总监负责制、总经理负责制等不同形式的法人代表负责制；有的院（团）可以继续实行党委领导下的院（团）长负责制，以院（团）长为法人代表。法人代表实行经营承包责任制或任期目标责任制。

22. 艺术表演团体在实行法人代表负责制的同时，必须建立、健全演职员代表大会制度，保障与发挥工会组织和演职员代表大会在民主管理和民主监督方面的作用。演职员代表大会要接受同级党组织的

思想政治领导，积极支持院（团）长行使艺术生产指挥和经营管理决策的职权。

23. 进一步完善对社会力量兴办的艺术表演团体的管理办法，促其健康、有序地发展，引导他们发挥繁荣文艺事业、活跃演出市场的积极作用。

四、关于建立艺术表演团体面向市场的新机制

24. 转换艺术表演团体经营机制的目标是：全方位、多层次地开拓多种形式的演出市场，逐渐形成面向首都，辐射全国，连通海外，相对稳定的演出网络和渠道；初步建立起以演出市场带动艺术生产的经营机制。

25. 积极开辟、开发演出场所，在新建市属剧场尚未建设好之前采取合作或包租等方式，开辟一至两个多剧种的相对稳定演出场所，继续开发一批如梨园剧场、凯莱宫式的演出场所。

26. 转变传统演出观念，拓宽演出经营方式，参与文化娱乐市场的演出，参与企业文化的建设，积极参加经贸、旅游及各类文化节与庆典活动的综合性组台演出。重视参与电视艺术片、电视剧、电视晚会和音像制品的经营开发。参加群众文化活动、群众艺术辅导、学校艺术教育，以及业余演出活动。建立和发展票友等观众组织，广泛培养和扩大观众群。

27. 各院（团）和剧场要加强演出业务部门和经营管理工作，1995 年上半年各院（团）要建立分门别类的演出剧（节）目目录册，组织专门人员或外聘兼职业务人员负责艺术产品介绍和推销工作，提取一定比例的演出收入作为奖励推销经营人员的经费。

28. 充分利用和开辟报刊、电台、电视台文艺专栏，多途径，多方式地开展宣传、评论、介绍工作。各院（团）在 1995 年年底前陆续编辑出有自己艺术特色的图文和音像宣传材料。

29. 各院（团）要积极组织慰问或公益性演出，建立和宣传自身良好的社会形象，提高院（团）社会声誉。

30. 各艺术表演团体及市艺术研究所、市演出公司、市对外文化交流公司要加强对各艺术品种的国内外演出市场调查、分析和研究。市演出公司、市对外文化交流公司要充分发挥龙头作用，建立演出经纪人组织，加快演出信息传递。1995年上半年各院（团）要在综合调研的基础上，制订出建立相对稳定的演出网点的计划。对外演出机构要制订出对外商演和文化交流的规划，建立海外演出渠道。1997年底实现演出收入比1993年翻一番。今后三年出访演出收入超过前三年水平。

31. 艺术表演团体劳动人事和分配制度改革的目标是：畅通人才进出渠道，实行符合艺术事业单位特点的劳动人事和分配制度，逐步形成既能吸引艺术人才又能使艺术人员合理流动和充分发挥作用的机制。

32. 1995年上半年，完成《北京市市属艺术表演团体全员聘任制试行办法》及其有关配套规章制度的制定，并在试点单位试行；取得经验后，逐步推开；两年内，在所有艺术表演团体推行。

33. 1995年，由市人才中心和局人才中心分流、安置试点单位及其它艺术表演团体富余人员50至100人，并完善分流、安置富余人员的管理办法，制定多渠道分流人员的措施。1996年起逐年增加分流、安置富余人员数量，力争用三年时间合理分流、妥善安置艺术表演团体三分之一的现有人员。局要尽快解决局人才中心的建设问题，为其提供良好的外部环境和条件。

34. 制定艺术表演团体新的用工制度，探索新加入艺术表演团体人员的多种用工形式及新的用工机制；允许艺术表演团体从社会上聘用人员，需办理调入和进京手续的必须报局审批；逐步建立起从全社会选择人才的管理办法。从1995年起，除政策规定安置的人员及引进的尖子人才外，暂停办理新进人员审批手续。

35. 进一步改革分配制度，充分调动艺术从业人员的积极性。艺术表演团体在执行国家工资法规和实行工资总额包干前提下，实行档案工资与实际工资相分离、固定工资与浮动工资相结合的原则，并逐步提高浮动工资比例；各院（团）可按照上述原则，根据自己的经营状况和艺术生产特点，制定内部分配办法，使分配直接与单位效益和个人工作业绩挂钩。制定对业绩突出的院（团）主要领导成员的奖励晋级制度。继续改革完善专业技术职务评定办法，艺术表演团体可按聘用的实际情况核定内部工资待遇。

五、关于繁荣创作，不断推出优秀作品

36. 艺术生产体制改革的目标是：面向市场，以市场为结合点，把体制改革和艺术改革有机地结合起来，互相促进，初步建立起艺术生产良性循环的新机制；初步形成以局系统创作力量为重点，以中青年创作骨干为主体，面向社会，适应文化市场需要的多渠道、多来源、专兼结合、动态平衡、相对稳定的创作队伍的新格局，全面促进艺术创作和生产的繁荣，每年创作一批优秀的作品。

37. 艺术创作要在“高扬主旋律，提倡多样化”的前提下，遵循“古为今用，洋为中用”“百花齐放，推陈出新”的原则；在继承优秀艺术成果的同时，积极进行改革创新，改变陈旧的艺术形式和表演方式，努力满足人民群众不断提高的审美要求。要坚持传统戏、新编古装戏、现代戏三并举和整理改编传统戏（特别是古典名著）、移植其它剧种的优秀剧目、新创作剧目三结合的原则，繁荣戏曲创作。

38. 要充分调动和发挥局系统创作人员的积极性，对创作人员实行聘任制，明确责、权、利。实行基本工资加创作津贴的内部工资制度，并逐步向内部稿酬制过渡。提高创作人员基本稿酬的起点数额，实行基本稿酬加演出提成的稿酬办法，并由局提供一部分稿酬补贴。鼓励创作人员深入生活，提高深入生活补贴，定期或不定期组织创作人员进行考察、观摩、交流，并提供条件和帮助。对有创作成果及创作潜力的人员给予重点扶植，用举办作品讨论会等办法，提高他们的创作水平。对有突出贡献的创作人员采取特殊政策，帮助他们解决住房等生活困难。加强创作队伍建设，有计划地选送有培养前途的青年创作人员学习进修，努力为青年创作人员创造、提供在艺术实践中不

断提高的条件和机会，适量引进优秀中年创作人员以及发展潜力较大的青年创作人员。

39. 适应文化市场的发展，在艺术创作队伍建设和剧（节）目生产上都要引进市场机制，发挥市场作用。采用短期聘任、院（团）外合同制作家等多种方式，广泛联系社会上（本市及全国）各种专业和业余创作人员，发现和扶植创作人才和作品，积极选用和征购社会上好剧本。要充分利用首都优势，使北京市艺术创作中心成为联系社会上创作人员的中心、剧本交流的市场，承担起每年为市属艺术表演团体提供一定数量优秀剧本的任务。

40. 有计划、有重点地做好优秀中老年艺术家表演艺术资料的保存、整理、研究开发工作，包括以编辑著述的形式总结老艺术家的表演经验，以录制音像资料的形式保存中老年艺术家的优秀代表剧目、以请老艺术家给青年演员排戏的形式恢复传统剧目，保存活的艺术资料。

41. 遵循艺术生产规律，精心抓好艺术生产的组织工作。各院（团）必须制订三年的艺术生产滚动规划，每年年底制订出下一年艺术生产的年度计划，全局每年要有一定数量的新剧（节）目在上半年“落地成形”。要加强对重点剧（节）目的检查、督促和指导，对重大题材的剧目，可以组织创作组进行集体创作。要加强对全国剧（节）目生产情况的信息搜集和分析研究，为艺术表演团体的艺术生产提供指导性意见。要加强艺术生产，特别是重点剧（节）目的信息反馈和加工、修改工作，建立起由专家、观众、演出经营者组成的评论、反馈网络。

42. 1995 年上半年制定出艺术生产投资管理办法和艺术生产目标责任制实施办法，加强艺术生产的科学化管理。新剧（节）目投产前，应当对其可能达到的艺术水准、市场、成本、效益等进行评估论证和可行性分析，确立新剧（节）目生产的目标，并使投资与目标的实现情况挂钩。

43. 加强文化科技工作，开展对艺术人员现代科技知识的宣传和普及活动；有计划地组织科技人员参与艺术生产活动，根据艺术生产和设施建设的需要，确定科研项目，使科研直接为艺术生产服务；在艺术生产中广泛采用灯光、音响、布景、道具、服装、乐器等方面的新技术、新材料、新设备。对做出突出贡献的艺术、科技人员予以奖励。

44. 深化北京艺术研究所的体制改革。艺术研究所要把对各艺术表演团体的体制改革、艺术生产、艺术教育的研究，以及新创作剧（节）目的评论作为重要任务；要开门办所，采取建立所外研究室和课题组的办法，实行课题制，设置专门科研经费，在充分发挥本所人才作用的同时，广泛联系所外人员，建立起一支专兼职相结合的理论研究和评论队伍。在《新剧本》杂志上专门开辟评论栏目，不定期编印研究论丛，为研究人员提供评论、研究阵地。

45. 筹建北京市艺术发展基金会，每年从征收的有关附加费中提取一定数量资金建立的艺术发展专项资金中，须有一定比例纳入艺术发展基金，其余部分用于扶持当年的艺术生产、艺术资料的汇集和积累、征集新剧（节）目脚本的经费、科研基金、奖励基金、深入生活补贴等。

46. 近期制订出北京市“金菊花”大奖评选办法，1995 年 9 月举办首届“金菊花”大奖评奖。

六、关于加强艺术教育，培养跨世纪艺术人才

47. 加强艺术教育，培养艺术新人的目标是：根据艺术审美发展的需求，培养高层次、高素质的艺术人才。形成学校教育、在职培训与进修深造相结合的人才培养体制。在立足自己培养的同时，有计划地引进优秀尖子人才。建立起有利于优秀尖子人才脱颖而出，永葆队伍青春活力的人才机制。1997 年底前，培养和推出各艺术品种 30 名（35 岁以下）优秀青年尖子人才。

48. 北京市戏曲学校要继续深化改革，强化管理，改革招生和分配办法，改进教学和训练方法，加强教材尤其是剧目教材的建设，加

强教育理论的研究，建立科学系统的教学体系；加强教学硬件建设，采用现代科技手段，提高教学质量；面向社会需求，开拓多种办学渠道，搞好群众文化人才和在职青年人才的培训教育；重视开发美育普及教育。三年内，建设一支有大专以上学历的、有较高思想专业素质的中青年师资队伍和管理队伍；在办学效益、科学管理、教学质量方面达到进入示范工程的水平。五年内不整建制地招收戏曲专业班，适量培养缺口人才。

49. 北京市戏曲学校要以改革精神，重点抓好京剧90班的教学实践和分流工作，积极探索戏曲教育及京剧艺术的改革与发展；1997年底以前要培养出一个有各行当尖子人才、武戏整体水平较高、有一台高质量新戏、具备达到全国一流水平潜力的青年演员群体。

50. 各院（团）要高度重视培训工作，大力培养青年演员，制订包括基本功训练、剧目建设、思想教育、文艺理论等项内容的三年培训规划和年度计划。采取办短训班、送学校深造和到兄弟剧种、剧团学习等方法，全面加强培养，使青年演员尽快成为艺术生产的骨干力量。

51. 在青年演员的选材培养、宣传评介、上演新戏、评定职务、晋级奖励等方面，要打破论资排辈的传统观念，实行有利于人才成长的政策，促使早出人才，多出人才，出尖子人才。

52. 京、评青年团和青年集中的表演团体必须建立年度考核制度，并逐步从单纯的专业技术考核向包括专业、艺术理论，思想作风等多项内容综合考核过渡，将考核成绩与青年演员的聘用、职务评定、晋级奖励结合起来。

53. 各院（团）要有专人负责，每年要为重点培养的青年演员排演一个剧（节）目，进修一门大学课程。京、评青年团每年要排演不少于三台的新剧目，三年内每团至少要有一台在全国获奖的优秀剧目。三年内培养出一批优秀尖子人才，京、评青年团各要培养出五名左右优秀尖子人才，其他院（团）应总共培养出二十名左右优秀尖子人才。两年开展一次全局青年演员比赛或剧目展演活动。

54.1995 年上半年，完成对艺术教育园丁奖评选办法的修订工作。局内外对培养青年演员有突出贡献的人员，均可列入艺术园丁奖评奖范围。

七、关于为艺术表演团体切实解决一些实际问题

55. 为艺术表演团体改革建立长期稳定的经费来源，1995 年要落实市委市政府从多渠道筹措不少于 1000 万元的投资。

56. 用好 1000 万元改革启动资金。建立转换内部机制专用资金 400 万元，主要用于推动艺术表演团体转换内部机制；建立重点扶持专项资金 300 万元，用于支持改革产生的重点团（队）和优秀剧（节）目生产；建立安置资金 300 万元，用于未聘下岗人员培训及转业退役金，以形成艺术人员合理流动机制。

57. 制定发展文化产业和开展多种经营活动的三年规划，积极发展自己具有优势和活力的产业，形成一两个集团企业和拳头产品。1995 年 6 月底前落实有关税收优惠政策和税利返还政策。

58. 1995 年制定房改工作计划，局属单位全部建立住房基金和住房公积金。积极挖掘内部潜力，并多渠道筹措资金，用于全额、差额预算事业单位购房，不足部分争取市财政帮助解决，切实落实四万平米住房，实现“三年解困、五年改善”的目标。

59. 1995 年 3 月底前落实艺术表演团体离退休人员经费单列政策及 1994 年财政补贴资金。

60. 1995 年制定出北京市文化设施建设近期工作计划和十年（1996—2005 年）规划。

61. 1995 年完成北京儿艺、曲艺团、曲剧团等新团址的选址、征地及设计工作，1996 年上半年正式开工建设。1995 年上半年建成木偶剧场，1996 年建成长安戏院，1997 年建成北京戏校排演场，1998 年建成吉祥戏院，2000 年前建成西便门剧场、西单剧场、北京京剧院排演场及双井影剧院。积极争取有关部门的支持，按有关优惠政策，于 2000 年前对广和剧场、中和剧场、北方昆曲剧院、中国评剧院等

旧剧场、旧团址进行开发改造。

62. 根据《意见》关于新闻单位要支持艺术表演团体改革发展的指示精神，在市委宣传部的协助下，积极推广北京日报支持北京交响乐团的经验，主动争取新闻单位的帮助和支持。

八、关于全党全社会都要支持艺术表演团体的改革和发展

63. 坚持和完善市领导联系艺术表演团体的制度。各院（团）都要主动、及时地将改革进展和艺术生产情况向联系本单位的市领导汇报，听取领导指示。局每年至少要向市委、市政府做一次文化工作汇报。

64. 加强艺术表演团体领导班子建设，在选拔和培养青年干部进入领导班子方面要有明显进展。1995 年力争选拔一些坚持改革开放、勇于开拓、在现岗位有一定业绩的 35 岁以下的干部进入院（团）领导班子；各院（团）都要配备 40 岁以下的青年干部；三年内全部实现院（团）领导班子梯次结构的合理配备。

65. 做好培养青年后备干部和吸收青年积极分子入党的工作。1995 年全局选派 30 名左右政治素质好，有发展潜力和培养前途，年龄在 30 岁左右（不超过 35 岁）的青年干部到市委党校学习两年，为解决后备干部和改善干部队伍结构打下基础。各院（团）特别是青年比较集中的院（团）党组织要重视吸收青年业务骨干入党，使青年党员占有一定的比例。1995 年各院（团）党组织都要吸收一定数量条件成熟的青年入党，并为 1996—1997 年吸收一批青年入党打好基础，做到演出团（队）有党支部、业务骨干有党员，党员队伍中有 30 岁以下青年党员，三年内使全局青年党员所占比例有明显提高。

66. 加强基层党组织建设，发挥其政治核心作用和监督保证作用。1995 年上半年制定艺术表演团体基层党组织工作细则和实行法人代表负责制的工作细则，并在改革试点单位试行。落实民主集中制原则，规范领导行为。做好院（团）现任领导干部的培训工作，举办不同类

型的培训班，以建设有中国特色社会主义理论和市委市政府《意见》武装和统一领导干部思想，全面提高领导干部科学文化、管理决策水平和在社会主义市场经济条件下领导艺术表演团体的能力。从1995年起，举办局属院（团）中层干部培训班和党员轮训班，分期分批将中层干部和党员轮训一遍。

67. 不断探索和深化干部制度改革，逐步推行干部任期目标责任制和聘任制。制定干部管理制度，1995年上半年制定并试行聘任干部管理办法。1995年要在干部挂职锻炼、轮岗交流方面有所进展，力争年内安排十名左右处级干部在机关与基层、基层与基层之间进行交流。

68. 改革中必须加强思想政治工作，在全体文艺工作者中进行马克思列宁主义、毛泽东思想和邓小平同志建设有中国特色社会主义理论的教育，提高广大干部群众改革的自觉性和承受力。经常开展爱国主义、集体主义、艰苦奋斗、职业道德和为人民服务等方面的教育，努力建设一支热爱文艺事业，具有敬业精神，德艺双馨，团结协作的演职员队伍。注意研究改革中干部群众的思想动态，及时做好思想政治工作。

69. 进一步加强纪检、监察和审计工作，充分发挥其各项职能的作用，保证艺术表演团体改革健康有序地发展和各项措施的实施。

70. 加强对工会和共青团的领导，使他们在法律和章程规定范围内积极、创造性地开展工作。1995年上半年制定艺术表演团体演职员代表大会工作规则并在试点院（团）试行，积极发挥演职员代表大会的作用。共青团重点做好推荐优秀团员入党的工作。做好统战工作，1995年建立、健全各项统一战线工作制度并认真落实，重视发挥艺术表演团体中民主党派和党外人士在改革中的积极作用。

71. 为落实市委、市政府《意见》中关于全党全社会都要支持艺术表演团体的改革和发展的要求，拟建立市文化局与企业、单位和社会各界的联谊组织，设立专项奖，对支持艺术表演团体改革和发展，促进首都文化艺术事业繁荣兴旺的社会团体、企业和个人给予荣誉和物质奖励；同时发挥我们的优势，热情宣传他们的突出贡献和模范事迹，积极为他们提供服务。

北京市文化局
1995年2月22日

中国木偶艺术剧团关于实施北京市市属艺术表演团体全员聘任制试行办法的实施细则（宣讲提纲）

（1998年11月）

为了深入贯彻《中共北京市委北京市人民政府关于进一步推动市属艺术表演团体改革发展的意见》，为了继续完善全员聘任制，规范管理，促进改革和事业的发展，现根据北京市文化局“关于北京市属艺术表演团体全员聘任制试行办法的实施细则”，结合我团实际，制定以下实施方案，经职工代表大会通过正式执行。

一　总则

为了努力提高剧团的整体素质和水平，实现改革目标，剧团在目前全员聘任制的基础上根据剧团工作实际，进一步改革和调整用人机制及分配机制，用科学、合理、规范的管理调动各方面的积极性，共同促进剧团事业的发展。

全员聘任制是全体演职员与剧团行政领导在双方平等自愿、协商一致的前提下，通过签订“聘任合同书”和相关的岗位工作等协议，明确双方的责、权、利，确定有法律效力的劳动关系，体现单位自主用人，演职员与剧团双向选择，定期考核，竞争上岗，择优录用的新型用人机制。

二　各类人员的聘任

1. 部门领导岗位人员的聘任，采取领导提名，推荐或公开招聘的方式，并按干部管理权限及规定程序聘任或委任。

2. 本团正式职工，包括经文化局人事部办理正式录用手续的本地及外地人才与其他职员，与剧团法人代表按文化局全员聘任制实施细则签订全员聘任合同书。

三　全员聘任制中各类人员的管理办法

（一）聘任期限：

1. 在职人员一律按北京市文化局全员聘任制的要求签订有固定期限及无固定期限合同。

2. 按国家政策，经文化局批准办理录用手续的应届大学、大中专毕业生进团后聘任服务期限不少于六年，通过文化局办理从社会招收及外地引进人才按有关协议执行。

3. 剧团出资培养的学员和大专以上学生，按培训合同执行，学习结束后为剧团服务不少于十年。

4. 为促进演职员的业务素质提高，剧团实行考核上岗的办法，即在业务考核的基础上全团每 1—2 年进行一次岗位考核，依据考核结果确定岗位，签订岗位协议。

5. 落聘后没有合适岗位的，在机制转换时期根据情况做不同的安排：

（1）年龄在女 40 周岁，男 45 周岁以下的，按剧团考核办法，先转岗培训，第二年再次参加考核，仍不合格的按失业办理。

（2）年龄在女 40 岁，男 45 岁以上的按待岗办理，享受待岗待遇，每月发 60% 基本工资，医疗同在职人员。

（3）年龄达到男 55 岁，女 50 岁（女工人 45 岁）的待岗人员，可按政策由人事部门协助办理提前退休手续。

（二）签订岗位协议：

在签订全员聘任合同书的前提下，职工个人应与剧团签订岗位协议书，岗位协议书的条款包括岗位、岗位职责和纪律等。

四　聘任合同的终止和解除

（一）职工在法定退休年龄以内，经考核又符合上岗条件，职工自愿续订合同的，剧团应与其续订合同；职工不愿续订合同的，从合同期满之日起，合同自然终止，并限六十天之内办理调出手续，逾期按辞职办法处理。

（二）受聘人员在应聘期内提出辞聘，中级以上专业人员应提前两个月提出书面申请，剧团应在三个月内做出明确答复，在此期间，受聘者仍应履行聘任期间的岗位责任，从辞呈被批准的下一个月开始，停发辞职者工资及其他福利待遇。任期中辞职者，须一次性缴纳违约金。剧团出资培训及外地引进人员按培训有关协议执行。

（三）解聘：受聘者在任职期间，有下列行为和情况之一的，法人代表有权解聘，予以辞退。

1. 违反国家法令、法规、受司法机关处理的。

2. 经常或严重违反团规团纪，经教育不改的。

3. 在聘任期间，因机构调整等各项原因，法人代表有对受聘人的工作岗位进行调整，相应更改聘任内容的权利。

4. 试用期内考核不合格，不符合录用条件的。

5. 失职情况严重的。

6. 私自参与剧团以外的演出或其他活动，并严重影响工作的。

（四）解除合同后的有关手续

1. 被解聘人员自解聘之日起，剧团不再安排工作：

（1）可自行联系单位办理调出手续。

（2）可按调出到市人才办理个人存档，自谋出路。

（3）可到市人才中心登记领取失业保险。

2. 解聘后被辞退人员，剧团应提前 30 天以书面形式通知乙方，解聘后 15 日内单位与市人才服务中心办理移交手续，30 日内，被解聘者到市人才服务中心办理失业登记手续，按规定享受失业保险。

3. 不享受失业保险待遇的：

（1）连续工龄不满一年。

（2）辞职或自动离职的。

（3）在服刑期间或劳动教养的。

（4）依照法律、法规或者市人民政府的规定，不享受保险待遇的其他人员。

五　全员聘任制工资分配方式

为适应进一步改革的需要，充分调动全体演职员爱岗尽职、团结奋进的工作热情，根据文化局对剧院团深化改革的要求和剧团目前实际，在原分配方案的基础上，对现行分配原则进行重新调整，即取消档案工资与岗位工资相结合的分配方式，改为实行档案工资与岗位工资分离，调整后，国家规定的调整工资政策一律按标准进入档案工资，在退休时，调出时按档案工资标准执行或调转，职工签订岗位责任后，一律实行岗位工资标准，在什么岗位工作，执行哪个岗位工资标准。调整新岗位，即从调整工作的下月起执行新岗位工资。

具体执行办法，按照各部门的目标管理责任，及内部管理规定，制定标准与相关细则。

六　宣讲提纲未涉及到的全员聘任制的有关问题，一律以文化局关于北京市市属艺术表演团体全员聘任制试行办法的实施细则为准。

1998.11

图书推荐

《档案中的北京京剧传承与发展·北京档案史料 2021.1》

京剧形成于北京，成熟于北京，并因之而得名。京剧继承了中国戏曲悠久的历史传统，比较完整、鲜明地体现了中国戏曲的艺术特色，逐渐流传全国，成为我国最具有代表性的戏曲剧种。在这一历史过程中，北京作为京剧传承与发展的核心地带，留下了相当丰富的相关历史文化资料。

北京市档案馆的馆藏档案，内容丰富，涉及广泛，除少量明清档案外，主要包括民国时期北京地区档案、革命历史档案和中华人民共和国成立后北京市级党政机关、企事业单位、群众团体和社会组织形成的档案，其中不乏珍贵史料。京剧作为北京地区重要的文化名片，自然也在其中占有一席之地。

本书即是从馆藏档案中，精选与京剧有关的史料 10 组，另有相关文章 3 篇，内容包括：20 世纪 30、40 年代的京剧审查史料，50 年代的剧团改组工作史料，60 年代的戏曲剧目工作史料，70、80 年代的北京京剧院体制改革史料等，并配有相关档案的精美图片和北京京剧院提供的精彩剧照，从档案史料的角度反映了北京地区京剧传承与发展的历史脉络。

本书目录：

本书彩插示例：

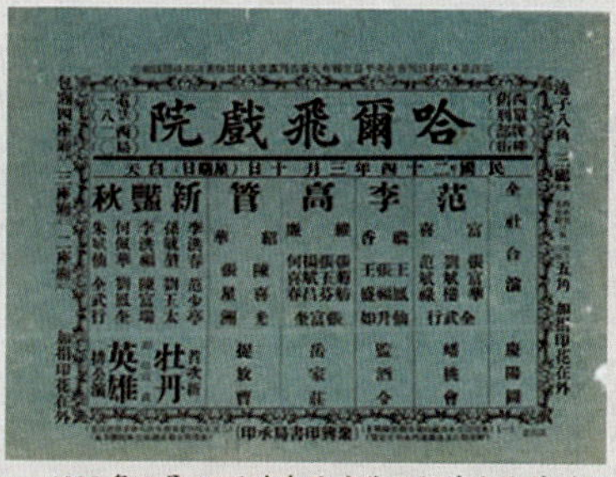

1935年3月10日哈尔飞戏院日场演出戏单（北京市档案馆藏，档号：J2—3—100）

1935年11月23日哈尔飞戏院《河伯夫人》说明书（北京市档案馆藏，档号：J2—3—100）

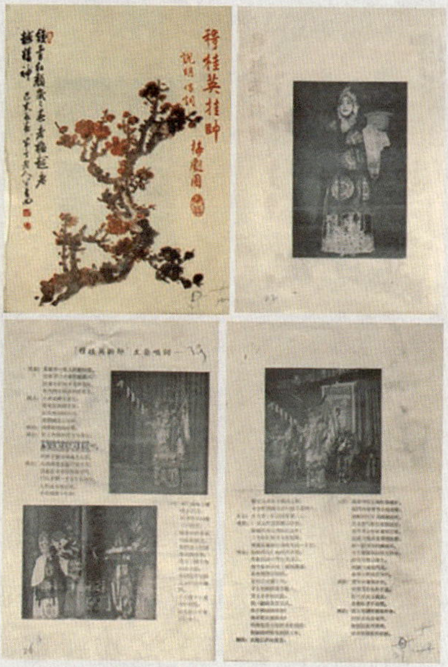

1959年9月，北京市第三届人民代表大会第二次会议召开，会议期间，主办方为组织京剧晚会而需制作节目单，这是制作节目单时所用的梅剧团《穆桂英挂帅》说明唱词样稿（北京市档案馆藏，档号：2—20—119）

《民国档案中的京剧剧本》（全六册）

1932年，隶属于北平市社会局的北平市戏曲审查委员会正式成立，该委员会的主要职责是审查北平市场上的所有娱乐演出，包括戏曲、话剧、曲艺等。按其规定，剧场在演出一个剧目之前，需事先将剧本呈报给审查委员会，委员会审查合格后方可正式上演，而上演时还需检查实际的演出情形是否与所报的剧本相符。因此，在北平市社会局的相关档案中，留有不少戏班或剧场呈报的演出剧本，以京剧剧本为主。本书即是从这些馆藏档案中精选出28个剧本，加以影印出版。

本书是国家档案局2024年“国家重点档案保护与开发项目”成果，是北京市档案馆活化利用档案、传承优秀传统文化、服务学术研究、促进社会普及的工作体现。本书的编辑出版，不仅是对馆藏档案资源的系统开发利用，而且为读者开启了认识京剧艺术史与民国社会史的另一扇窗口，档案的原真性更使其具备了独特的文化意义。

全书共分为6册，共包括以下28个剧本：

第一册：《元夜观灯》《绿衣女侠》《青城十九侠》《千里驹》《北

国佳人》《九阳钟》

第二册：《虎乳飞仙传》《崔猛》《乞酒惊艳》《黄小香》《割麦装神》《裴度还带》《乌龙岗》《白门三侠》《重耳走国》

第三册：《群英会·借东风》、前部《许田射鹿》、后部《许田射鹿》《婚姻劫》

第四册：《雁门关》《还我山河》《平阳公主》

第五册：《青风亭》、前部《宏碧缘》、后部《宏碧缘》

第六册：《党人碑》《一捧雪》《春秋配》